KB204027

파브르의 안경

일러두기

· 이 책의 이미지들은 모두 저작권을 확인하여 사용했다.
  출처를 표시하지 않은 이미지들은 저작권이 소멸된
  퍼블릭 도메인이고, CC-BY는 저작자와 출처를
  표시했다. CC(Some Rights Reserved)는 이미지를
  변경하지 않고 사용했으며 저작자와 출처를 표시했다.
· 본문을 읽으며 이미지를 찾아볼 수 있도록 관련 내용에
  번호를 표시하였다.
· 《곤충기》의 일부 내용은 올재 출판사(이근배·안응렬
  옮김, 2022)의 번역본 사용 허가를 받아 인용하였고,
  곤충 이름 등은 현암사(김진일 옮김, 2006-2010)의
  번역본과 비교해서 표기하였다.

1　장 앙리 파브르(여는 글)
2　《곤충기(Souvenirs entomologiques)》(여는 글)

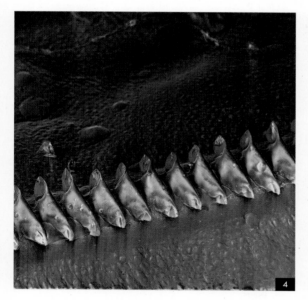

3   노래하는 매미(1장)

    © Whitney Cranshaw, Colorado State University, Bugwood.org

4   귀뚜라미 날개 톱니(1장)

    © Gribkov, Wikimedia Commons

5 반딧불이(2장)

© Jessica Louque, Smithers Viscient, Bugwood.org

6 전갈 등의 새끼들(3장)

© Whitney Cranshaw, Colorado State University, Bugwood.org

7 박각시나방 애벌레(4장)

© Whitney Cranshaw, Colorado State University, Bugwood.org

8 노린재알(4장)

© Lmbuga, Wikimedia Commons

9 긴목잎벌레(4장)
© Frank Vassen, Wikimedia Commons

10 말벌집(5장)
© Edward L. Manigault, Clemson University Donated Collection,
Bugwood.org

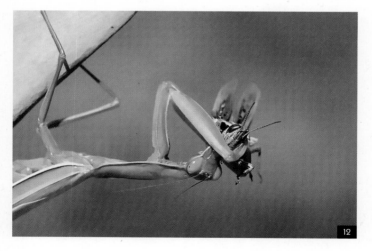

11 꼬마꽃벌의 굴(5장)

© Halictus scabiosae, Wikimedia Commons

12 사냥하는 사마귀(7장)

© Whitney Cranshaw, Colorado State University, Bugwood.org

15 소나무행렬모충(10장)
© Jürgen Appel, Wikimedia Commons

16 《개미와 베짱이The Ant and the Grasshopper》의 삽화(11장)

17 메뚜기 떼(13장)

© Iwoelbern, Wikimedia Commons

18 거미의 그물(14장)

© Steven Katovich, Bugwood.org

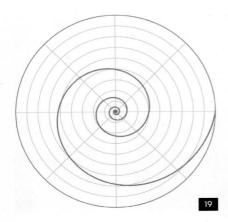

19 베르누이 나선(14장)
20 소똥구리(15장)

© Steven Katovich, Bugwood.org

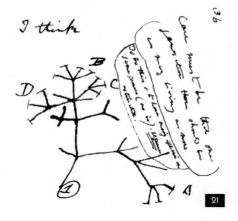

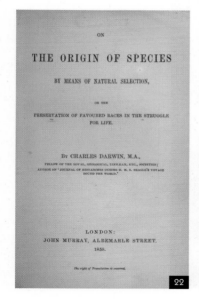

21 다윈이 그린 생명의 나무(18장)
22 《종의 기원》(19장)

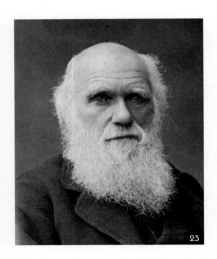

23

24

23 찰스 다윈(19장)
24 루이 파스퇴르(19장)

25 노년의 파브르(19장)

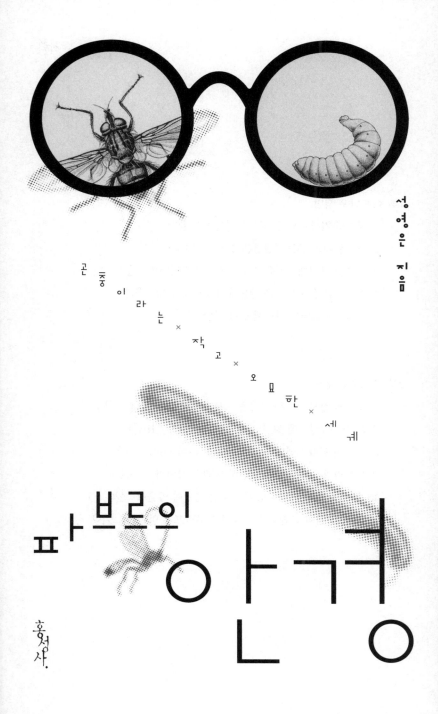

성영은 지음

곤충이라는 × 작고 × 오묘한 × 세계

파브르의 안경

홍성사.

여는 글 20

여는 글

파브르라는 이름을 들어 본 적 있나요? 《곤충기》라는 책을 알고 있나요? 예, 파브르는 바로 《곤충기》라는 책을 쓴 프랑스 과학자입니다. ■1 ■2 그는 평생 동안 프랑스 남부 프로방스 지방의 곤충들을 관찰하며 살았어요. 지금도 그렇지만 당시에도 곤충에 관심을 기울이는 사람은 거의 없었어요. 오히려 쓸모없는 생명이라고 여기며 무시하기 일쑤였죠. 그래서 당시에는 다들 파브르가 아무짝에도 쓸데없는 짓을 한다고 생각했어요. 게다가 돈도 안 되는 일을 하니 오죽했겠어요? 파브르는 가난한 집안 형편 때문에 제대로 된 교육을 받지 못했어요. 어려서부터 호기심이 많았던 그는 벌레의 생김새를 관찰하고 곤충들이 생활하는 모습을 살피는 걸 좋아했던 소년이었어요. 그러다 독학으로 교사 자격증을 따서 가르치는 일을 시작했고요. 늘 가난하게 살았지만 즐겁게 아이들을 가르치면서 또 틈틈이 곤충을 관찰하는 일을 계속했어요. 교사를 그만둔 뒤에는 아예 더 황량한 시골로 들어가 생의 마지막 날까지 곤충과 함께 살며 곤충을 관찰하며 살았지요. 이런 그의 특별한 삶 덕분에 10권이나 되는 방대한 분량의 《곤충기》가 나올 수 있었던 거예요.

이제까지 파브르의 곤충기는 대개 어린이들이 읽을 수 있는 정도의 간단한 책으로 편집되어 팔려 왔습니다. 그러나 실제로는 4000여 쪽이나 되는 방대한 분량이며 내용 면에서도 그리 쉬운 책이 아닙니다. 곤충을 통해 생명이 무엇인가를 파헤친 파브르의 치열한 고민을 담고 있기 때문이에요. 파브르는 그 책에서 더 나은 생명 이론을 세우기 위해 철저하고 거듭된 관찰과 실험을 통해 당시의 주도적인 이론들에 대한 반증을 내놓거나 그 이론들에 의문을 제기합니다. 이 책은 하찮아 보이는 곤충들의 생명을 통해 본능과 이성, 성(性), 노동, 고통과 죽음, 생태계, 종의 다양성, 과학 이론 등 지금까지도 계속되고 있는 이슈들을 거의 다 다루고 있어요. 그래서 저는 파브르의 눈으로 '생명이 무엇인가'를 생각해 보면 좋겠다는 생각에 이 책을 썼어요. 즉, 《파브르의 안경》은 파브르의 눈을 통해 관찰된 생존과 공존의 치열한 장면들을 담아 생명의 의미를 전하고자 한 에세이입니다.

파브르는 로마 가톨릭교회 신앙을 가진 사람이었어요. 제가 믿는 개신교 신앙과는 좀 차이가 있지요. 그러나 이 책에서는 그 차이가 그리 중요하지 않아요. 파브르는 무수히 많은 종류의 곤충들이 각기 다른 행동과 본능을 드러내며 생명 활동을 하는 것을 관찰해요. 그 결과 우리가 하찮게 여기는 곤충들이 생을 찬양하고, 밝은 빛을 좋아하고, 생육하고 번성하며, 아름다운 옷을 입고, 안락한 집을 지어 사는 모습을 보게 되었어요. 파브르는 하찮아 보이는 이런 곤충들의 세계에 나타난 이런 놀라운 모습들을 창조자 없이는 도저히 설명할 수 없다고 보았어요. 그리고 이 창조자를 하나님(Dieu, 영어로 God)이라고 말합니다. 파브르가 관찰한 곤충들의 특성은 결국 창조된 생명들의 다양한 모습이니까요. 저는 이 책의 1부에서 이런 내용들을 다루고 있습니다.

　그런데 파브르가 관찰한 곤충의 세계는 이런 아름다운 광경보다는 잔인하고 끔찍하고 비극적인 장면이 훨씬 많았어요. 도둑과 강도가 넘쳐나고, 끔찍한 살생이 매 순간 일어나고, 암수가 서로 싸우고, 신선한 먹이를 차지하기 위해 다른 곤충을 잔인하게 독침으로 찌르고, 인간에게 해를 끼침으로써 해충으로 몰려 몰살당하고, 괴로운 노동으로 기진맥진해서 죽는, 그야말로 고통이 가득한 세계였어요. 그렇다면 이런 세계는 어떻게 설명할 수 있을까요? 하나님이 계신다면 어떻게 이런 잔인한 세계가 가능할까요? 곤충들이 이렇게 고통 속에 사는 이유는 무엇일까요? 저는 이 문제에 대한 파브르의 관찰과 기록이 《곤충기》의 백미라고 생각해요. 파브르는 엄청난 인내력을 발휘하여 곤충들의 고통과 사투의 현장을 관찰하고 그 원인을 추적합니다. 그리고 《곤충기》는 상당한 분량을 이 문제를 다루는 데 할애하고 있고요. 이 문제에 대해 그는 어떻게 대답하고 있을까요? 그리고 곤충들은 고통의 문제를 어떻게 처리하고 있을까요? 2부에서는 그 내용을 다루었어요.

　과학의 발달로 우리가 얻게 된 큰 유익 중 하나는 '생태계'에 대한 이해입니다. 생태계란 우리가 사는 지구상의 모든 생명과 햇빛과 공기와 물과 땅이 다 하나로 연결된 세계라는 것입니다. 햇빛과 공기와 물과 땅에 의해 식물이 자라고, 이 식물을 동물이 먹고, 또 식물과 동물을 또 다른 동물과 인간이 먹고, 그리고 동물과 인간이 죽어 다시 식물의 생명을 이루는, 거대한 생명이 순환하는 세계이지요. 이를 생태계라 불러요. 파브르는 천대받는 식물이나 곤충이 이 생명의 순환에 얼마나 큰 역할을 하는지 수없이 반복된 관찰 결과를 통해 말해 줍니다. 식물과 곤충이 번성하여 생태계를 풍성하게 하고, 배설물과 사체를 청소하는 곤충들이 생태계를 원활하게 순환시킴으로써 우리가 건강하고 깨끗한 생태계 안에 살 수 있도록 해준다고 말해요. 이를 통해 하나님이 곤충을 만드신 이유를 찾습니다. 즉, 요즘 말로 말하자면 곤충 생명의 정체성을 찾았던 거죠. 그런데 오늘날 생물 다양성 감소, 환경 파괴, 이상기후 등으로 이 생태계의 순환에 빨간불이 켜지고 있어요. 그럼 우리는 이제 어떻게 해야 할까요? '생태신학'이라는 분야가 생겨 이런 문제를 다루기 시작했어요. 이 책의 3부에서는 이런저런 생태계 이야기를 다루고 있어요.

마지막 4부에서는 생명과 생명을 다루는 과학을 어떻게 봐야 할 것인가를 다루었어요. 저는 파브르를 통해 생명을 사랑하는 길은 무엇보다도 생명의 창조 위상을 찾아 주는 것이라는 점을 말하고 싶었어요. 파브르는 《곤충기》에서 당시의 주된

23

생명 이론인 진화론을 많이 비판하고 있어요. 파브르 자신이 관찰한 과학적 결과를 가지고 진화론에 반하는 증거들을 제시하면서 여러 가지 질문들을 던지고 있어요. 반대를 위한 반대가 아니라 더 나은 생명 이론이 나오기를 바라는 심정으로요. 그러니 파브르의 비판은 우리가 흔히 아는 창조론과 진화론의 신앙 논쟁이 아닙니다. 과학 논쟁이었죠. 이론의 검증을 거치는 과정에 반대되는 증거들을 제시하는 과학 활동이었어요. 따라서 이 장에서 저는 파브르를 통해 우리 시대 생명과학 이론을 대하는 우리의 태도를 살펴보았어요. 파브르는 진화론을 제창한 다윈과 교류하면서 살았어요. 그의 이론은 비판했지만, 서로 존중하며 함께 과학을 논하고 토론하는 태도를 견지했지요. 생각은 달라도 사람은 존중하는 태도로 살았던 겁니다. 저는 이런 태도가 우리 기독교 안에, 그리고 기독교와 기독교 바깥 세계와의 관계에서 꼭 필요하다고 봐요. 어쩌면 제가 이 책에서 가장 말하고 싶은 것 중 하나도 바로 이런 태도입니다.

기독교의 성경은 생명의 기원에 대해 과학적으로 명확하게 말하지 않습니다. 그래서 기독교 안에서도 다양한 의견이 공존해요. 특정 주장이 기독교의 입장이라 말할 수 없다는 것이지요. 생명의 기원은 누구도 보지 못한 아주 오래전 일이에요. 따라서 실험 결과에 따라 이론을 세우는 실험 과학과는 달리 생명의 기원에 관한 연구는 과학적 추론에 인문학적 상상력까지 더해야 비로소 설명할 수 있는 분야이기도 합니다. 기원을 다루는 과학과 실험 과학의 차이이겠지요. 그래서 특히 생명 이론은 불확실함에 대한 반증에 열린 자세가 필요하다는 게 제 생각이에요. 진화론이 현재 주류의 이론이긴 하지만 여전히 과학 이론 중 하나일 뿐이니까요. 그래서 파브르의 반증처럼 이 과학 이론에 던지는 의문들에 귀 기울이면 좋겠어요. 어떤 이론을 긍정하든 장엄한 생명의 신비 앞에서 느끼는 경이로움은 다 똑같을 거잖아요? 이 공통의 출발점에서 더 나은 과학적 생명 이론을 추구해 나가면 좋겠어요. 파브르가 관찰한 무수히 많은 곤충의 다양한 사례는 더 좋은 이론을 만드는 데 중요한 자료가 될 수 있기 때문입니다.

집필하는 동안 말씀과 교제의 기쁨 속에서 살아가도록 해준 시광교회[대한예수교장로회(고신)] 성도들께 사랑의 마음을 전합니다. 이 글을 출판해 준 홍성사 정애주 대표이사님, 그리고 꼼꼼히 편집해 주신 박혜란 과장님과 디자이너 손상범 님께 감사를 드려요. 글을 교정해 준 아내 박미낭과 사랑하는 두 딸 상아, 상원에게 고마움을 전해요.

2024년 11월 관악산 아래에서

성영은

25

1부

아름다운 생명

1. 생명의 기쁨

모든 생명은 생을 노래한다

☞ 매미나 개구리가 내는 소리는 울음일까요? 노래일까요?
아니면 대화를 위한 언어일까요? 과학에서 동물의 소리에
대한 연구는 여전히 진행 중입니다. 그중 많은 곤충의 경우
수컷이 소리를 내는 것을 두고 암컷에게 사랑을 구하는
노래라 주장하는 것이 과학의 일반적인 생각이지요. 마치
짝짓기를 통해 종족을 보존하는 것이 곤충의 삶의 전부라고
말하는 것처럼 말입니다. 그런데 파브르의 생각은 좀
다릅니다. 그는 곤충이 단순히 짝짓기를 위해서만 노래하는
것은 아니라고 말합니다. 곤충이 노래하는 데는 더 큰
이유가 있다는 것이지요. 곤충이 내는 소리를 통해 동물의
삶의 의미가 무엇인지 생각해 볼까요? 동물에게 생명이란
무엇일까요?

매미는 곤충 중에서도 가장 많이 알려진 곤충이에요. 지금은 우리나라 도시에도 매미가 지나칠 정도로 많아졌지요? 예전에는 여름 시골의 느티나무 아래에나 가야 이런 매미 소리를 들었는데 지금은 여름이 시작되자마자 귀 따가운 매미 소리에 잠을 설칠 정도니까요. 도시에 나무를 많이 심고 조경에 부쩍 신경을 쓴 덕분이겠지요. 이제 한여름 내내 집 주변에서 울어 대는 매미 소리를 듣는 일은 우리 삶의 일상이 되었습니다. 심지어 매미는 깊은 밤에도 쉬지 않고 울어 댑니다. 아파트 단지의 불빛이나 자동차 헤드라이트 등 밤에도 밝은 도시의 불빛 때문이지요. 그래서 요란하게 울어 대는 매미 소리는 이제 소음 수준이 되고 말았어요. 실제로 측정해 보면 매미 소리의 크기는 70~80데시벨(dB) 정도입니다. 이는 자동차가 다니는 도로나 기차가 지나가는 철로 변의 소음 수준입니다. 세상에서 가장 시끄러운 매미는 120데시벨 정도의 크기로 노래한다고 해요. 매미는 밝은 낮에 기온이 올라가면 소리를 내는데요. 도대체 매미는 왜 이렇게 큰 소리로 울까요? 그리고 그렇게 큰 소리로 뭐라고 말하고 있는 걸까요? 혹은 무엇을 노래하고 있는 걸까요?

사람들은 항상 어떤 일이나 현상을 보면 왜 그런 일이 일어났는지 그 이유를 생각하기 마련이에요. 이유 없는 일이나 현상은 없다고 생각하는 거죠. 그것도 항상 눈에 보이거나 실용적인 이유를 생각해 내곤 하죠. 이러한 사고방식은 과학에 큰 영향을 받은 우리 시대의 특징 중 하나입니다. 매미가 이렇게 노래하는 데는 반드시 실용적인 이유가 있다고 생각하는 거죠. 그 결과 수컷만 노래하는 매미의 특징에 근거해 매미는 짝짓기를 위해 암컷을 부르려고 운다는 주장을 하게 된 거예요. 이런 주장은 매미뿐 아니라 여타의 다른 동물의 울음에도 똑같이 적용됩니다. 그렇다면 매미를 비롯한 여러 곤충이 우는 이유가 짝짓기를 하려는 이 이유뿐일까요? 파브르는 매미가 왜 노래를 하는지 알아보려고 이런저런 방식으로 자세히 관찰하고 오랫동안 실험을 해보았답니다. 그런 파브르의 대답을 들어볼까요?

전 세계적으로 매미의 종수는 약 300종이에요. 각 나라에 사는 매미는 정도의 차이가 있지만 다 달라요. 우리나라에는 참매미, 말매미 등 14종 정도가 살고 있어요. 매미는 종류에 따라 땅속에 사는 애벌레 기간이 4, 5, 7, 13, 17년으로 나뉩니다. 우리나라에는 5년과 7년 매미가 가장 많아요. 7년 매미는 땅속에서 애벌레로 7년을 살고 땅 위로 나와 우리가 익히 아는 매미의 모습으로 삽니다. 미국 중부 지방에는 17년 매미가 가장 많아요. 17년마다 땅 위로 올라와 노래를 부르는 거예요. 1990년에는 매미 수억 마리가 한꺼번에 땅속에서 올라와 노래를 부르는 통에 시카고에서는 음악회를 취소한 일도 있었대요. 시계도 없는데 매미의 애벌레는 어떻게 알고 정확한 때에 딱 맞추어 땅 위로 올라오는지 신기하지 않나요? 이에 대해 곤충 속에 시간을 아는 생체 시계가 있다는 연구 결과가 발표되기도 했어요. 하지만 동물의 생체 시계에 대해서는 아직 연구가 이루어

30

지고 있는 중이에요. 매미는 이렇게 긴 기간을 땅속에서 애벌레로 산 다음 땅 위로 올라와 우리가 아는 매미의 모양으로 몇 주 살다 죽어요. 파브르가 살았던 프랑스에는 매미가 남부 지방에만 사는데 주로 4년 매미라고 해요. 여담인데요. 프로방스 지방에는 농부가 오후에 낮잠을 너무 많이 자자 게을러지지 않도록 하나님이 매미를 만드셔서 잠을 깨우도록 했다는 말이 전해 내려온대요. 파브르는 《곤충기》에서 프랑스 남부 지방에 사는 이 매미 이야기를 하고 있어요. 자, 이제 파브르의 매미 이야기를 들어 볼까요?

매미의 생애

매미의 애벌레는 굼벵이라고 불려요. 사실 딱정벌레목 곤충의 애벌레나 더 넓게는 땅속에 기어다니는 통통한 곤충의 애벌레는 다 굼벵이라고 불립니다. 행동이 느린 사람을 굼벵이 같다고 하지요? 매미의 애벌레는 나무에서 부화한 후 땅속으로 들어가 종류에 따라 4년에서 17년을 그곳에 머물다가 정해진 시간이 되면 땅 위로 올라와요. 기온이 올라가고 햇볕이 따가운 여름 어느 날 여기저기 구멍을 뚫고 땅 위로 올라옵니다. 밑에서 땅을 파고 올라오기 때문에 흙이 밑으로 무너져 바깥으로 흙무더기가 쌓이지 않아요. 사람이나 새와 같은 천적들을 무서워하기 때문에 매미가 나오는 장면을 보기는 쉽지 않다고 해요.

땅에 올라온 굼벵이는 머리를 위로 한 채 나무에 매달립니다. 그리고 허물을 벗지요. 탈바꿈(변태) 과정이에요. 이때 색은 초록빛을 띠지만 매미로서의 외양은 다 갖추어진 상태입니다. 그러다 시간이 지나면서 서서히 우리가 잘 아는 갈색의 매미로 변해요. 땅 위에 올라온 굼벵이는 불과 몇 시간 만에 완전한 성충 매미가 되어 날아오릅니다.

매미는 생명의 위협을 받으며 전 생애를 보냅니다. 예나 지금이나 가장 무서운 것은 인간의 위협입니다. 고대 그리스의 아리스토텔레스(BC 384~BC 322)는 그리스 사람들이 매미 요리를 좋아한다고 말했어요. 그는 애벌레의 껍질, 즉 허물이 터지기 직전의 매미 어미의 맛이 가장 좋다고 평가했지요. 매미의 '어미'란 굼벵이를 가리키던 옛 표현이에요. 재미있죠? 파브르 가족은 그 말이 정말인지 확인해 보려고 고대 그리스 사람들이 즐겨 먹었다는 굼벵이를 직접 요리해서 먹어 보았어요. 어느 7월, 굼벵이가 땅 위로 올라오기 전 파브르의 가족 다섯 명은 두 시간 동안 땀을 줄줄 흘리며 굼벵이를 찾아 헤맸어요. 그 끝에 획득한 굼벵이 네 마리를 소금과 양파로 간을 해 기름 몇 방울을 넣고 튀겨서 먹었대요. 가족들 전부 먹을 만하다고 말했다고 해요. 새우 맛이 좀 났던 모양이에요. 다만 질기고 물기가 적어서 씹는 식감은 별로였다네요.

파브르가 살던 당시 프랑스에는 각종 민간요법이 유행했어요. 물론 매미를 이용한 민간요법들도 많았대요. "허리가 아파 고민인가, 수종으로 몸이 부었는가, 혹은 피를 맑게 하고 싶은가? 그렇다면 시골에서는 매미가 가장 훌륭한 약이다."[1] 그래서 집집마다 여름에 매미를 잡아 말려서 실로 엮어 보관하는 것이 여자들의 일 중 하나였다고 해요. 신장과 비뇨기 장애에도 매미를 달인 탕약을 마셨어요. 파브르도 매미 탕약을 먹은 적이 있었다고는 하는데 이런 민간요법을 매우 불신했어요. 비잔틴 시대 의사인 디오스코리데스(Pedanius Dioscorides, AD 40~90)는 자신의 책 《약물학》에 동식물 500여 종의 약효를 기록해 놓았어요. 파브르 시대까지도 의사들은 이 책을 애용했다고 하는데요. 이 책에는 구운 매미가 방광염에 좋다는 내용이 있어요. 파브르는 이 민간요법이 나온 이유를 자신이 관찰한 매미의 이뇨 특성과 연결해서 설명하고 있어요. 새나 사람에게 잡힐 위기에 처하면 얼굴에 오줌을 갈기고 달아나는 매미의 이뇨 효력을 보고 방광염에 좋을 것이라고 추론했다는 것이지요. 우리나라에서도 굼벵이가 몸에 좋다고 식용으로 이용된 적이 있어요. 최근 매미의 탈바꿈한 허물이 파킨슨병이나 아토피에 효능이 있다는 발표도 있었지요.

보통 매미는 나무의 잔가지에 알을 낳아요. 통상 암컷 매미 한 마리당 300~400개 정도의 알을 낳지요. 굉장한 대가족

1   파브르, "매미, 변태(탈바꿈)", 《파브르 곤충기》, (이근배·안응렬 옮김, 올재, 5권, 제15장, 2022), 223.

인 셈이에요. 그런데 이렇게 많은 알을 낳음에도 불구하고 애벌레가 되거나 더 나아가 최종 성충 매미로 자라는 수는 매우 적어요. 매미의 알과 애벌레 굼벵이는 다른 생물에게 아주 좋은 먹이가 되기 때문이지요.

땅속에서 올라와 성충이 된 지 2~3주 후쯤 매미는 알을 낳습니다. 다른 동물들과 달리 매미들은 알을 낳는 일로 서로 싸우지 않아요. 알을 낳을 나뭇가지가 많기 때문이에요. 어미 매미는 산란관을 나무에 꽂아 10개 정도의 알을 낳습니다. 그리고 또 다른 곳에 산란관을 꽂아 알을 낳기를 반복해요. 하나에 10분 정도 걸리니 40여 개의 방을 만들어 알을 낳는 데 7~8시간 정도 걸려요. 그런데 매미가 알을 낳자마자 작은 파리나 벌과 같은 약탈자들이 매미가 알을 낳은 그곳에 자신의 알을 낳습니다. 그런 다음에는 그들의 알이 먼저 부화해서 매미의 알을 먹어 버리죠.

이런 약탈자들의 공격에서 살아남은 알들은 나무에서 애벌레로 부화해요. 애벌레는 작은 실에 매달려 땅에 떨어집니다. 땅에 닿는 즉시 땅을 파고들어 가야 해요. 땅 위에서 우물쭈물 헤매다가는 목숨을 잃기 십상이니까요. 부화한 애벌레 중 많은 수가 이때 또 잡아먹힙니다. 이게 매미가 알을 많이 낳는 두 번째 이유예요. 다시 한번 살아남은 소수의 애벌레는 구멍을 파고 땅속으로 사라집니다. 그리고 땅속에서 긴 시간을 살아가지요.

애벌레가 굼벵이로 땅속에서 몇 년을 사는지 어떻게 알까요? 파브르는 봄에 농부들의 도움으로 땅속에서 파낸 크고 작은 매미 굼벵이 수백 마리를 얻었습니다. 이 수백 마리의 애벌레들을 몸의 크기에 따라 분류했더니 대략 세 부류로 나누어졌어요. 갓 땅에 들어간 애벌레까지 네 종류였지요. 이 분류에 따라 매미 애벌레가 굼벵이로 땅속에서 지내는 기간이 4년이라 추정합니다. 오늘날까지 프랑스 매미가 4년 매미라 불리는 이유입니다. 그러면 땅 위 혹은 나무 위에서 매미가 성충으로 사는 기간은 얼마나 될까요? 하지쯤 첫 번째 매미들의 노랫소리가 들립니다. 한 달 후에는 합창 소리가 절정에 이르지요. 일부 매미들은 9월 중순까지도 가냘픈 소리로 노래를 부릅니다. 파브르에 따르면 매미가 땅 위에서 사는 기간은 평균 5주 정도라고 합니다. 땅속에서 4년 동안 나무뿌리의 수액을 채취하는 등 힘든 일을 하고, 햇볕 아래에서 한 달 동안 즐기는 셈이에요. 이것이 매미의 일생입니다. 우리나라의 7년 매미는 프랑스 매미보다 더 긴 시간을 깜깜한 땅속에서 보냅니다.

매미가 노래하는 이유

이렇게 매미의 일생을 관찰하고 난 파브르는 매미의 시끄러운 노래를 비난하지 말자고 합니다. [3] 애벌레로 겨우 살아남아 4년이라는 긴 시간 동안 어둠 속에서 땅을 파며 힘들게 살지 않았느냐는 것이지요. 그렇게 진흙투성이로 흙을 파다가 이제서야 깨끗하고 멋있는 옷을 입고 맛있는 음료를 마시면서 한여름 열기에 취하고, 이 세상 최고의 기쁨인 빛을 넘치게 받게 되지 않았느냐는 말입니다. 수많은 역경을 이기고 이토록 잘 성장했는데, 조금 시끄럽기는 해도 매미가 그 잠깐의 생을 찬양하는 것은 지극히 마땅한 일 아니냐는 것이죠. 프랑스의 4년 매미에 비하면 7년 동안 땅속에서 살고 나온 우리나라 매미의 감격은 훨씬 더 클 거예요.

파브르는 매미가 노래하는 이유를 알기 위해 자세히 관찰하고 또 실험도 했어요. 그는 다섯 종의 매미를 잡아 몸의 구조를 살폈지요. 앞서 언급했듯 매미는 수컷만 울어요. 수컷의 옆구리에 있는 '발음근'이라는 근육이 1초에 수백 번 떨리면서 진동막을 진동시킵니다. 그런데 작은 매미의 우렁찬 소리는 진동막이 아닌 다른 데에 그 원인이 있어요. 옆구리와 배와 등이 합쳐지는 각질 벽으로 단추 구멍 같은 것이 뚫려 있는데, 이 구멍이 소리 나는 방으로 통합니다. 발음근이 진동막을 진동시킨 소리가 이 뱃속의 커다란 빈방의 공명을 통해 요란한 소리로 울리는 것이지요. 그래서 이 빈방을 '공명실'이라 불러요. 공명실로 들어가면 소리가 20배나 더 커져요. 기타나 바이올린의 울림통이 이 공명실을 본뜬 것이지요. 암컷은 이 빈방에 알이 가득 차 있어 소리를 낼 수 없답니다.

고요한 여름 오전쯤 해서 매미의 노래는 몇 초 동안 계속되다가 짧은 침묵이 곁들어지는 식으로 계속해서 이어집니다. 매미는 배를 점점 빨리 움직이며 최대의 성량을 냅니다. 그렇게 몇 초 동안 유지되던 소리는 차차 약해지면서 가벼워지고 배는 쉬는 자세를 취합니다. 그러다 갑자기 뚝 그치지요. 그리고 다시 시작입니다. 단조로운 이런 절을 무한정 반복합니다. 무더운 저녁 나절에는 침묵 시간을 줄이거나 아예 없애 버리는 일도 있습니다. 그런 때에는 노래가 계속 이어집니다. 파브르의 관찰에 따르면 아침 일곱 시나 여덟 시에 첫 노래가 시작되어서 저녁 여덟 시쯤 황혼의 빛이 꺼질 때 비로소 멎었답니다. 또 날씨가 흐리거나 바람이 너무 세차게 부는 날에는 노래하지 않았다고 해요. 물론 매미의 노래는 매미의 종에 따라 다 다릅니다. 그리고 요즈음 도시는 야간을 밝히는 강한 조명이 있어 매미가 노래하는 시간이 따로 정해져 있지 않아요.

수컷 매미가 노래하는 이유는 무엇일까요? 무엇 때문에 그렇게 큰 소리로 노래할까요? 가장 간단한 설명은 '암컷을 향한 수컷의 구애'라는 주장입니다. 파브르도 이 주장이 가장 알기 쉬운 설명이라 합니다. 매미의 노래는 "사랑하는 자를 위한 칸타타다".[2] 오늘날 우리도 그렇게 알고 있지요? 이 대답이 매우 자연스러워 보이기는 하지만, 파브르는 과연 이것이 수컷이 노래하는 이유의 전부인지 의문을 제기합니다. 다음과 같은 이유로요. 파브르는 수컷과 암컷 매미들이 서로 가까이에 섞여서 모두 머리를 위로 한 채 플라타너스 나무의 매끈매끈한 껍질

---

2   파브르, "매미, 노래", 《파브르 곤충기》, (이근배·안응렬 옮김, 올재, 5권, 제16장, 2022), 234.

위에 나란히 붙어 있는 것을 보았습니다. 수컷과 암컷이 나란히 앉아 있는 와중에도 수컷은 쉼 없이 큰 소리로 노래합니다. 파브르는 그 모습을 보며 이렇게 가까이서 끝없는 노래로 격정을 호소할 필요가 있을까 하는 의문을 품게 됩니다. 파브르는 또 수컷이 그렇게 요란스러운 노래를 부르는데도 수컷에게 반응을 하거나 다가가는 암컷이 전혀 없다는 사실도 확인했습니다. 수컷이 가장 빛나는 연주를 퍼부을 때도 암컷들이 몸을 떤다거나 가볍게 흔드는 반응조차 보이지 않은 것이지요. 암컷이 바로 옆에 있는데 수컷이 무엇 때문에 그렇게 요란스럽고 끝없는 고백을 해야 할까요? 무관심한 암컷을 감동시키려는 수단일까요? 수컷끼리의 경쟁일까요? 파브르는 의심을 거두지 않았습니다. 그는 관찰을 통해 암컷들의 태연한 표정은 완전한 무관심이었다고 말했습니다. 그러면서 곤충의 은밀한 감정은 우리가 결코 헤아릴 수 없는 신비라고 이야기하지요.

이에 따라 파브르는 수컷 매미들이 우는 이유를 일반적인 상식과는 다르게 설명해요. 노래에 민감한 자는 언제나 뛰어난 청력을 가지고 있어요. 노래를 잘하는 새들은 귀가 말할 수 없이 민감하지요. 나뭇잎 하나 움직이기만 해도, 지나가는 사람들이 말 한마디만 주고받아도 새들은 갑자기 노래를 멈추고 경계합니다. 그러나 파브르는 새와 달리 매미는 청각에 둔감하다고 말합니다. 반면 매미의 시력은 매우 뛰어납니다. 사람이 접근하는 것을 보기가 무섭게 노래를 멈추지요. 그러나 매미의 눈을 피할 수 있는 곳에서는 아무리 크게 말을 하고, 손뼉을 치고, 소음을 내도 매미는 아무 일도 없다는 듯이 태연하게 울어 댑니다. 이를 통해 매미의 청력이 무척 약하다는 것을 알 수 있어요.

파브르는 매미의 청력에 대해 유명한 실험을 했어요. 대포 소리로 매미의 청력을 테스트한 거예요. 그는 로마 가톨릭 수호성인 기념일을 축하하는 축포용 대포를 자기 집 앞에서 발사하도록 요청하여 허락을 받았습니다. 대포 소리에 창문의 유리가 깨지는 것을 막기 위해 창문을 다 열어 놓았어요. 그리고 증인 여섯 명을 세워 나무 위 매미를 관찰하도록 했지요. 군인들은 매미들이 붙어 있는 플라타너스 나무 아래에서 대포를 발사했습니다. 천둥 같은 소리가 났어요. 그런데 나무 위에서는 아무런 동요도 일어나지 않았어요. 대포를 쏘았는데도 여전히 같은 수의 매미가 노래를 불렀지요. 노래의 리듬과 소리의 크기도 동일했어요. 여섯 사람이 다 똑같이 그렇게 증언했답니다. 강력한 대포의 폭발에도 매미들은 미동도 하지 않고 계속 노래를 부른 것이지요. 파브르는 매미가 귀가 들리지 않는다는 결론을 내릴까 고민하다가 잘 모르겠다는 말로 결론을 내요. 그렇지만 적어도 매미는 귀가 어둡다는 것과 귀가 어두운 사람처럼 소리를 지른다는 것은 인정할 수밖에 없다고 해요. 현대 과학은 매미가 자기들이 노래할 때는 청력이 약해져 잘 듣지 못하고, 대신 노래를 하고 있지 않을 때는 들을 수 있다는 사실을 밝혀냈습니다. 매미의 발성 기관과 듣는 기관이 서로 연결되어 있어 크기를 조절할 수 있다는 것입니다. 즉 청력을 조절하여 소리를 듣는다는 것이지요. 매미 자신들도 너무 시끄러워 소리를 줄여서 듣는다는 말이에요.

이뿐 아니라 짝짓기를 끝낸 수컷 매미들은 다시 죽어라 울기 시작합니다. 짝짓기를 위해 운다는 주장에 다시 의문이 드는 지점입니다. 이제 더 이상 짝짓기를 할 수 없는데 수컷은 왜 이전과 똑같이 노래할까요? 여전히 암컷들의 주의를 끌기 위해 계속해서 노래한다는 것은 논리적으로 맞지 않습니다. 이에 파브르는 수컷 매미가 노래하는 이유는 단지 짝짓기 상대를 찾기 위해서만이 아니라고 주장합니다. 매미가 우는 또 다른 이유는 생을 찬양하고 생명의 기쁨을 표시하기 위해서라는 것이지요. 매미가 살아 있다는 것을 느끼고 그 즐거움을 표현하기 위해서도 자신의 악기를 요란스럽게 연주한다는 말입니다. 물론 이 노래에 짝짓기를 통한 종족 번식의 목적이 포함되어 있다고 보는 게 자연스럽겠지요. 이 일도 매미의 삶의 중요한 부분이니까요. 번식 또한 크게 보면 생명의 기쁨의 일부라고 말할 수도 있고요. 그렇지만 파브르는 종족 번식을 위한 것은 부차적인 목적이라고 여겼습니다. 주목적은 생의 즐거움을 노래하는 데 있다고 본 거죠. 그러면 암컷 매미도 뱃속에 자신의 새끼들이 될 알들이 가득 차 있어 노랫소리를 낼 수는 없겠지만 우리가 알지 못하는 방식으로 생을 찬양하고 있다고 볼 수 있겠네요.

메뚜기의 노래

파브르는 자신의 이 주장이 타당한지 확인하기 위해 메뚜기나 귀뚜라미도 살펴보았어요. 메뚜기는 성경에도 많이 등장하는 곤충이지요(잠 30:27 등). 하나님이 메뚜기 떼를 사용하여 토지소산을 먹게 함으로써 징계하겠다고 말씀하신 일도 있습니다(대하 7:13). 먹이를 먹고 배가 잔뜩 부른 메뚜기 떼는 햇볕 아래 배를 깔고 누워서 먹은 먹이를 편안히 소화합니다. 그리고 날카롭지만 아름다운 노래를 부릅니다. 메뚜기의 노래도 짝짓기를 위한 노래일까요? 파브르는 물론 아니라고 단정 짓지는 않았습니다. 그는 알려진 대로 메뚜기가 짝짓기를 위해 운다는 사실에 부정은 하지 않았지만 메뚜기의 울음에는 그 이상의 이유가 있다고 주장했습니다. 파브르가 관찰한 바로는 수컷 메뚜기들의 노래를 듣고 있는 암컷 메뚜기들이 주의를 기울이는 흔적을 어디서도 찾아볼 수 없었기 때문입니다. 암컷이 한 마리도 움직이지 않았고, 자리를 뜨는 녀석도 없었으니까요. 수컷들의 노래로 인해서 실제로 반응을 보인 암컷 메뚜기는 없었던 것이지요. 암컷들은 수컷이 노래를 부르든 말든 상관하지 않았어요.

메뚜기는 8월 말쯤 짝짓기를 합니다. 오히려 그때는 수컷이 정열적으로 노래하지 않아요. 수컷은 암컷 앞에 묵묵히 있고, 암컷은 암컷대로 조용하게 있습니다. 촉각으로 서로 만질 뿐이지요. 그리고 무엇보다 짝짓기를 끝낸 수컷은 다시 정열적으로 노래를 시작해요. 이걸 보면 이미 자신의 정낭을 암컷에게 주어 버려 더 이상 짝짓기를 할 수 없는 수컷이 암컷들의 주의를 끌기 위해 노래한다는 것은 말이 안 되네요. 이런 관찰을 통해 파브르는 메뚜기의 노래가 결혼 칸타타는 아니라고 말해요. 메뚜기는 짝짓기 후에도 15일 정도 그렇게 계속 노래하다 죽거든요.

메뚜기 종 중에는 암컷이 수컷 메뚜기의 살을 갉아 먹는 잔인한 습성을 지닌 종이 있어요. 그런데 갈기갈기 찢겨 가는 수컷 메뚜기는 죽어 가면서도 노래합니다. 이를 보면 틀림없이 메뚜기의 울음이 결혼의 노래라고 보기는 어렵겠네요. 이 메뚜기의 노래는 더없는 행복을 나타낼 때나 고통 중에 죽어 갈 때 같은 음을 냅니다. 마지막까지 후손에게 자신의 몸을 양분으로 주고 죽어 가는 수컷 메뚜기의 노래입니다. 파브르가 관찰한 여러 종류의 메뚜기는 이 노래하는 습성이 다 비슷했어요.

메뚜기의 노래는 처음에는 날카로운 금속성 소리로 시작하다가 차차 커지면서 빨라지고, 그러면서 은은한 저음이 곁들어집니다. 노래의 절과 침묵이 번갈아 가며 몇 시간 동안 계속되지요. 메뚜기의 발성 구조는 어떨까요? 메뚜기의 왼쪽 겉날개에는 톱니 모양의 홈들이 있어요. 이 톱니들이 오른쪽 겉날개를 마찰시키면서 거기에 붙어 있는 얇은 막을 진동시켜 소리를 내요. 톱니가 현악기의 활과 같은 역할을 하는 것이지요. 메뚜기의 종류에 따라 소리의 크기나 발성 기관의 구조가 달라요. 예를 들어 회색 흰이마메뚜기에게는 40개가량의 톱니가 있고, 중간 크기 흰이마메뚜기에게는 80개의 톱니가 있어요. 울

42

림판(진동막)의 크기도 노래하는 곤충마다 다 달라요. 진동막의 크기에 따라 곤충들은 각기 다른 음역대의 소리를 내지요. 재미있게도 이 곤충들은 모두가 왼손잡이랍니다. 즉 왼쪽 겉날개의 톱니로 오른쪽 겉날개를 비벼 소리를 내는 것이지요. 메뚜기의 노랫소리는 귀뚜라미나 매미와는 비교할 수 없이 작아요.

날개가 없으면서 노래를 하는 곤충도 있어요. 여치붙이는 두 개의 비늘로 노래를 해요. 왼쪽 비늘에 있는 80개의 톱니로 오른쪽 비늘을 비비면 진동막이 흔들리면서 단조롭고 구슬픈 소리가 나요. 그런데 여치붙이는 수컷뿐 아니라 암컷도 발성 기관을 가지고 있어요. 다른 메뚜기류들의 암컷들은 소리를 내는 톱니나 진동막의 흔적조차 없는데, 여치붙이의 암컷은 수컷과 거의 비슷한 악기를 가지고 있어요. 다만 수컷은 왼손잡이여서 왼쪽 겉날개로 소리를 내는데 반해 암컷은 오른손잡이여서 아래에 있는 오른쪽 겉날개의 톱니를 켜서 노래를 부른다는 차이가 있지요. 그리고 암컷에게는 진동막이 없어요. 그래서 암컷의 노랫소리는 작지만 수컷의 노래보다 훨씬 더 구슬픕니다. 여치붙이를 보면 수컷 곤충이 암컷과 짝짓기를 위해 노래한다는 주장이 맞지 않다는 점이 더욱 분명해져요.

파브르는 이들 곤충 모두가 생의 기쁨을 표현하기 위해, 즉 곤충으로 태어나 성충이 되어 햇빛을 쬐며 포만감을 누리는 삶의 즐거움을 노래한다고 말합니다. 짝짓기뿐 아니라 힘든 하루 일을 끝낸 데 대한 기쁨과 먹을 것을 먹고 난 뒤의 기쁨을 노래로 표현한다는 겁니다. 삶에 대한 찬양이라고 할 수 있겠네요. 짝짓기 후 기진맥진해서 짝짓기를 더 이상 할 수 없는데도 그들이 죽을 때까지 노래를 부르는 데는 그런 이유가 있다는 거죠.

곤충에게는 삶의 기쁨과 더불어 괴로움 또한 많습니다. 포도밭의 여치붙이가 대표적으로 이 두 가지를 잘 표현할 줄 아는 곤충입니다. 덤불 속에서 단조로운 가락으로 더없는 행복을 노래하는 한편 같은 단조로운 가락으로 제 고통과 공포를 표현하기도 합니다. 여치붙이는 암컷 또한 노래를 통해 몹시 기뻐하기도 하고 한탄하기도 합니다. 노래하는 곤충들은 사람이 접근하면 갑작스러운 침묵으로 따돌리기 마련이지요. 이 곤충들을 손으로 잡으면 무질서한 활질로 날카로운 소리를 냅니다. 그때의 노래는 확실히 기쁨이 아닌, 위험에 대한 극도의 두려움과 불안을 나타냅니다. 매미를 잡아 괴롭히면 그 어느 때보다 더 요란스러운 소리를 내지릅니다. 그럴 때는 환희에 찬 곤충의 즐거운 노래가 괴롭힘을 당하는 곤충의 울부짖음이 되는 것이지요. 곤충 같은 미물도 노래를 통해 기쁨뿐 아니라 고통을 표현한답니다.

귀뚜라미의 아름다운 노래

귀뚜라미의 노래를 들어 보았나요? 아마 곤충의 노래 중 가장 아름다운 노래일 것입니다. 그래서인지 귀뚜라미의 아름다운

44

소리는 알람 등에 많이 사용되고 있어요. 성경에도 귀뚜라미가 나와요. 구약 이스라엘 백성들이 먹을 수 있는 곤충 중에 메뚜기, 베짱이, 귀뚜라미 등이 있어요(레 11:21-23). 귀뚜라미는 특이한 곤충입니다. 들판에 사는 귀뚜라미는 각기 자신이 거주하는 집을 가지고 있어요. 일정한 주거가 있는 것이지요. 대부분의 곤충은 늦가을에서 겨울까지 추위를 피하기 위해 미련 없이 버릴 만한 거처를 손쉽게 마련해 그 안에서 은신해요. 아니면 새끼의 거주를 위해 이런저런 집을 마련하지요. 이런 집들은 언제나 일시적인 피난처이자 굴입니다. 그런데 귀뚜라미는 봄이나 힘든 겨울에도 이사를 하지 않고 일생 살아갈 집을 스스로 짓습니다. 귀뚜라미는 새끼나 사냥을 위해서가 아니라 자신이 살기 위한 집을 가지고 있어요. 귀뚜라미는 언제나 위생적이고 방향이 좋은 곳에 집터를 잡습니다. 그리고 입구에서부터 안쪽 방에 이르기까지 스스로 집을 만듭니다. 파브르는 집 짓는 기술에서 귀뚜라미를 능가하는 존재는 사람밖에 없다고 보았어요. 보잘것없는 생명인 귀뚜라미의 이 타고난 재주는 어디에서 왔을까요? 해부학적인 구조에 그런 재주가 들어 있을까요? 파브르는 들귀뚜라미와 몸의 구조가 비슷한 다른 세 종류의 귀뚜라미의 습성을 관찰했어요. 그러나 그들은 하나같이 땅굴을 팔 줄 몰랐어요. 해부학적으로 조직과 기관이 같은데도 들귀뚜라미는 집을 잘 짓지만 다른 세 종류는 그렇지 않았어요. 파브르는 이들 사이에 왜 본능이 서로 다른지 알 길은 없다고 말해요. 우리가 생명에 대해 얼마나 무지한가를 잘 말해 주는 증거일 것입니다.

귀뚜라미 집은 빗물이 잘 흘러내리고 햇볕이 잘 드는 풀밭에 비스듬하게 뚫린 굴입니다. 손가락 굵기에 한 뼘 정도의 길이이지요. 입구에는 으레 처마 노릇을 하는 풀이 약간의 그늘을 만들어 줍니다. 입구에서부터 방까지의 완만한 경사로는 깨끗하게 갈퀴질이 되어 있어요. 주위가 조용할 때 귀뚜라미는 이 깨끗한 입구에 머물면서 노래를 합니다. 아무 장식도 없는 내부 벽면은 매끈합니다. 제일 안쪽에는 더 반들반들하고 직경도 약간 더 넓은 침실이 있어요. 깨끗하고 습하지 않은 위생적인 집입니다. 집은 소유주가 죽을 때까지 끊임없이 수리되고 깨끗하게 유지됩니다.

귀뚜라미는 메뚜기와 같은 원리로 노래해요.■ 톱니가 달린 활과 진동하는 얇은 막으로 노래하는 것이지요. 그런데 귀뚜라미는 메뚜기류와 반대로 오른손잡이입니다. 오른쪽 딱딱한 겉날개의 톱니로 왼쪽의 겉날개를 비벼 소리를 내요. 귀뚜라미의 얇은 진동막은 거울처럼 팽팽한 메뚜기류와 달리 주름져 있어요. 이 주름들이 더 센 진동을 일으킵니다. 오른쪽 날개에는 삼각형 프리즘 모양의 톱니가 150개나 있어요. 메뚜기류보다 훨씬 훌륭한 악기인 셈이지요. 150개의 톱니들이 네 개의 주름진 진동막을 동시에 진동시켜요. 그래서 소리가 아주 셉니다. 하나의 진동막을 가진 메뚜기의 노래는 고작 몇 걸음 떨어진 곳에서나 들리는데, 네 개의 진동막을 가진 귀뚜라미의 노래는 수백 미터 밖에서도 들을 수 있어요. 귀뚜라미의 노래는

46

매미의 노래보다 훨씬 더 화려합니다.

귀뚜라미는 해가 쨍쨍 내리쬘 때 집 입구에서 노래합니다. 집 안에서는 결코 노래하지 않아요. "귀뚤귀뚤" 박자가 잘 맞는 아름다운 노래는 한없이 계속됩니다. 파브르는 귀뚜라미도 생의 더없는 행복을 노래한다고 말합니다. 생의 행복 안에는 물론 이웃의 암컷을 위한 노래도 포함되어 있어요. 암컷과 수컷은 따로따로 떨어진 집에서 살고, 둘 다 집 안에 틀어박혀 있기를 좋아하기 때문입니다. 그러면 암컷이 이 노랫소리를 듣고 수컷의 집으로 올까요? 만일 수컷이 노래하는 유일한 이유가 짝짓기라면 암컷이 이 노래를 듣고 수컷의 집으로 오는 것이 타당한 추론이겠죠. 그러나 반대로 수컷이 암컷의 집으로 가요. 파브르는 암컷이 수컷을 인도하는 특별한 방법을 가지고 있을 것이라고 보았어요. 들판의 집에서 귀뚜라미들의 짝짓기를 관찰할 수가 없었기에 파브르는 사육장을 만들어 관찰했어요. 짝짓기를 한 뒤 쓸모가 없게 된 수컷 귀뚜라미는 암컷에게 물려 불구가 되어 쫓겨나거나 먹혀서 죽습니다. 6월에 사육장의 수컷 귀뚜라미는 다 죽습니다. 그런데 독신으로 사는 수컷은 9월까지 열심히 노래하다가 늙어서 자연사를 합니다. 짝짓기를 하든 독신으로 살든 수컷 귀뚜라미는 죽을 때까지 노래합니다. 귀뚜라미의 경우도 노래하는 이유가 짝짓기 때문이라고 단정 지을 수 없는 이런 관찰 결과들이 있어요.

우리 시대는 과학의 이름을 빌려 모든 현상에 대해 눈에 보이는 실용적인 이유를 찾으려는 경향이 강합니다. 이웃 사랑도 결국 나에게 혹은 나의 생존에 이익이 되기에 행하는 경우가 많습니다. 행위 자체를 목적으로 삼는다든지 보이지 않는 이유 같은 것에 관심을 갖는 경우가 드물다는 말입니다. 그와 마찬가지로 우리는 곤충이 노래하는 것 역시 '종족 번식'이라는 실용적인 이유 때문이라고만 생각해 버리기 쉽습니다. 과학적으로 확인 가능한 것만을 진리로 믿는 시대이기 때문입니다. 노래하는 자체를 목적이라고 생각하지 못하는 것이지요. 그러나 파브르는 곤충이 노래하는 가장 큰 이유는 생을 즐기고 생의 기쁨을 나타내기 위해서라고 말합니다. 그러면서 짝짓기는 그에 따라오는 부차적인 이유임을 과학적 관찰과 실험을 통해 증명했지요.

　한낱 미물에 불과한 곤충의 존재 이유가 종족 번식, 더 크게는 생존경쟁(투쟁)에만 국한되어 있지 않고 자기 자신의 삶의 기쁨을 노래한다니 신기하지 않나요? 생의 기쁨을 노래하는 것은 곧 생명을 만드신 하나님을 찬양하는 것과 통합니다. 그리고 이것이 하나님이 생명을 창조하신 이유일 것입니다. 파브르는 미미한 곤충과 같은 생명조차도 엄청나게 큰 우주보다 더 신비하고 흥미를 끄는 대상으로 보았습니다. 현대 과학은 동물도 제각각 노래하고 대화한다고 하지만 여전히 그 내용은 미스터리입니다. 그러나 숲과 들판과 하늘과 바닷속의 모든 생명은 각자의 악기로 각기 다른 소리로 생명을 만드신 하나님을 찬양하고 있어요. 장엄한 합창이지요. 사람은 잘해야 20~20,000헤

48

르츠(Hz) 범위의 소리만 듣고 부를 수 있는데, 곤충과 동물들은 우리의 범위를 넘어선 20헤르츠 이하의 초저음파나 20,000헤르츠 이상의 초음파로도 노래합니다. 곤충의 노래를 통해서도 우리는 우리가 아직 생명에 대해 얼마나 무지한지를 더 실감하게 됩니다.

2. 반딧불이의 등불

생명은 빛을 좋아한다

✍ 흔히 깨끗한 자연을 상징하는 곤충으로 반딧불이를
떠올립니다. '개똥벌레'라는 다소 천한 이름으로도
불리지요. 우리나라의 청정 지역 중 하나인 무주가 이
반딧불이의 서식지로 알려져 있습니다. 이곳에서는 이
곤충의 이름을 붙인 축제가 매년 열리고 있어요. 한자로
형(螢)이라 일컫는 이 반딧불이의 빛을 형광이라 해요.
형광등은 불빛이 반딧불이의 불빛과 비슷하다 해서
붙인 이름입니다. 반딧불이는 자연환경이 깨끗하기만
하면 지구상 어디에나 산다고 해요. 파브르는 1909년
《곤충기》 10권을 다 쓴 다음, 나이가 86세나 되어 눈이
잘 보이지 않게 되었음에도, "나 일터로 나아가리라"라는
말을 10권 끝에 적고, 계속해서 곤충을 관찰했어요.[3]
그는 《곤충기》 11권을 이어서 쓰고 싶어 했지만 더 이상
그 일을 하기는 어려웠어요. 시력이 약해져서 제대로
관찰을 하기 어려웠거든요. 그래서 그의 전기를 쓴 조르주
빅토르 르그로(Georges Victor Legros, 1861~1940)가
짧은 안내서와 함께 10권 부록으로 반딧불이와 양배추
애벌레의 관찰 기록을 싣는 것으로 《곤충기》를 끝냅니다.
반딧불이가 파브르 관찰의 대미를 장식한 것이지요. 파브르
시대에 너무나 흔했던 반딧불이가 이제는 아주 희귀해지고
말았어요. 우리 인간이 자연을 더럽힌 탓입니다. 다시

깨끗한 자연으로 회복해 사라진 반딧불이가 곳곳에서
나타났으면 좋겠어요. 파브르의 마지막 관찰 기록인
반딧불이를 함께 살펴볼까요?

3   파브르, "잊을 수 없는 수업",《파브르 곤충기》, (이근배·안응렬 옮김, 올재,
10권, 제21장, 2022), 584.

반딧불이의 습성

반딧불이는 자신의 몸 끝에 불을 켜고 있는 진귀한 곤충입니다. 우리에게 신비로움과 즐거움을 주지요. 그래서 이 곤충을 모르는 사람은 없을 것입니다. 파브르 시대에 반딧불이는 흔하디흔한 곤충이었어요. 그러나 지금은 멸종 위기에 처해 있습니다. 저 역시 미국 유학 시절 일리노이주 시골에서 아이들과 반딧불이를 잡던 추억이 있어요. 그때 그곳에서는 반딧불이가 지천으로 널려 있었죠. 지금 우리나라는 무주 등에 일부 남아 있다고 해요. 옛날 그리스 사람들은 반딧불이를 '람페인'(lampein, '빛나다'는 뜻)이라고 불렀어요. 즉 빛나는 초롱불을 달고 다닌다는 뜻이지요. 이 곤충을 다른 말로 개똥벌레라 부르는데, 엄연히 다리가 여섯 개인 곤충입니다. 다리가 짧지만 이 다리를 잘 사용해 종종걸음으로 걸어요. 성충이 되면 수컷은 훌륭한 초시(鞘翅, 딱지 날개, 각질로 된 딱딱한 곤충의 앞날개)를 몸에 지녀요. 반면 암컷은 날개가 퇴화되어 나는 기쁨을 모릅니다. 암컷은 애벌레 때의 모양으로 일생을 살아요. 수컷의 모양새도 불완전하지요. 성충이 되어 짝짓기를 하기 전까지는 암수가 서로 비슷해요. 애벌레처럼 보이지만 반딧불이는 의복을 입고 있어요. 표피의 빛깔은 호화로우며 전체가 밤색입니다. 가슴의 위아래는 장밋빛이 돋보이고요. 각 체절의 맨 끝은 선명한 적갈색을 띤 두 개의 작은 꽃 매듭으로 장식하고 있어요. 모양새는 애벌레 같지만 이렇게 아름다운 옷을 입고 있어요.

반딧불이는 순한 곤충으로 보이지만 육식동물이며, 잔인한 솜씨를 발휘하여 먹이를 사냥하는 사냥꾼입니다. 파브르의 관찰에 의하면 반딧불이는 달팽이를 일상으로 먹어요. 우리나라의 반딧불이는 다슬기나 우렁이를 즐겨 먹고요. 반딧불이는 먹이를 먹기 전에 먼저 먹잇감을 마취시켜 감각을 마비시킵니다. 달팽이는 몸이 마르는 것을 막기 위해 자기 몸의 석회질로 나선형 껍질을 만들어 그 안에 살고 있어요. 애벌레 때부터 이 껍질을 지니고 다니지요. 달팽이의 몸이 자라면서 이 껍질도 점점 커져요. 반딧불이는 달팽이를 살짝 더듬어 봅니다. 보통 달팽이는 목을 껍질 속으로 움츠리지만, 일부분은 밖으로 조금 비어져 나옵니다. 그러면 반딧불이의 도구가 아주 빨리 열리면서 달팽이의 비어져 나온 틈을 찌르지요. 반딧불이의 찌르는 도구는 머리카락만큼 가늘며 갈고리 모양으로 구부러진 대롱입니다. 현미경으로 봐야 보일 정도로 작아요. 반딧불이가 가진 무기라고는 그것뿐입니다. 반딧불이는 그 대롱을 통해 독의 양을 조절해요. 규칙적으로 독을 분배하는 거죠. 서두르지 않고 여러 차례 조금씩 주입하고 이따금 쉬면서 매 순간 무슨 결과가 나타나는지를 알아보려는 것같이 행동해요. 횟수도 그리 많지 않아요. 보통 5~6회면 충분하지요. 때로는 먹잇감이 완전히 움직이지 못하도록 열 번 정도 주입해요. 먹을 때는 갈고리로 몇 번 찔러 보고요.

  달팽이는 죽었을까요? 그렇지 않아요. 언뜻 죽은 것 같아 보이는 달팽이를 파브르는 쉽게 되살려 낼 수 있었어요. 살아 있는 것도 아니고 죽은 것도 아닌 이 달팽이를 물에 넣어 목욕을 시켰더니 이틀 후에는 다시 원래 살아 있는 상태로 되돌아온 거예요. 달팽이가 회생한 것이죠. 운동과 감각도 되살아났어요. 깊은 마취로 인한 전신 마비가 깨끗이 사라진 것입니다. 여러 종류의 벌들도 이렇게 마비시킨 먹이를 자신의 새끼에게 제공하는 솜씨를 가지고 있어요. 그들에게는 침으로 먹이의 운동 신경을 마비시키는 기술이 있어요. 의사들은 환자를 마취제로 마취시킨 다음 수술을 해요. 파브르는 장래 이런 곤충들의 기술을 더 알게 되면 유용하게 활용할 수 있을지도 모른다는 말을 덧붙입니다. 그러나 마비시키는 방법은 곤충마다 달라요. 벌은 독이 아닌 침으로 신경계를 정확히 찔러 마비시키는 반면 반딧불이는 독을 주입시켜 마비시키는 차이가 있어요.

먹잇감인 달팽이는 사실 힘이 없는 데다가 온순하고, 뿔을 휘두르면서 싸움을 걸지도 못해요. 그런 상대를 마취까지 시키는 이유는 무엇일까요? 바로 먹이를 나무나 줄기에서 떨어뜨리지 않고 그대로 있게 해서 조용히 먹으려는 데 있습니다. 엄밀한 의미에서는 '먹는다'고 말할 수 없어요. 그냥 마십니다. 반딧불이는 먹이를 묽은 미음으로 만들어서 마셔요. 그들은 먹기에 앞서 먹이를 용액으로 만드는 방법을 알고 있어요. 먹기 전에 먹이를 액체로 만드는 것이지요. 이 걸쭉한 음식을 배불리 먹고 자리를 뜰 때는 달팽이 몸속에 남아 있는 것이 거의 없어요.

54

반딧불이의 등불

반딧불이가 유명해진 이유는 몸에 달린 등불 때문입니다. **5** 그는 몸에 불을 켜 빛을 발해요. 특히 암컷은 나이가 차도 어린 애벌레 모양을 유지하면서 여름 무더위에 가장 밝은 빛을 냅니다. 발광 장치는 복부 뒤의 세 개의 체절을 차지하고 있습니다. 그중 앞의 두 체절 위에는 넓은 띠가 있어 거의 전부를 덮고 있어요. 세 번째 체절 위에는 빛을 내는 부분이 자리하고 있고요. 이 부분은 아주 작고, 두 개의 초라한 점 또는 초승달 모양을 하고 있으며, 등이 투명하게 들여다보입니다. 그래서 반딧불이의 아래에서나 위에서나 빛이 잘 보여요. 이 띠와 점에서 부드러운 청색을 띤 아름다운 흰색 빛이 뿜어져 나와요.

이처럼 반딧불이의 발광기에는 두 부분이 있어요. 혼기에 이른 암컷을 보면 두 체절에 있는 두 줄의 띠가 가장 빛나요. 혼례를 성대하게 치르려고 장래의 어미는 가장 아름다운 패물로 치장을 하고, 그 두 줄의 띠에 불을 켭니다. 불을 반짝이는 것은 짝짓기를 할 수 있다는 표시입니다. 암컷의 날개는 퇴화되어 나는 힘이 없어요. 앞서 언급했듯 애벌레와 같은 모습이지요. 다만 등대에 반짝이는 불을 켤 뿐입니다. 반면 수컷은 완전히 탈바꿈을 해요. 암컷과 같이 부화하면서부터 내내 꼬리 마지막 체절의 두 점에 아련한 초롱을 갖고 있어요. 암컷과 수컷 모두 계절에 관계없이 꽁무니의 이 초롱불을 항상 켜고 다닙니다. 모든 반딧불이의 특징이지요. 애벌레 때부터 평생 변하지 않아요.

파브르는 반딧불이의 발광기를 해부해 봅니다. 현미경으로 보면 표피 위에 흰 가루 같은 것이 널려 있어요. 아주 미세한 알맹이입니다. 파브르는 그것이 발광 물질임이 틀림없다고 해요. 그런데 늙어 버린 파브르는 이 백색의 층을 더 자세히 조사하기에는 자신의 눈이 무딘 탓에 불가능하다고 기록했어요. 죽기 전까지 곤충을 관찰하는 파브르의 성실함을 읽을 수 있는 대목입니다. 그렇지만 생명에 대한 호기심이 줄어든 건 아니어서 관찰을 멈추지 않아요. 그는 반딧불이의 발광기는 소화기 계통에 속한다고 봤어요. 반딧불이의 발광은 산화 작용입니다. 흰 가루층은 산화될 물질을 공급해요. 덤불같이 가지가 난 굵은 대롱 속을 통해 공기가 흐릅니다. 이 가루의 층을 이루는 물질은 무엇일까요? 파브르는 우선 화학에서 쓰이는 인(燐)이 아닐까 추측해 봅니다. 반딧불이를 불에 태워 반응제로 처리해서 원소를 추출하는 소박한 실험을 해보지만 정확한 결과를 얻지는 못했어요. 그래서 파브르는 인은 문제 삼지 않기로 하고 넘어가요. 답은 어딘가 모르는 곳에 있다고 말하면서요. 오늘날 반딧불이의 빛은 반딧불이가 만드는 루시페린이라는 발광 물질과 루시페라제라는 효소가 인산과 산소와 작용하여 나온다고 알려져 있어요. 그들이 내는 빛은 녹색 내지 청색 빛입니다. 화학 물질만 다를 뿐 작용 원리는 파브르의 관찰 결과와 일치해요. 인이 들어 있는 인산과 공기(산소)가 필요하다는 파브르의 언급도 맞습니다. 이런 화학 반응에 의한 반딧불이의 불은 열이 발생하지 않는 차가운 빛입니다. 반딧불이 외에 빛을 내는 많은 미생물이나 동물들은 다 이 루시페린을 사용하여 빛을 내지만 루시페린의 종류가 얼마나 많은지 아직 다 밝혀지지 않았어요.

반딧불이는 빛을 마음먹는 대로 켰다 껐다 할 수 있을까요? 세게 켜기도 하고 약하게 켜기도 할까요? 아니면 어떤 차광막을 가지고 광원을 열었다 닫았다 하면서 빛을 조절할까요? 파브르는 이런 것들이 없이도 반딧불이가 더 좋은 방법으로 불을 켰다 껐다 할 수 있다는 것을 알아냈어요. 굵은 대롱에 흐르는 공기의 양으로 불빛의 세기를 조절하는 것이지요. 곤충이 원하는 대로 공기의 통과량을 늘이거나 줄이고 또 멈추게도 해요. 그러면 광도가 높아지기도 하고 꺼지기도 해요. 공기 속의 산소량으로 발광기의 빛을 세게 또는 약하게 조절하는 거예요.

어린 반딧불이는 조금이라도 소리가 나면 초롱불을 꺼 버려요. 그러면 반딧불이를 사냥하려던 포식자 눈에 반딧불이가 보이지 않게 됩니다. 그런데 성충 암컷들은 그렇지 않아요. 파브르가 암컷 반딧불이들을 망사에 넣고 총을 쏘아 봅니다. 총소리가 나도 암컷들은 못 들은 척 태연했어요. 빛을 계속해서 쏘여도 그전과 같이 활발하게 움직이며 불을 그대로 켭니다. 찬물을 뿌려 봅니다. 불을 끄는 녀석은 한 마리도 없었어요. 기껏해야 맑은 빛이 조금 흔들리는 반딧불이가 있는 정도였어요. 담배 연기를 뿜어 봅니다. 불빛이 앞의 실험보다 약간 세게 흔들렸어요. 그러나 그것도 한순간이었어요. 곧 다시 밝은 불을 켰어요. 반딧불이의 사체도 빛을 냅니다. 사체에서 떼 낸 발광

표피도 빛을 내고요. 살아 있으나 죽으나 빛을 내는 것입니다. 죽은 경우 산화성 물질인 빛을 내는 면이 직접 주위의 공기와 접촉하면서 빛을 냅니다. 심지어는 물속에서도 빛을 내요. 그러나 물을 끓여 공기를 없애면 꺼집니다. 산소의 산화 작용에 의해 빛을 내는 것이 증명된 것입니다.

　반딧불이의 반딧불은 희고, 고요하고, 보기에도 부드럽습니다. 파브르는 이를 마치 달에서 떨어져 내려온 불똥 같다는 시적 표현으로 묘사해요. 선명하게 반짝이지만 빛이 약해요. 파브르는 반딧불이의 반딧불로 책을 읽을 수 있는지를 실험해요. 반딧불이를 인쇄물 위에 올려놓고 조금씩 옮겨 가면 아무리 어두워도 한 자 한 자를 똑똑히 읽어 낼 수가 있었어요. 그러나 그 근처의 것은 아무것도 보이지 않았어요. 그래서 파브르는 이런 초롱불을 가지고 책을 읽으려는 사람들은 곧 지쳐 버릴 것이라 표현하죠. 우리나라에도 형설지공(螢雪之功)이라는 말이 있어요. 반딧불이를 모아 그 반딧불의 불빛으로 글을 읽고, 겨울에는 눈을 뭉쳐 그 빛으로 열심히 책을 읽으며 공부했다는 이야기입니다. 반딧불이를 모으면 그 모인 반딧불로 책을 읽을 수 있을까요? 우리나라 반딧불이의 경우 20마리 정도 모으면 책을 볼 수 있다고 해요. 과연 반딧불이를 모아 두면 서로의 빛으로 반딧불이를 알아볼 수 있을까요? 사진을 찍으면 반딧불이가 찍힐까요? 파브르의 눈에는 그냥 빛의 점들로만 보였답니다.

　암컷의 반딧불은 혼례에의 부름이라 해요. 짝짓기로의 초대입니다. 그러나 암컷의 두 절 띠의 불빛은 복부 아래쪽에 켜져 있어 공중을 높이 나는 수컷의 눈에 띄기 어렵습니다. 초롱불을 켜 놓아야 할 곳은 당연히 등 위이지 배 밑은 아닙니다. 그러나 암컷은 모두가 자유롭게 배의 끝을 뒤틉니다. 온 방향으로 우스꽝스러운 몸짓을 해요. 그래서 짝짓기 원정을 떠난 수컷은 지상에서든 공중에서든 근처에 있는 이 암컷의 등불을 보게 됩니다. 반딧불이 암컷이 구혼자를 불러들이기 위해서 이런 꾀를 낸다면, 수컷은 수컷대로 유혹하는 등불의 사소한 반사도 먼 곳에서 정확하게 판단하는 눈을 갖고 있어요.

　짝짓기 후 반딧불이 암컷은 곧 알을 낳아요. 둥글고 흰 알입니다. 어미는 축축한 흙 위든 잔디 위든 아랑곳없이 아무 곳에나 알을 뿌립니다. 반딧불이는 자식에 대한 애정이 조금도 없어요. 반딧불이의 알은 어미 뱃속에 있을 때도 빛을 발합니다. 알을 낳은 후에는 곧 부화해요. 애벌레는 암컷이든 수컷이든 맨 끝 체절에 두 개의 작은 등불을 켜고 있어요. 심한 추위가 오면 애벌레는 땅속으로 들어갑니다. 그들은 언제나 엉덩이에 희미한 불을 달고 있어요. 4월경 그들은 땅 위로 올라와서 발육을 계속하다가 성충이 됩니다.

　반딧불이의 일생은 처음부터 끝까지 빛의 잔치입니다. 알도 빛을 내니까요. 애벌레도 그렇고요. 성충 암컷은 굉장한 등불을 가지고 있어요. 성충 수컷도 애벌레 때 이미 갖고 있던 작은 초롱을 내내 지니고 있지요. 우리는 암컷의 등대 역할을 잘 알고 있어요. 짝짓기입니다. 그러나 나머지 알이나 애벌레나 수컷 모든 경우의 등불은 무슨 소용이 있을까요? 파브르는 유감스럽게도 잘 모르겠다고 말합니다. 아마 매미의 노래를 쓸 그때로 돌아간다면 파브르는 반딧불이가 짝짓기만이 아닌 생을 즐기고 찬양하기 위해 등불을 켠다고 말했을 듯합니다. 그러나 이제 인생을 마감해 가는 노학자는 모르겠다는 말로 이야기를 마칩니다. 인생의 고단함 때문이었을까요? 아니면 생의 마지막에 이르러 생명에 대해 겸손해진 태도 때문일까요? 사실 그만큼 생명은 신비해서 모든 것을 다 알기 어렵습니다.

오늘날 반딧불이에 대한 연구는 한층 더 정교하게 진행되고 있어요. 암컷 반딧불이가 반짝거리며 빛을 내는 것도 짝짓기만을 위한 것이 아니랍니다. 짝을 찾는 신호 이외에 적에게 겁을 주거나 먹이를 유인하기 위한 신호이기도 하지요. 또한 반딧불이의 종류에 따라 암수가 모두 빛을 내거나 수컷 혹은 암컷만 내기도 해요. 날 수 있는 것도 반딧불이의 종류에 따라 다르고요. 게다가 종류에 따라 빛 신호가 다 달라요. 빛을 깜빡거리는 간격이 다 다른 것이지요. 반딧불이는 각 종류마다 이런 빛 신호로 같은 종끼리 서로 의사소통을 해요. 종 특유의 암호같이 말입니다. 이런 신호로 서로 같은 종임을 알아보는 것이지요.

반딧불이 중 포티누스 피랄리스 종의 수컷들은 5초에 한 번씩 빛 신호를 보내요. 암컷은 수컷이 신호를 보내면 2초 정도 기다렸다가 한 번의 신호로 답하고요. 포티누스 아그니투스 종의 암컷은 5~6초 후에 답변해요. 반면 또 다른 종인 포타누스 콜루스트의 암컷은 1초 만에 답변 신호를 보낸답니다. 이런 신호는 반드시 짝짓기를 위한 것만이 아니에요. 어떤 반딧불이는 이런 방식으로 먹잇감을 노리기도 한답니다. 먹잇감이 불빛을 보고 다가오면 잡아먹는 것이지요. 반딧불이는 몸에 독이 있어 거미, 개구리, 새, 다른 곤충들로부터 자신을 방어합니다. 그런데 이런 독을 만들 수 없는 어떤 종은 불빛으로 독을 가진 반딧불이를 유인해 잡아먹어요. 다른 반딧불이의 독을 몸에 비축하기 위해서지요.[4] 정말 다양하고 신기하지 않나요? 세상에 존재하는 1,900종의 반딧불이의 등불을 연구하기 위해 생물학자들은 지금도 열대 우림 등 전 세계의 구석구석을 탐험하고 있어요. 우리나라도 자연이 회복되어 이 반딧불이를 전국 방방곡곡 어디에서나 볼 수 있는 날이 속히 왔으면 좋겠어요.

반딧불이는 빛을 좋아해 자신의 몸에 등불을 가지고 있지만, 사실 곤충들은 대부분 빛을 좋아해요. 밤에 불빛으로 몰려드는 곤충 떼들을 본 적이 있지요? 빛을 향하는 이런 성질을 '주광성'이라 해요. 다음 장에서 다루겠지만 대형 거미 타란툴라는 알주머니를 늘 햇빛에 쬐어 부화시키고, 새끼들을 7개월간 등에 업고 다녀요. 그 7개월간 새끼들은 아무것도 먹지 않고 오직 햇빛만 쬐요. 그런데도 탈바꿈하여 성충이 되지요. 빛

---

4   마르쿠스 베네만, "욕망을 자극하는 현명한 사기꾼", 《동물들의 생존 게임》, (유영미 옮김, 웅진지식하우스, 2010), 85-93.

이 에너지의 원천으로 이용되는 거예요. 파브르는 1870년대 벌이 중력의 반대 방향인 빛의 방향으로 움직이는 것을 관찰했어요. 파브르의 곤충 관찰이 현대 과학에 미친 중요한 영향 중 하나로 평가받는 게 바로 이 발견이에요.[5] '배광 반응'이라 부르는 이 현상은 곤충이 빛의 방향으로 등을 돌려 날아가거나 떨어지는 행동을 말해요. 반딧불이든 곤충의 주광성이든 빛 에너지를 이용하든 배광 반응이든, 이런 이야기를 통해 생명과 빛은 결코 뗄 수 없는 관계라는 것을 알 수 있어요. 생명은 빛을 좋아한다는 사실 말이에요.

5   Georges Pasteur, "Jean Henri Fabre", *Scientific American* 271 (1994), 74-80.

3. 곤충의 모성애
생육하고 번성하고 충만하라

☞ 우리는 어머니의 사랑과 희생이 얼마나 큰지 잘 압니다.
이를 모성애라 하지요. 모성애가 우리의 삶을 얼마나
따뜻하고 풍성하게 해주는지는 새삼 강조할 필요가
없겠지요. 그런데 과학은 동물에게도 모성애가 있다고
주장해요. 심지어 파브르가 관찰한 몇몇 곤충들의 모성애는
눈물겨울 정도였어요. 배설물을 먹고 사는 풍뎅이뿐
아니라 우리가 불결하게 여기는 거미, 또 무서운 전갈까지
이런 모성애를 보여 줍니다. 거의 인간의 모성애와
견줄 만하지요. 곤충도 인간과 같은 모성애를 가지고
있을까요? 곤충에게 어미와 자식 사이의 유대 관계가
있을까요? 과학은 이 모성애를, 생명이 치열한 경쟁 속에서
종족을 보존하기 위한 것이라고 말해요. 또 모든 생물은
공통적으로 모성애를 지니고 있다고 말하죠. 사실 동물뿐
아니라 식물도 자기의 후손인 씨를 보존하기 위해 세심한
배려를 해요. 곤충들의 다양한 모성애 양상과 그 내용을
살펴볼까요? 이와 더불어 모성애를 어떻게 봐야 할지 함께
생각해 봐요.

모성애를 발휘하는 곤충은 많지 않다

곤충은 새끼(가족)를 보호하기 위해 집을 짓거나 모성을 발휘하는 등 다양한 본능을 보여 줍니다. 파브르는 이렇게 말해요. "모성은 본능에 가장 많은 영감을 주는 것이다."[6] 모성이 곤충의 가장 중대한 관심사인 종족의 보존 혹은 영속성을 맡고 있기 때문입니다. 그래서 곤충이 보여 주는 모성의 본능은 이성적이라는 환상을 일으킬 정도이지요. 그러나 모든 곤충이 같은 모성의 본능을 보이는 것은 아닙니다. 모성이 있는지 없는지도 잘 모를 정도의 곤충들도 많이 있어요.

이 점에서 가장 우리의 주의를 끄는 곤충은 역시 벌과 개미입니다. 이 곤충들은 마치 모성애의 의무를 다 행하는 것처럼 보여요. 꿀벌과 개미들의 생활을 보면 잘 알 수 있어요.[7] 여왕벌과 여왕개미가 낳은 새끼들을 모든 벌과 모든 개미가 협력하여 양육해요. 이 곤충들은 후손을 위해 먹을 것과 살 곳을 마련하는 데 모든 노력을 기울입니다. 벌과 개미가 속한 다른 막시(膜翅, 개미, 벌 따위 곤충의 얇은 막성 날개)류 곤충들도 마찬가지입니다. 이들은 면직물, 잎, 진흙, 돌로 집을 만들어요. 땅굴을 파

---

6   파브르, "머리말", 《파브르 곤충기》, (이근배·안응렬 옮김, 올재, 5권, 2022), 14.
7   파브르는 우리가 잘 아는 꿀벌이나 개미는 별로 관찰하지 않았어요. 꿀벌이나 개미의 습성은 파브르 당시에 이미 많이 알려져 있는 데다, 당시까지 잘 알려지지 않았던 곤충들을 관찰하기만 해도 시간이 모자랐기 때문입니다.

기도 하고요. 새끼들을 위해 자신의 본능을 총동원하여 집을 마련하는 거죠. 집을 만든 다음에는 새끼들이 먹을 것을 마련해요. 꽃가루와 꿀로 빚은 빵이나 고도의 기술로 마비시킨 사냥감 등입니다. 새끼들의 장래를 위해 가장 최고의 본능인 모성애를 보이는 것입니다.

그런데 어미로부터 그리 보살핌을 받지 못하는 곤충들도 많아요. 어미가 하는 일이라고는 새끼 애벌레가 스스로 집과 먹을 것을 얻을 수 있도록 유리한 장소를 찾아 알을 낳는 것이 전부인 경우도 있어요. 이런 일반적인 모성애는 어미의 뛰어난 본능이 그다지 필요한 것 같지 않습니다. 대신 그런 경우에는 애벌레가 놀라운 본능으로 스스로의 삶을 살아가요. 벌과 개미처럼 후손에 대해 지극정성을 쏟는 막시류가 우리의 감탄을 자아내는 것은 사실입니다. 그래서 벌과 개미를 보면서 곤충도 위대하다고 말하는 거겠죠. 그러면서 우리는 자기 새끼들을 우연이라는 운명에 내맡기는 다른 곤충들에 대해서는 하찮게 여기거나 무시하는 경향이 있습니다. 그런데 곤충의 세계에서는 지극한 모성애를 발휘하는 곤충보다는 이런 곤충들이 대부분입니다. 오히려 지극한 모성애를 보여 주는 곤충은 소수인 거죠. 파브르는 대부분의 곤충이 그렇지 않다는 전제하에 뛰어난 모성애를 가진 곤충들을 관찰하여 소개해요. 동시에 이런 곤충들의 모성애에 어떤 한계가 있는지도 말하고 있어요. 모성애에 대한 파브르의 관찰을 통해 우리는 곤충의 모성애를 균형 있게 보는 시각을 배울 수 있어요.

배설물 청소부의 모성애

배설물(똥)을 먹고 사는 곤충 중에 알을 낳을 시기에만 배설물 경단(구슬)을 만드는 곤충들이 있어요. 에스파냐 뿔풍뎅이(혹은 스페인 뿔소똥구리)가 그중 하나입니다. 이 풍뎅이는 똥 무더기 아래에 땅굴을 파요. 배설물을 그 땅굴 안에 넣으니 굳이 공 모양으로 만들 필요가 없지요. 그냥 땅 아래로 밀어 넣어요. 그런데 땅을 파서 땅굴 속에 있는 것을 보면 엄청나게 큰 둥근 덩어리입니다. 물론 모양은 제각각이에요. 달걀 모양, 양파와 비슷한 타원 모양, 거의 동그란 모양 등입니다. 그런데 어떤 것이든 표면은 부드럽고 제대로 된 곡선을 이루고 있어요. 하나씩 밀어 넣은 것들을 어미가 모아서 한 덩어리로 빚은 것이지요. 그리고 그렇게 빚은 덩어리 표면 위를 왔다 갔다 하면서 두드리고 단단하게 하고 고르게 해요. 이 일을 하는 데 적어도 일주일은 걸리지요. 그리고 그사이 발효된 이 덩어리를 작은 반죽 덩어리로 나눠요. 그다음 24시간 내내 쉬지 않고 움직여 완전한 구형을 만들어요. 그 후 거기에 별로 깊지 않은 분화구를 판 다음, 그 움푹 파인 분화구에 알을 낳고 둥근 지붕을 만들어 덮어요. 구를 만들고, 오목한 분지를 파고, 알을 낳고, 그리고 둥근 지붕으로 덮는 데는 보통 이틀 혹은 그 이상이 걸려요. 이어서 두 번째, 세 번째, 그리고 꽤 자주 네 번째 것을 만들어요.

어미는 이 덩어리를 입에 대지 않아요. 만드는 동안 아무것도 먹지 않지요. 다 만들고 나서도 땅굴을 떠나지 않습니다.

제 새끼들을 위해 굶주림을 무릅쓰는 헌신적인 곤충이지요. 어미는 굶주림을 무릅쓰면서 알이 들어 있는 배설물 경단을 지켜요. 파브르는 이 풍뎅이의 땅굴에는 언제나 경단들 곁에서 졸고 있는 어미가 있다고 말해요. 5월에 먹이를 가지고 땅굴로 들어간 어미는 9월이 되어서야 비로소 땅 위로 올라와요. 새끼들이 부화하여 완전한 곤충의 형태를 갖추고 나서야 땅굴을 떠나는 거지요. 어미는 땅속에서 제 새끼들을 보게 되는데, 이는 곤충 세계에서는 매우 드문 일입니다. 어미는 덩어리 속에서 자란 새끼들이 밖으로 나오기 위해 벽을 긁는 소리를 듣습니다. 그리고 경단이 깨지는 것을 봐요. 그다음 어미와 새끼는 함께 땅굴을 떠나 지상의 똥 무더기를 찾아 나옵니다.

왕소똥구리, 유럽소똥구리, 그리고 넓은목소똥구리는 배설물 경단을 굴리며 멀리 가서 땅굴 속에 넣고 그곳에 알을 낳아요. 이들의 어미는 이 경단에 알을 낳고 떠나 버려요. 이들의 애벌레는 어미가 떠나 버리고 없기 때문에 갖가지 어려움을 겪어요. 경단이 깨지면 스스로 수리해서 살아가야 하고요. 그런데 뿔풍뎅이는 어미가 지키면서 즉시 수리해 줍니다. 이처럼 배설물 청소부들의 습성은 저마다 달라요.

뿔풍뎅이의 모성애는 종족 번식과 연관이 있어요. 산란의 수가 적은 것을 어미의 돌봄으로 보완하는 것이지요. 알을 많이 낳는 어미들은 자신의 후손을 운에 맡겨요. 그런 어미들은 자기가 낳은 알들 대부분을 다른 동물들의 먹이로 방치하는 거나 마찬가지예요. 부화하기 전 혹은 갓 부화한 그들의 새끼 대부분이 잡아먹히기 때문이에요. 이는 생태계 전체에는 유익을 끼치는 일입니다. 이렇게 알을 많이 낳는 어미들에게는 뿔풍뎅이와 같은 모성애가 없는 것으로 알려져 있어요.

뿔풍뎅이의 경우는 근본적으로 달라요. 모성애는 이들의 생존에 중요한 역할을 합니다. 겨우 알 서너 개에 종족의 미래가 달려 있기 때문입니다. 자연 속에서 생존은 치열한 투쟁입니다. 소위 생존 경쟁인 셈이지요. 어미는 그 사실을 알고 자신의 알들을 살리기 위해 스스로를 희생하는 것입니다. 바깥세상의 기쁨이나 먹을 것을 다 포기하고 땅속의 알 곁에서 아무것도 먹지 않고 감시하면서 머물러요. 식물의 뿌리를 쓸어 내고, 금 간 데를 메우고, 쌍시류의 애벌레, 소똥풍뎅이, 풍뎅이붙이 등 공격자들을 쫓아내지요. 9월이 되어 새끼가 무사히 부화하면 어미는 새끼들과 함께 땅 위로 올라와요. 이때부터는 서로 독립생활을 하지요. 이런 걸 보면 새보다 더 헌신적인 모성애를 가지고 있다고 할 수 있어요.

그리고 뿔풍뎅이는 다리나 몸의 구조가 소똥구리와 달라 구슬 만드는 연장을 가지고 있지 않은데도 구형을 잘 만들어요. 서투른 짧은 다리로 참을성 있게 어려움을 극복하고 이틀 혹은 사흘 만에 동그란 경단을 만들어 냅니다. 소똥구리나 유럽소똥구리는 긴 다리로 배설물을 그 사이에 끼워 쉽게 경단을 만들지만 땅딸막한 뿔풍뎅이가 어쩌면 그렇게 정확한 기하학적 구조를 가진 둥근 경단을 만드는지 신기할 뿐입니다. 이 녀석의 연장은 구형을 만드는 데 전혀 유리하지 않거든요. 어미는 배설물 덩어리 위에 앉아서 부족한 연장으로 주의를 기울이면서 천천히 조금씩 조금씩 가공해요. 그러다가 덩어리를 이 끝에서 저 끝까지 열심히 만지면서 곡선이 잘 만들어졌는지를 판단해요. 몸의 구조도 맞지 않고 변변한 연장도 없는데 이 곤충은 어떻게 구형을 만들며, 또 왜 구형으로 만드는 것일까요? 파브르는 유일한 가능성 한 가지를 제시해요. 애벌레의 먹을 것을 신선한 상태로 보존하려면 표면적이 가장 작은 공 모양이 요구된다는 것이지요. 뿔풍뎅이도 구슬 만드는 다른 곤충의 원리를 채택하는 겁니다.

뿔풍뎅이 어미는 애벌레가 있는 경단 안에서 어떤 문제가 생기면 즉시 달려가요. 어미는 새끼 애벌레가 도움을 청하는 것을 어떻게 알까요? 곤경에 빠져 있는 애벌레는 아무 말도 하지 않아요. 필사적인 애벌레의 몸짓에는 아무 소리도 나지 않고요. 물론 밖에서 그 몸짓이 보이지도 않지요. 그런데도 그것을 지키는 어미는 자기 새끼가 도움을 요청하는 침묵의 소리를 듣고 보이지 않는 것을 보고 재빨리 달려갑니다.

이제 뿔풍뎅이의 이런 헌신적인 모성애의 정체를 알아볼까요? 파브르는 인위적으로 다른 녀석의 애벌레가 든 경단을 어미 뿔풍뎅이 앞에 옮겨 놓아 보았어요. 그런데 어미는 남의 자식들도 자기 자식들과 똑같이 돌봐요. 이 어미는 자기 새끼와 우연히 생긴 남의 새끼를 구별하지 않고 똑같이 보살펴요. 어미 뿔풍뎅이는 알이 몇 개인지 세지 못합니다. 이런 곤충에게 어미와 새끼 사이에 어떤 연대 의식이 있다고 생각할 수 있을까요? 이 어미 뿔풍뎅이에게 고아나 다른 부모의 자식들까지 돌보는 사랑이 있다고 생각할 수 있을까요? 파브르는 이 곤충에게 이런 사랑을 기대하는 것은 비상식적인 일이라고 생각해요.

알을 품고 있는 암탉은 몇 주일 동안 먹는 것을 잊는 데 반해, 어미 뿔풍뎅이는 일 년의 1/3 이상의 기간 동안 먹는 것을 잊을 정도로 모성애를 발휘해요. 그런데 가을이 되어 새끼가 부화한 후 함께 땅 위에 올라온 뒤로는 완전히 바뀝니다. 암컷 새끼들은 어미와 조금도 구별되지 않아요. 얼마 전까지만 해도 그렇게 헌신적이던 어미가 돌변해서 해방된 제 새끼들에 대해 완전히 무관심해져요. 각기 제집에서, 각기 자신을 위해서 살아가지요. 이제는 서로 남남입니다.

먹이를 입으로 물어다가 새끼를 먹이고, 세심한 위생으로 돌보아 기르는 벌이나 말벌이나 개미와 같은 막시류 곤충들 아니고서는 곤충 세계 어디에서도 이와 같은 어미의 희생을 찾아보기 어려워요. 파브르는 만일 무의식 안에 도덕성을 넣는 것이 허락된다면, 뿔풍뎅이는 도덕적이라고 부를 만한 고귀한 특성을 가지고 있다고 보았어요. 이 뿔풍뎅이가 벌과 개미의 애정을 능가하는 이런 모성애를 어떻게 배웠을까요? 파브르는 뿔풍뎅이가 벌과 개미를 능가한다고 말해요. 사실 여왕벌은 알을 낳는 공장에 불과합니다. 여왕벌은 놀랄 만한 생산력으로 일생 알만 낳아요. 어미로서 여왕벌이 하는 일은 단지 그뿐입니다. 그러면 독신 생활에 몸을 바친 다른 일벌들이 새끼들을 길러 내요. 그런 점에서 똥을 먹고 사는 가장 하찮은 곤충인 뿔 풍뎅이의 모성 본능이 벌이나 개미보다 훨씬 더 나아 보입니 다. 그러나 그런 모성애도 한계가 분명한 곤충의 본능입니다.

일반적으로 곤충의 세계에서 어미는 자식의 장래를 준비 하고 죽어요. 자기 새끼를 보지 못하고 죽는 것이 일반적이지 요. 그런데 뿔풍뎅이나 몇 종류 곤충들은 자신의 후손들을 볼 수 있습니다. 아비, 어미는 부화한 새끼들과 먹이를 같이 먹어 요. 그리고 이듬해 봄, 모두는 아니지만 늙은 몇 녀석들은 두 번 째 혼인을 하기도 해요. 그러면 일 년 간격으로 두 가족을 거느 리게 되는 셈이지요. 넓은목소똥구리는 3년에 걸쳐 세 가족까 지 둘 수도 있답니다. 두세 번씩 가족을 꾸리고 그 자손들을 직 접 눈으로 보는 것은 곤충의 세계에서는 매우 예외적인 특권입 니다. 곤충 중에서도 뛰어난 본능을 가진 꿀벌류는 꿀 항아리 가 채워지면 죽고, 나비도 제 알 무더기를 낳은 다음에는 죽으 며, 딱정벌레도 후손이 될 씨를 돌무더기 아래 흐트러뜨린 다 음에는 죽습니다. 이것이 일반적입니다. 즉 대부분의 곤충은 아비, 어미가 없는 고아로 태어납니다. 그런데 뿔풍뎅이류처럼 똥 먹고 사는 곤충 가운데 자신의 후손을 보는 엄청난 특권을 누리는 예외가 존재합니다. 가장 비천한 곤충에게 주어진 특권 이라 할까요?

거미의 모성애

파브르는 거미의 모성애를 관찰하고 소개해요. 어미 타란툴라는 인간 못지않게 새끼들에게 헌신적입니다. 우리나라에는 살지 않는 독거미지만 최근 애완용으로 들여오고 있는 것으로 알고 있어요. 이 거미의 어미는 3주 혹은 그 이상 동안 알주머니를 끌고 다녀요. 타란툴라는 일광욕을 즐겨요. 그러나 어미는 온도가 올라간 반나절 동안 계속해서 알주머니를 돌리면서 모든 면에 햇볕을 받도록 합니다. 거미는 엄청난 인내력을 가지고 3~4주 동안 이렇게 알주머니에 햇볕을 쬡니다. 알을 부화시키려는 것이지요. 그렇게 하여 부화하면 애벌레 전부가 주머니에서 한꺼번에 밖으로 밀려 나와요. 그리고 곧 어미의 등으로 기어오릅니다. 수백 마리 새끼 거미들이 이중 삼중의 층을 이루어 빽빽하게 어미 등에 올라타요. 이런 모양으로 어미는 7개월 동안 밤낮으로 이 애벌레들을 업고 다녀요. 파브르는 자신의 애벌레들을 마치 옷처럼 입고 다니는 이 어미 거미의 모습만큼 감동을 주는 장면은 없다고 말해요. 어디서도 이런 본보기를 찾을 수 없었다고 해요. 거미의 애벌레들은 9월에서 이듬해 4월까지 참을성이 강한 어미의 등에 매달려 편히 자랍니다. 하지만 새끼 거미들은 떨어지기 마련입니다. 굴 담벼락에 조금이라도 스칠라치면 어미 등에서 우수수 떨어지고 말지요. 그럴 때마다 어미는 떨어진 새끼들이 자신의 힘으로 등에 올라오도록 묵묵히 기다려 줘요. 떨어진 새끼 거미들은 재빨리 어미 다리를 찾아 기어오르지요.

그런데 긴 시간 어미 거미의 행동을 자세히 관찰한 파브르는 거미에게 우리가 아는 모성애가 있다고 말하는 것은 지나친 일이라고 판단해요. 타란툴라의 자식에 대한 사랑은 식물과 크게 다르지 않다는 것이지요. 식물의 모성을 알 길은 없지만 자신의 씨에 대해서만은 지나칠 만큼 배려를 하는 점이 거미와 비슷하다는 것입니다. 타란툴라에게 자기 새끼들은 무엇일까요? 어미 거미는 자신의 새끼뿐 아니라 남의 새끼도 맞아들입니다. 누구든 무리를 업고 있기만 하면 만족해요. 그런 점에서 자기 새끼에 대한 진정한 모성애가 있다고 보기는 어렵지요. 파브르는 자기 자식을 등에 잔뜩 올려놓은 어미 옆의 다른 어미 등 위의 새끼들을 붓으로 떨어뜨려 봅니다. 떨어진 새끼들은 자기 어미가 아니라 옆에 있던 새 어미의 다리를 발견하고 기어올라가 거기에 자리 잡아요. 새 어미는 내버려 둡니다. 다른 어미의 새끼들은 진짜 새끼들과 섞여 지내요. 자기 새끼들을 다른 어미에게 옮겨도 아무 일도 일어나지 않았어요. 자기 새끼나 남의 새끼나 타란툴라의 눈에는 다 마찬가지로 보였던 모양입니다.

어느 날 파브르는 새끼를 잔뜩 등에 짊어진 두 어미가 싸우는 것을 관찰했어요. 싸움에서 이긴 어미는 진 어미를 조금씩 갉아 먹었지요. 그런데 어미가 먹히는 동안 그 새끼 거미들은 잔인한 광경에도 아랑곳없이 이긴 쪽의 등에 업혀 진짜 새끼들과 서로 섞여 자리를 잡습니다. 이긴 어미는 그들을 자기 새끼와 똑같이 받아들여요. 그 어미는 잡아먹었지만 고아가 된 새끼들에게는 기꺼이 자기 등을 내어주지요. 그런 뒤 이 어미는 고아들을 자기 새끼들과 구별하지 않고 몇 달간 돌봐 줘요. 비극 끝에 하나로 합쳐진 두 가족은 이제 한 가족으로 살아갑니다. 그런 모습을 관찰한 뒤 파브르는 거미에게 모성애가 있다고 말할 수는 없다고 주장해요. 적어도 인간이 생각하는 그런 모성애는 없다는 거지요. 인간의 관점으로 이런 작은 생명의 세상을 보아서는 안 된다는 말이에요.

타란툴라는 7개월 동안 자기 등 위에서 우글거리는 새끼들을 어떻게 먹여 살릴까요? 먹이를 잡아 새끼들에게 먹일까요? 그러나 어미가 먹이를 먹을 때 한 마리의 새끼도 자리를 떠나 식사에 참여하거나 혹은 그런 비슷한 행동을 하는 기색도 없었어요. 어미도 새끼들을 식사에 초대하지도 않고 먹이를 남겨 두지도 않아요. 어미가 먹는 동안 새끼들은 그냥 보고만 있어요. 그럼 7개월 동안 새끼들은 무엇을 먹고 사는 걸까요? 어미가 몸에서 분비하는 것을 먹고 사는 걸까요? 그런데 파브르는 새끼 거미들이 젖을 빨듯이 어미의 피부에 입을 붙이고 있는 것을 본 적이 한 번도 없었어요. 새끼 거미들은 무엇을 먹고 몸을 지탱할까요? 새끼 거미들도 등에서 떨어지는 등 어느 정도 활동을 하기 때문에 에너지가 필요해 보여요. 다만 독립하는 시기까지 새끼 거미들이 조금도 자라지 않는 건 사실이에요. 무려 7개월 동안 태어났을 때의 모습 그대로 있지요. 오랫동안 안 먹어도 문제가 없다는 말이 됩니다. 그래도 최소한의 에너지가 필요하겠지요. 과연 그 에너지의 원천은 무엇일까요?

기본적으로 모든 동물은 태양 에너지가 만든 물질을 먹고 살아요. 나뭇잎 등이 그렇지요. 동물이 서로 잡아먹든지 식물로부터 제공받든지 간에 살아 있는 모든 생명은 태양에 의존해요. 태양의 에너지가 풀, 과일, 씨앗 또는 그것들을 먹는 동물에 축적되는 것이지요. 태양이 생명 에너지의 원천인 것입니다. 파브르는 태양 에너지가 식물을 통하지 않고 직접적으로 동물에 침투해서 에너지를 직접 충전할 수 없는지를 질문해요. 마치 배터리에 전기를 충전하는 원리처럼요. 우리가 먹는 포도나 과일이 태양 에너지를 축적하듯이 우리가 직접 태양 에너지를 축적할 수는 없느냐는 거지요. "태양 광선을 아침으로 먹을 수 있는 세상이 온다면 얼마나 멋질까? 이것은 하나의 몽상에 지나지 않을까? 이것이 미래에는 실현될까?"[8] 파브르는 일단 어린 타란툴라의 에너지의 원천을 이런 식으로 설명해요. 그 이상 알 길은 없었던 것 같아요. 오늘날 일부 동물들이 태양 에너지를 직접 흡수한다는 보고가 나오고 있어요. 태양을 쬐어 그 에너지로 체온을 올리는 뱀이나 개구리 같은 변온 동물들이 대표적인 경우에요.

7개월 동안 새끼 거미는 아무것도 먹지 않고 운동으로 힘을 소비했어요. 새끼 거미들은 열과 빛에 몸을 쬐고 힘을 되찾

---

8   파브르, "나르본의 타란툴라거미, 가족", 《파브르 곤충기》, (이근배·안응렬 옮김, 올재, 9권, 제2장, 2022), 37.

았어요. 어미 거미는 배에 알주머니를 달고 다닐 때 대낮이면 알에 햇볕을 쬐려고 나갔어요. 볕이 잘 들도록 두 뒷다리를 땅굴 밖으로 높이 처들고, 알을 가만가만 돌려 주며, 태양 에너지를 골고루 받아요. 이 생명의 목욕을 계속함으로써 막 태어난 새끼 거미를 활동하도록 하는 것이지요. 날씨가 좋으면 타란툴라는 매일 새끼 거미를 등에 업고 땅굴 밑에서 올라와 출입구 가장자리에 팔꿈치를 괴고 오랫동안 일광욕을 해요. 어미 등 위의 새끼 거미들은 손발을 쭉 뻗고 즐거워하지요. 새끼들은 열을 흠뻑 빨아들이고 몸에 힘을 비축해요. 저녁때가 되면 어미와 새끼들은 태양의 빛을 흠뻑 맞고 땅굴로 되돌아가요. 겨울에도 날씨만 좋으면 음식을 먹기 시작할 때까지 매일 이런 행사를 되풀이합니다. 7개월 동안 어미 거미는 이렇게 새끼들을 돌봅니다.

전갈의 모성애

파브르는 거미에 이어 더 무섭고 사나운 전갈의 모성애를 소개해요. 4월에 들어서면 돌 밑의 전갈이 다른 전갈을 갉아 먹는 것이 자주 관찰돼요. 먹히는 녀석은 언제나 수컷들입니다. 짝짓기를 한 후 암컷이 저지르는 비극적인 의식이지요. 파브르가 관찰을 통해 직접 확인한 사실입니다. 불쌍한 수컷은 자신의 목적을 달성했다고 생각해요. 머지않아 임신하게 될 암컷은 식

76

욕이 엄청납니다. 그래서 수컷을 잡아먹는 거죠. 8월 중순 새끼
가 태어나면 파브르의 전갈 실험실에는 다시 평화가 찾아옵니
다. 더 이상 동족을 잡아먹지 않아도 되니까요.

　한편 파브르는 이 잔인한 암컷 전갈이 지닌 아름다운 모
습을 관찰해요. 7월 말 어미 검은전갈이 애벌레 무리를 업고 있
는 장면을요. **6** 마치 애벌레를 흰옷처럼 입고 있는 모습이에
요. 랑그도크 전갈은 한꺼번에 30~40개의 알을 낳아요. 검은
전갈이 낳은 수는 그보다 조금 적고요. 다만 그 알에서 금방 부
화하기 때문에 애벌레들이 산후에 빨리 해방됩니다. 어미 벌레
가 재치 있게 알의 막을 붙들고 찢고 잡아당겨 떼어 먹어 버려
요. 마치 양이나 고양이가 자식의 탯줄을 먹어 버리는 것과 같
은 방식으로 애벌레를 자유롭게 만듭니다. 전갈은 인간의 모성
애에 가까운 행동을 통해 새끼들이 삶을 시작하게 도와요. 전
갈의 애벌레도 엄마의 조력이 필요해요. 전갈의 애벌레가 끈끈
한 물질에 꽉 붙어 버려 절반쯤 깨진 알주머니 속에서 버둥거
리면서 밖으로 나오지 못하는 것을 보면 어미가 입으로 알주
머니를 깨물어 애벌레의 탈출을 도와줍니다. 새끼 전갈은 꼼짝
않고 밖으로부터의 도움을 기다려요. 어미는 새끼의 모든 일을
다 보살펴 주어야 하는데, 그 일을 척척 잘 해냅니다. 어미는 출
산할 때 함께 배설된 지저분한 것들과 소량의 무정란까지 전부
먹어 애벌레가 있는 곳을 깨끗하게 치웁니다. 랑그도크전갈의
애벌레 길이는 9밀리미터, 검은전갈의 애벌레 길이는 4밀리미
터 정도입니다. 그 후 애벌레들은 어미 등 위로 **빽빽**하게 모여

들어요. 파브르가 밀짚으로 애벌레를 건드리면 어미는 바로 화가 난 자세를 취하면서 집게를 휘둘렀다고 해요.

그중 일부를 떨어뜨리면 어미는 새끼들을 모아 다시 등에 올라가게 해요. 새끼를 떨어뜨린 어미 전갈 근처에 제2의 전갈 어미를 두면 떨어진 새끼들은 다른 어미의 등 위로도 올라가요. 새엄마는 이 새끼들도 잠자코 받아들입니다. 타란튤라처럼 전갈도 자신의 새끼와 다른 새끼들을 구분하지 못합니다. 자기 근처에서 우글거리는 놈은 모두 자기 새끼인 줄 알고 받아들여요. 새끼를 등에 업은 어미는 자기 집에서 밖으로 나오지 않은 채 먹지도 않고 애벌레를 돌보는 일에만 매달려요. 꼼짝 않고 꼬박 여드레 동안이 지나야 그 일이 다 끝나지요. 그사이에 새끼의 허물이 다 벗겨집니다. 새끼는 이 찢어진 곳으로부터 전갈의 모습을 하고 나오면서 누더기를 완전히 찢어 버려요. 버려진 껍데기 모양은 전갈 모습과 똑같아요. 전갈의 급격한 성장에는 놀라지 않을 도리가 없어요. 이 애벌레들은 이 시기에 거의 음식을 먹지 않으니까요. 허물을 벗어서 부피가 커지긴 했지만 애벌레 때와 비교하면 몸무게가 늘어난 건 아니에요. 허물을 벗었기 때문에 무게는 오히려 줄었지요.

애벌레의 독립을 준비하는 일은 일주일간 계속됩니다. 이 기간에는 음식을 먹지 않는데도 몸의 부피가 세 배나 증가해요. 전갈 애벌레는 합쳐서 보름 동안을 어미 등에 머물러 있는 셈입니다. 새끼 전갈들이 허물을 벗고 새로운 독립생활을 시작한 후에도 어미가 돌보아 줄까요? 아닙니다. 이제 어미는 자기 먹이만 먹어 치우고 그것으로 끝입니다. 더 이상 새끼들을 돌보지 않아요. 새끼들도 흩어져 각기 제 갈 길로 가지요. 어미에게 새끼들은 이제 남입니다. 어미가 잡아먹을지도 몰라요. "너희는 거기에서 우리 집에서보다 더욱더 생존을 위해서 거칠게 투쟁하는 법을 배울 것이다."[9]

모성애의 실체

대부분의 곤충의 어미들은 알을 낳은 뒤 더 이상 책임을 지지 않아요. 소나무풍뎅이는 땅을 파고 그 속에 알을 낳고 아무렇게나 구덩이를 메우고 나면 그만입니다. 어미 하늘소는 나무에 알을 낳은 다음에는 더 이상 상관하지 않아요. 잔꽃무지도 썩은 잎에 알을 낳은 다음 더는 관여하지 않습니다. 대부분 곤충은 알을 낳은 후 그 뒤에 무슨 일이 일어날 것인지에 대해서는 걱정하지 않아요. 애벌레가 스스로 곤경에서 빠져나오면서 살아갈 일로 여기지요. 어미의 모성과는 거리가 먼 습성입니다. 대신 새끼들은 알에서 깨자마자 다들 놀랄 만한 재주를 보여줍니다. 바구미 어미는 엉겅퀴 꽃 속에 알을 낳는 것 외에는 딱히 무얼 해주지 않아요. 생존에 관한 나머지 모든 일은 애벌레

---

9   파브르, "랑그도크전갈, 가족",《파브르 곤충기》, (이근배·안응렬 옮김, 올재, 9권, 제23장, 2022), 280.

가 스스로 하지요. 집을 짓고, 방 하나에 쿠션을 대고 털을 깔아서 푹신한 이불을 만들고 방어용 가죽 부대를 만들고 유액으로 방수를 해요. 애벌레는 태어나면서부터 그 방법을 알고 그대로 해요. 이 새끼 곤충의 안내자는 누구일까요? 그것을 가르쳐 주는 본능이 이 애벌레 속에 있어요. 바구미 애벌레는 배우지 않고도 엉겅퀴의 식물의 특성을 잘 압니다.

농작물에 피해를 입혀 해충으로 여겨지는 하찮은 곤충 노린재 역시 어미와 애벌레 사이의 관계를 잘 보여 줍니다. 알에서부터 부화하여 혼자서 살아 나갈 수 있게 되자마자 이 애벌레는 자연이 주는 거친 교육을 거칩니다. 이로써 힘든 생존 경쟁에서 견디어 낼 수 있는 능력을 습득하는 것입니다. 자연은 처음에는 다정스러운 어머니처럼 노린재 애벌레에게 포근하게 쉴 수 있는 고치 집을 허락해요. 그런 다음에는 엄격한 교사가 되어서 어린 애벌레에게 거친 세상을 경험하게 합니다. 일부 어린 애벌레는 이 어려운 고비를 스스로 잘 넘겨요. 파브르는 갓난 애벌레들이 서로 꼭 기댄 채 속이 빈 알껍데기들이 있는 곳에서 며칠 동안 머물러 있는 것을 봅니다. 그들은 거기서 더 튼튼한 몸과 더 선명한 빛깔을 얻습니다. 그 근처를 지나가는 어미들 중 그 누구도 졸고 있는 이 새끼들에게 주의를 기울이지 않아요. 애벌레는 떼를 지어 이동하면서 먹을 것을 먹고 알껍데기로 다시 돌아옵니다. 그러다가 어느 날 흩어져 살아가지요. 어미가 돌보든 돌보지 않든 곤충의 애벌레들은 이렇게 태어나 삶을 살아가요. 비록 하찮아 보이는 곤충일지라도 어미

80

와는 비교 불가한 절대자의 돌보심으로 살아가는 것이지요.

위에서 본 대로 파브르는 모성애를 보이는 일부 곤충의 사례를 소개해요. 그러면서 대다수의 곤충은 그렇지 않다고 하면서 일부 곤충의 모성애의 실체를 밝혀요. 파브르는 곤충의 모성애가 사람의 모성애와 같은 것이라기보다는 '본능'이라고 주장하지요. 심지어 거미가 사랑하는 자신의 알주머니를 코르크 조각이나 종이 공과 같은 다른 것으로 슬쩍 바꾸면 거미는 그것을 자신의 알주머니로 알고 같은 애정으로 돌봅니다. 가짜 알주머니의 알인데도 부화시키는 데 온 마음을 다해요. 몇 주 동안 먹는 것도 잊어버릴 정도로요. 어린 알이 부화하고 나면 거미는 새끼들을 등에 업고 사냥을 나가요. 어미는 위험할 때 그들을 보호하지만 그들을 인식하거나 다른 자식들과 구별하지는 못해요. 파브르는 곤충들의 모성애는 식물이 자기 씨앗을 보호하는 정도를 간신히 능가하는 정도라고 말해요. 식물도, 애정이나 도덕 감각이라고 보기는 어렵지만 자기 씨앗에 대해서만은 아주 세심하게 보살피고 보호하거든요. 곤충은 이 식물보다 조금 더 나은 본능을 보이지만 이는 인간의 모성애와는 전혀 달라요. 또 모성애를 발휘하지 않는 어미 곤충의 애벌레는 스스로 살아갈 본능을 가지고 태어나요. 그 덕분에 식물 또는 곤충의 많은 알이나 애벌레들은 다른 동물의 풍부한 먹이가되어 생태계를 유지시켜 줍니다. 이는 우리가 다 알 수 없는 신비입니다.

여전히 남는 질문이 있어요. 곤충의 삶의 목적은 무엇일까요? 그냥 생존 자체일까요? 종족 보존일까요? 아니면 다른 동물들의 먹이가 되는 희생일까요? 사실 식물은 창조 때부터 동물의 먹잇감으로 주어졌어요. 식물은 동물의 먹이로서 그 생명의 가치를 드러낸다고 볼 수 있는 거지요. 곤충은 어떨까요? 창조 때의 곤충의 역할이 무엇이었는지는 잘 알지 못해요. 타락 이후는 명확하지요. 엄청난 번식을 통한 생태계의 먹이 공급입니다. 즉 생태계의 식량이지요. 물론 그런 와중에도 곤충들의 고유한 삶이 있습니다. 무수한 곤충의 종류에 따른 생명의 다양한 모습을 보여 주는 것이지요. 또 일부 곤충들이 드러내는 모성애는 비록 본능이지만 생명의 아름다운 모습을 보여 줍니다.

오늘날 남녀 혹은 암수의 성 역할과 관련하여 이 모성애도 도전을 받고 있어요. 모성은 성차별적 가부장 전통에서 나온 것이라는 주장도 그중 하나입니다. 모성애의 정체가 '옥시토신'이라는 호르몬 때문이라는 주장도 있어요. 화학 물질에 의한 작용이라는 것이지요. 한편 암컷을 모성과 동일시할 필요는 없다는 견해도 있지요. 그러면서 동물의 세계에는 수컷이 새끼를 돌보는 사례도 많다고 주장합니다.[10] 이 주장에 대해서는 더 많은 연구 사례를 살펴보아야 할 것 같아요. 파브르가 가부장제 시대를 살아서 그랬는지는 모르지만, 《곤충기》에는 수컷이 새

---

10   루시 쿡, 《암컷들》, (조은영 옮김, 웅진지식하우스, 2023).

끼를 돌보는 사례가 제시되지 않기 때문입니다. 그러므로 앞으로도 다양한 생명에게서 다양한 모습들을 더 관찰함으로써 모성애와 암수의 성 역할에 대해서 알아내는 것이 중요하겠지요.

4. 아름다운 옷

생명은 아름답게 꾸미고 산다

👉 '의식주'는 우리의 삶에서 없어서는 안 될 중요한 요소들입니다. 옷은 우리의 아름다움을 드러내고 우리를 안전하게 보호합니다. 에덴동산에서 쫓겨난 아담과 하와에게 하나님은 손수 옷을 지어 입혀 주셨어요. 모든 것이 그렇지만 이 점에서 보면 옷은 하나님의 선물이라 할 수 있어요. 우리는 아름다워지기 위해 늘 노력하고 아름다운 옷을 입기 위해 노력합니다. 한편 옷은 우리의 정체성을 드러내 줍니다. 불과 1세기 전까지만 해도 사람들은 신분에 따라 다른 옷을 입었어요. 지금도 직업이나 신분에 따라 착용하는 제복이 있지요. 구약 성경의 창세기에는 야곱이 아들 중에서 요셉을 편애하여 귀한 채색옷을 입힘으로써 다른 형제들의 질투를 불러일으킨 일이 기록되어 있어요. 아름답게 꾸미고 깨끗한 옷을 입는 것은 인간의 자연스러운 본성입니다. 동물들은 어떨까요?

사람뿐 아니라 자연 세계의 동물이나 식물 등 모든 생명이 다양한 옷을 입고 있어요. 하찮은 곤충들도 자세히 들여다보면 얼마나 화려한 옷을 입고 있는지 모릅니다. 흰색, 검정, 노랑, 파랑, 빨강, 녹색 등. 그 색들을 하나하나 논하기도 어려울 정도로 다양해요. 화려한 원색뿐 아니라 모노톤의 무채색이나 우아한 톤의 색도 많지요. 색뿐 아니라 점, 띠, 문양 등을 통해 곤충들은 자기 몸을 화려하게 치장하고 있어요. 그런데 우리는 곤충에 대한 부정적인 선입견 때문에 곤충의 화려하고 다양하고 우아한 색깔을 보며 징그럽다고 반응하기도 합니다. 파브르는 이런 선입견을 넘어 아름다움을 아름다움 그 자체로 보려고 했어요. 우리를 돌보시며 입을 것을 염려하지 말라 하시는 주님이 들의 백합화뿐 아니라 하찮은 곤충들에게도 아름다운 옷을 입혀 주셨기 때문이에요(마 6:28).

곤충의 아름다운 옷과 그 재료

풍뎅이를 본 적이 있나요? 풍뎅이는 그 종류가 어떠하든 다 아름다운 색을 띠고 있어요. 풍뎅이는 찬란한 금속이 섞인 보석처럼 아름다운 빛깔을 가진 곤충입니다. 빛에 따라 초록빛 등 다양한 광채를 발산하지요. 똥이나 오물을 먹고 사는 이 곤충은 우리의 선입견과는 달리 보석처럼 빛나는 화려한 옷을 입고 있어요. 어떤 풍뎅이는 청동석 앞가슴이나 석류석 빛깔의 단단한 날개를 가지고 있습니다. 검은풍뎅이는 아랫부분에 황동색을 띠고 있고요. 금풍뎅이 배의 표면은 찬란한 자수정 같은 보랏빛을 띤답니다. 어떤 풍뎅이는 파란 빛깔을 띠는데, 그 색깔이 파란 하늘색보다 더 부드럽고 다정스러워요. 딱정벌레 등 다른 곤충들도 색깔에 있어서라면 풍뎅이와 맞먹거나 앞서기까지 합니다. 그 색깔이 때로는 우리의 상상력을 훨씬 뛰어넘을 정도로 찬란하고 다양해요.

곤충들은 무엇을 가지고 자기 몸을 이렇게 아름답게 꾸미는 걸까요? 진짜 보석으로 장식하는 건 아닐 텐데요. 바로 화학에 그 비밀이 있습니다. 파브르 당시는 화학이 그다지 발달하지 않았어요. 그래도 파브르는 간단한 화학적 지식으로 곤충의 아름다운 색의 원인을 찾아보려고 시도했지요. 가난한 파브르는 화학 실험을 할 정도의 실험실이나 시설을 갖추지 못했기 때문에 가장 단순한 방식으로 곤충의 색깔을 관찰했어요. 그가 가진 것은 몇 가지 간단한 시약과 돋보기와 현미경뿐이었어요.

파브르가 화학을 통해 곤충의 옷에 대해 무엇을 알아냈는지 볼까요? 그는 노란 날개를 가진 조롱박벌의 애벌레를 관찰했어. 부화한 지 얼마 안 된 애벌레의 투명한 피부 아래에는 이내 작은 흰점들이 나타나기 시작해요. 흰점은 부피가 커지면서 빠른 수효로 불어나 온몸에 퍼집니다. 이 점들을 현미경으로 관찰하면 매우 고운 흰 가루가 들어 있는 주머니들이 보입니다. 이 흰 가루를 뜨거운 재 위에서 건조시킨 후 암모니아수를 부으면 암홍색으로 변해요. 이 실험은 소변(오줌)의 요산을 확인하는 화학 반응으로 널리 알려져 있어요. 동물이 섭취하는 단백질은 질소를 가지고 있어요. 이 질소는 단백질이 분해된 후 요소나 요산으로 오줌에 섞여 배출됩니다. 사람은 주로 요소로 배출하고 곤충은 요산으로 배출해요. 파브르는 곤충의 애벌레 속에 있는 흰 가루가 요산이라는 것을 확인합니다. 즉, 배설물 오줌의 요산인 것입니다. 파브르는 곤충들의 애벌레 조직에서 요산의 알갱이를 관찰합니다. 애벌레의 아름다운 색깔은 바로 그 자신의 오줌에서 비롯된 것이었어요. 더 이상 쓸모없게 되어 버린 자신의 배설물을 이용해서 자신을 아름답게 단장하는 옷을 만든 것이지요.

버들박각시나방의 애벌레는 남프랑스에서 가장 화려한 곤충이랍니다. **7** 프랑스 곤충학자 레오뮈르(René Antoine Ferchault de Réaumur, 1683~1757)는 이 애벌레를 '아름다운 벌레'라고 불렀어요. 검은 바탕 위에 진한 빨강, 선명한 노랑, 백옥 같은 하얀 원과 점의 장식과 모양으로 꾸며진 옷은 어릿광대 옷의 원색 조각들만큼이나 그 경계가 분명하고 색이 선명합니다. 이 애벌레를 절개해 본 결과 어떤 빛깔이든 역시 오줌의 요산에 의해 나타나는 것이라는 사실이 드러났어요. 단 파브르는 검은 부분은 예외라는 것을 알았어요. 다른 색깔들은 요산 반응 후 투명하게 되는데 검은 부분은 색이 빠지지 않았거든요. 그래서 파브르는 이 애벌레의 색은 정체 모를 검은 물감과 요산 물감들로 이루어져 있다고 결론지었어요.

애벌레가 아닌 성충 곤충들은 어떨까요? 흰이마메뚜기는

상앗빛의 희고 넓은 얼굴에 크림 빛의 포동포동한 흰 배와 갈색 얼룩이 있는 긴 날개를 가진 멋진 곤충입니다. 파브르가 이 곤충을 절개해 보니 역시 요산이 있었어요. 특히 짝짓기의 계절인 7월에는 몸을 요산으로 가득 채워 그 요산으로 우아한 색을 나타냈지요. 짝짓기가 끝난 뒤 얼마 되지 않아 죽게 될 이 메뚜기는 자신의 몸에 영양분 대신 몸을 치장하는 요산을 채우는 것이지요. 마지막 화려한 옷을 입고 혼례의 즐거움을 즐기며 후손을 남기는 일에 얼마 남지 않은 여생을 바치는 것입니다. 영양분 저장 창고를 화려한 물감 공장으로 바꾼 것이지요. 그런데 그 재료가 자신의 배설물인 오줌입니다. 그것으로 자신의 배를 크림 빛깔처럼 희게 만들어요. 이마와 얼굴과 뺨에도 그것으로 우아한 상앗빛의 옷을 만들고요. 다른 메뚜기류에서도 그렇습니다. 오줌으로 이런저런 아름다운 색을 만드는 거죠.

　　이제 처음에 말한 풍뎅이로 돌아가 볼까요? 뿔풍뎅이는 성충이 되면 처음에는 붉은 빛깔을 띠다가 번쩍거리는 구릿빛과 에메랄드의 광택으로 바뀝니다. 같은 물질로 색을 바꾸는 것일까요? 예, 맞아요. 풍뎅이의 금속성 광채는 사실 별것 아닌 것으로 만들어요. 오줌에 들어 있는 요산의 유도체인 무렉시드를 물에 녹이면 아름다운 붉은 빛깔을 띱니다. 고체 결정이 되면 황금빛을 띤 초록빛이 되구요. 오줌의 이런저런 유도체 같은 물질이 뿔풍뎅이가 발하는 금속성의 붉은 색, 소똥구리의 붉은 빛깔과 검은 빛깔을, 금풍뎅이 배 아래의 황동 빛깔을, 유럽잔꽃무지 등의 금빛 혹은 청동색을 띠게 합니다. 그리고 곤층에 따라 이 오줌이 갖가지 다양한 색을 나타나게 하지요.

물론 모든 색이 오줌 때문에 나오는 건 아니에요. 긴발큰 거미는 뚱뚱한 배 윗면에 검정, 노랑, 그리고 하얀 띠무늬를 가지고 있어요. 그런데 이 거미의 색깔은 오줌의 요산과는 무관해요. 거미류의 주요 생성물로 알려진 구아닌이라는 알칼로이드를 통해 거미는 아름답게 옷을 장식한 것입니다. 알칼로이드는 질소를 함유한 알칼리성 물질로 많은 동물과 식물 속에서 발견됩니다. 자신을 보호하는 독성 물질이 대표적인 알칼로이드이지요.

결국 오줌의 요산이나 자신을 보호하는 알칼로이드 구아닌이 아름다운 옷의 재료인 셈이에요. 좀 더 큰 동물로 가면 아름다운 옷의 원인이 더 다양해집니다. 오늘날 과학에 의하면 숫 공작의 아름다운 깃털은 미세한 패턴이 이리저리 빛을 반사하면서 다양한 색을 냅니다. 홍학은 새우나 게 같은 붉은 색의 먹이로부터 붉은 성분을 빼내 자신의 색깔을 만드는 거고요. 배설물이나 먹이에 들어 있는 성분으로 아름다운 옷을 만드는 것을 보고 파브르는 '자연은 탁월한 절약가'라 말합니다. 자연은 우리의 생각과 정반대로 하찮은 것을 통해 가치를 만들어 냅니다. 자연은 흔해 빠진 탄소 가루로 다이아몬드를 만들고, 돌로 루비를 만들고, 노폐물이나 먹이의 잔해를 가지고 곤충의 화려한 옷을 만들어요. "비단벌레와 딱정벌레의 화려한 금속 광택의 색채, 잎벌레와 소똥구리의 화려함, 벌새의 자수정, 루비, 사파이어, 에메랄드의 황홀한 빛깔들, 보석 상인의 용어들을 바닥나게 할 찬란함인 너희들의 실체는 무엇이니? 그 대답은 소량의 오줌이다."[11] 생명은 때로는 우리를 어리둥절하게 할 만큼 뜻밖의 방식으로 자신의 미와 가치를 높이고 있어요.

알의 모양과 아름다운 장식

아름다움의 측면에서 보면 생명의 시작 단계인 알을 빼놓을 수 없어요. 알의 단순하면서 우아한 모양과 색깔은 우리의 감탄을 자아내지요. 알은 기하학적 원과 타원의 우아함이 정확하게 합쳐져 있어요. 닭의 알인 달걀을 보면 알 수 있지요. 한쪽 끝은 구형입니다. 이는 가장 적은 재료로 가장 큰 넓이를 둘러쌀 수 있는 도형이지요. 다른 쪽 끝은 길쭉한 타원이에요. 이는 원의 단조로움을 완화하여 전체적으로 우아함을 보여 줍니다. 대부분의 새의 알들은 다 이렇게 생겼어요.

색깔은 또 어떤가요? 알은 형태의 우아함에다 색의 우아함까지 갖추고 있어요. 어떤 알들은 분필같이 광택이 없는 흰 빛깔이고, 어떤 알들은 반들반들한 상아와 같은 반투명의 흰 빛깔이에요. 딱새 알이나 까마귀 알은 하늘의 파란 빛과 같은 연한 파란 빛깔이고요. 꾀꼬리 알에는 이런저런 반점이 있어

11 파브르, "착색", 《파브르 곤충기》, (이근배·안응렬 옮김, 올재, 6권, 제6장, 2022), 408.

요. 그중 어떤 꾀꼬리과 새의 알에 있는 반점은 연분홍색을 띤답니다. 멧새 알에는 알아볼 수 없는 글씨처럼 보이는 줄과 두꺼운 칠이 우아하게 혼합된 대리석 무늬 같은 것이 그려져 있어요. 갈매기 알의 넓은 얼룩은 마치 표범의 털 무늬를 흉내 낸 것 같아요. 다른 새들의 알에도 각기 제 특기와 제 무늬가 있으며, 언제나 검소하면서도 우아한 빛깔을 띠고 있어요.

곤충의 알은 어떨까요? 얼핏 보기에 곤충의 알은 새의 알과 같은 매력은 없어 보입니다. 곤충의 알은 동그랗거나, 가운데가 불룩한 기다란 꼬챙이 모양이거나, 원기둥 모양입니다. 조화로운 곡선이 없어 그리 우아한 멋이 없어 보이는 형태를 띠고 있어요. 알의 빛깔도 대부분 보잘것없어 보여요. 일부 알들은 지나치게 화려해서 오히려 낯설게 느껴지고요. 어떤 나비들의 알은 청동이나 니켈로 된 구슬과 같은 색을 띠고 있어요. 그러나 파브르가 돋보기로 더 자세히 살펴본 곤충의 알에는 세부적인 장식이 많이 보였어요. 장식은 대체로 복잡하여 단순한 간결함이 느껴지지 않습니다. 잎벌레의 알들은 원추형 비늘로 덮이거나 서로 엇갈리게 비스듬히 꼰 술 모양의 껍질에 둘러싸여 있어요. 어떤 메뚜기는 알에다 작은 구멍들을 몇 줄 파 놓았어요. 작지만 정교하게요.

이에 파브르는 곤충의 알이 새의 알과는 달리 독자적인 미학을 가지고 있다고 평가해요. 그 예로 수풀 속에 사는 빈대를 제시합니다. 곤충학자들이 노린재라고 부르는 이 곤충의 알은 새알과 비교할 수 있을 정도로 아름답다고 합니다. **8** 노린재는 건드리면 노린내 같은 냄새를 풍긴다고 해서 붙여진 이름입니다. 일부 유익한 종류도 있지만 대체로 농작물에 해를 끼쳐 해충으로 분류되는 보잘것없는 곤충이지요. 파브르는 이미지도 안 좋고 불쾌한 냄새까지 풍기는 이 납작한 곤충의 알만큼은 우아하고 단순하며 동시에 정교한 장치가 되어 있는 걸작품이라고 평했어요. 자수 제품의 진주들처럼 질서 있고 빽빽하게 붙어 있는 30개가량의 알 무더기가 바로 예술 작품이라는 것이지요. 연회색을 띠는 알은 반투명의 석고로 만든 작은 항아리처럼 생겼어요. 그리고 새알과 똑같이 우아하게 부드러운 곡선이 있습니다.

새알의 우아함을 지닌 노린재의 알 꼭대기에는 이 곤충의 독창성을 드러내는 것이 있어요. 바로 뚜껑입니다. 약간 불룩한 이 뚜껑에는 볼록한 배와 같이 가느다란 코로 된 그물이 덮여 있어요. 그리고 그물의 끝 가장자리는 오팔색의 띠로 꾸며져 있고요. 부화 때는 뚜껑이 경첩 위에서처럼 돌면서 통째로 떨어집니다. 항아리가 입을 벌린 채 있기도 하고, 다시 막아 멀쩡한 모습을 보이기도 해요. 항아리의 아가리에는 톱니가 까칠까칠하게 돋아 있는데 이는 애벌레가 나올 때 뚜껑을 들췄다가 다시 제자리로 내려 덮이게 하는 역할을 하는 거예요. 매우 섬세하고 정교한 구조입니다. 뚜껑 안 가장자리 쪽에는 'T'(혹은 닻) 모양으로 된 새까만 줄이 하나 있어요. 이것은 뭘 하는 것일까요?

이처럼 미적이고 정교한 노린재의 알은 너무 작아 돋보기의 힘을 빌리지 않고는 보기 어려워요. 이 알을 돋보기로 확대해 보면 새의 알보다 더 우리의 감탄을 자아낼 정도로 아름답고 훌륭합니다. 크기가 작다는 이유로 그렇게 우아한 것들이 우리의 주목을 받지 못하는 것은 안타까운 일이지요. 노린재는 그 종류가 달라도 언제나 알 위쪽이 잘려 있고 그 위에 약간 볼록한 뚜껑이 덮여 있습니다. 알 낳는 어미의 종류에 따라서 다른 장식의 그물로 꾸며진 예술적인 항아리, 원기둥 통, 배가 볼록한 자기 그릇을 눈앞에서 보게 됩니다. 부화가 되고 나면 어느 알이나 뚜껑의 안쪽 가장자리에는 닻 모양의 검은 줄이 있습니다. 검은 줄의 역할이 뭘까요? 뚜껑이 떨어지지 않도록 붙잡아 다시 닫히게 하는 역할을 하는 것일까요? 파브르가 이 점에 대해서는 분명하게 밝히고 있지 않습니다. 어쨌든 갓 부화한 빈대 애벌레는 이 정교한 천장 뚜껑을 열고 나옵니다. 가장 비천한 곤충의 알이 이렇게 정교하다는 것이 신기하지 않나요? 많은 곤충의 알들이 이렇게 아름답고 정교하답니다.

보호색

사람들은 보통 동물이 입고 있는 옷에 대해서 실용적인 이유를 들어 설명해요. 수컷이 짝짓기를 위해 암컷에게 잘 보이고자 화려한 옷을 입는다는 것이지요. 수컷 공작의 화려한 옷이 대표적인 예일 것입니다. 아니면 사냥을 위해 자신을 숨기거나 혹은 사냥감으로 잡아먹히지 않기 위해 주변과 같은 색깔로 위장하기 위함이라는 것입니다. 그래서 소위 '보호색'을 가진다는 것이지요. 이를 좀 어려운 말로 의태(擬態, mimesis)라고 합니다. 동물이 자기가 사는 환경에 순응하여 주변과 닮은 색채를 구현하는 능력을 말하는 용어입니다. 파브르 시대에도 이미 동물의 옷 색깔을 이런 식으로 설명했어요. 파브르는 이런 설명에 일부 동의하면서도 생명체를 이런 식으로만 바라보는 시각을 달가워하지 않았어요. 이 이야기를 해볼까요? 아프리카 사자의 갈퀴는 왜 황갈색일까요? 바로 아프리카의 모래색 때문입니다. 이런 의태의 예는 무척 많아요. 동물의 의태 능력은 들키지 않고 먹잇감에 접근하는 데도 큰 도움이 되지요. 혹은 적의 감시로부터 피할 수도 있고요.

　의태 이론에 의하면 이런 숨기기는 동물의 생존을 위한 필수 조건이에요. 그 이론은 자연은 환경에 맞게 숨는 재주를 가진 동물은 생존 경쟁에서 살아남게 하고, 그렇지 못한 녀석은 멸종시켰다고 합니다. 그리하여 처음에는 우연히 획득한 이 의태 능력을 천천히 고정 형질로 변화시켜 버렸다고 보지요. 종달새는 밭에서 모이를 먹을 때 매의 눈을 피하려고 흙빛이 되었고, 도마뱀은 숲속의 초록 잎에 뒤섞여 살기 위해서 풀잎 빛깔을 띠게 되었다고요. 또 양배추의 박각시나방의 애벌레는 자신을 키워 주는 식물의 빛깔이 되어 새를 피한다고 합니다. 그 외에도 다른 많은 동물들도 살아남기 위해 환경에 맞는 옷을 입게 되었다고 해요. 아니 그런 종들만 살아남아 후손을 남기

94

고 번성하게 되었다고 하지요.

파브르는 자신이 무수히 많은 곤충을 관찰하지 않았다면, 이런 명쾌한 설명을 받아들였을 것이라고 해요. 그러나 수십 년에 걸쳐 무수히 많은 곤충을 관찰한 결과로 보아 이 이론을 쉽사리 받아들이기 어렵다고 했어요. 그는 다음과 같은 의문을 제기해요. 종달새와 마찬가지로 밭고랑에서 모이를 줍는 할미 새는 왜 가슴은 희고 목은 검을까? 왜 멀리서 보면 밭에서 가장 먼저 눈에 띄는 색을 입고 있을까? 그렇다면 할미새는 종달새 처럼 몸을 숨기지 않아도 되는 다른 무슨 이유가 있는 걸까요? 이 가엾은 할미새도 다른 동물과 마찬가지로 적에게서 몸을 숨 길 필요가 있어 보이는데 말이지요. 그뿐 아니에요. 버드나무 의 애벌레는 서로 뚜렷하게 대조를 이루어 눈에 확 띄는 붉은 색, 흰색, 검은색 무늬의 옷차림을 하고 있어요. 이는 또 어찌 된 일인가요? 양배추의 애벌레처럼 자신이 먹고 사는 식물의 초록색을 모방하는 것이 가치 없다고 생각해서일까요? 그에게 는 적이 없다는 말인가요? 천만의 말씀입니다. 이 애벌레를 잡 아먹으려는 적이 사방에 널려 있거든요. 그런데도 누구에게나 보이는 선명한 원색을 입고 있는 이유는 뭘까요?

더 많은 곤충을 살펴볼수록 왜라는 질문은 끝없이 계속될 수 있어요. 파브르는 의태 이론에 대해서 얼마든지 반대되는 예들을 들 수 있다고 말해요. "100개의 예에서 적어도 99개의 예외가 있는 이런 법칙이 어디 있는가? 어떻게 된 일일까? 어 떤 사실들은 우리가 잘못 관찰하고 외관이 일치한다고 해석했기 때문에 일어날 수도 있다. 우리는 무한한 미지 속의 한 점을 들여다보고 환상을, 그림자를, 미끼를 찾고 있다. 원자만큼만 한 작은 것이 설명되면, 곧 우주라도 설명할 만한 것을 손에 넣은 것 같은 기분이 된다. 그리고 우리는 성급히 "법칙이다, 이것이 법칙이다!"라고 서둘러 댄다. 그러나 이 법칙과 모순되는 수많은 사실이, 문밖에서 떠들어 대고 있다. 한없이 좁은 법칙의 문턱에서 수많은 예외들이 아우성치고 있다."[12] 의태 법칙에 반하는 여러 곤충들을 관찰하고 나서 파브르는 보호색의 옷을 입고 있지 않다고 해서 그 종족이 생존하지 못하거나 번성하지 못하는 것은 아니라고 보았어요.

파브르가 관찰한 수많은 곤충을 보면 보호색 혹은 숨기기를 위한 의태 이론이 모든 동물에게 다 들어맞는 건 아니에요. 오히려 그 이론에 맞는 동물은 아주 일부에 불과하지요. 그런 면에서 이 이론은 다소 크게 부풀려져 있어 보이기까지 해요. 이론에 맞는 사례들만 이야기하니까요. 이 이론은 메뚜기의 초록색을 식물의 녹색으로 설명하면서, 같은 초록색의 백합 잎사귀 위에 사는 긴목잎벌레의 붉은색 옷은 무시하고 있어요. 9️⃣ 예외는 빼 버리고 이론에 맞는 예만 받아들이는 건 학문이나 이론의 한계이고 또 학자가 빠지기 쉬운 함정이에요. 이를 통해 우리는 우리가 발견한 작은 지식으로 모든 것을 설명하려는

---

12   파브르, "기생하는 벌레들, 놀고먹는 벌레들", 《파브르 곤충기》, (이근배·
      안응렬 옮김, 올재, 3권, 제5장, 2022), 75-76.

오류를 범하지 말고 겸손한 태도로 학문에 임해야 한다는 것을 배우게 됩니다. 그렇게 하려면 반대하는 목소리에도 귀를 기울여야겠지요. 이런 점에서는 과학도 전혀 예외가 될 수 없어요.

　동물의 보호색 혹은 의태는 진화의 중요한 증거로 이용되고 있어요. 생존을 위해 보호색을 가지게 되었다는 것이지요. 그러나 파브르는 곤충의 경우 이 옷 색깔에 의한 숨기기에 대해 예외가 많다는 것을 보여 주어요. 파브르는 이 이론에 매이지 않고 오히려 동물의 옷 색깔을 생명의 다양함과 창조의 아름다움으로 보려 합니다. 생존 경쟁에서 살아남기 위해 동물들이 보호색의 옷을 입은 것은 인정하되, 그것이 동물의 다양한 색을 다 설명해 주지는 못한다고 주장하지요. 보호색을 가지고 있지 않은 많은 동물도 저마다 번성하고 있으니까요. 하나님의 보호하심 때문이지요. 하나님의 보호하심으로 인해 생명들은 다양한 색의 옷을 입고도 번성할 수 있어요. 초록색 숲에 초록색 생명들만 살고, 황토색 땅에 황토색 생명들만 산다면 자연이 얼마나 단조로웠을까요? 동물의 아름다운 옷은 실용적 관점으로만 그 이유를 찾는 과학 이론을 넘어섭니다. 그렇게 자연은 우리의 이론을 넘어 다양하게 펼쳐져 있습니다. 그로 인해 하나님이 만드신 자연은 아름다움을 드러냅니다. 다양한 생명이 펼치는 한편의 총천연색 그림인 셈이지요.

　곤충의 경우 아름다운 색은 보잘것없는 배설물에서 비롯됩니다. 더럽고 하찮은 것으로 아름다움을 만들어 낸 것이지요. 이처럼 자연은 물질을 하나도 낭비하지 않고 다 사용합니다. 그 좋은 예가 바로 이 색깔이에요. 생명의 아름다운 옷의 다양성을 알고 그것이 어디서 나왔는가를 알 때, 우리는 창조 세계에 대한 시야를 지금보다 훨씬 더 넓고 깊게 확장할 수 있어요. 아름다운 색깔은 창조 세계의 중요한 특징이니까요.

5. 건축술

생명은 안락한 집에 산다

👉 곤충과 같이 작은 생명체들도 먹는 것과 입는 옷, 사는
집, 즉 의식주를 다 갖추고 살아갑니다. 곤충이 사는 집은
종류에 따라 재료와 구조가 아주 다양한 데다 건축술이
하나같이 독특합니다. 게다가 미적 아름다움까지 갖추고
있어요. 미물인 곤충들도 각자의 집에서 안락한 삶을
영위하고 자식을 키우면서 살아가는 것이지요. 곤충들의
집을 보면 하나님이 이 미물들을 돌보고 계신다는 것을
더 실감할 수 있어요. 곤충들은 어떻게 자신들만의 고유한
건축술을 가지게 되었을까요? 파브르와 함께 곤충들의
독특하고 아름다운 집들을 살펴보러 갈까요?

애벌레의 집

많은 곤충들은 알에서 부화하여 애벌레를 거쳐 번데기로 지내다가 성충이 됩니다. 그래서 곤충들에게는 애벌레와 번데기로 사는 긴 시간 동안 지낼 안전하고 편안한 집이 필요해요. 그 긴 기간 동안 외부의 공격에 무방비 상태로 지낼 수는 없으니까요. 애벌레는 집을 짓는 법을 배운 적이 없어요. 그런데도 번데기로 살 동안 지낼 집을 아주 잘 짓는답니다. 이 집을 '고치'라 부르지요. 비단을 만드는 누에의 고치가 대표적입니다.

파브르가 관찰한 노랑조롱박벌의 애벌레의 예를 살펴볼까요? 이 벌의 알은 보통 사나흘 만에 부화해요. 알이 부화하면 수정처럼 맑고 투명한 작은 벌레가 나오지요. 투명한 이 애벌레는 몸속이 다 보여요. 몸 안에 빠르고 규칙적인 주기로 파동 치는 것이 보이는데, 이는 애벌레가 먹이 속의 액체를 빨아들이기 때문입니다. 아직도 숨을 쉬며 지느러미를 움직이고 있는 먹이의 배에 붙어 액체를 빨아들이는 것이지요. 10여 일 정도 쉬지 않고 먹기만 한 애벌레는 2~3센티미터로 자라 이제 고치를 짓기 시작해요.

고치 집을 짓는 데는 이틀 정도 걸려요. 베틀로 베를 짜듯 능숙한 솜씨로 튼튼하고 안락한 고치를 지어요. 그리고 애벌레는 이 방 안에서 혼수상태에 빠져요. 자는 것도 아니고 그렇다고 깨어 있는 것도 아닌 상태로요. 죽지는 않았으나 살아 있는 것처럼 보이지도 않는 상태예요. 이렇게 9~10개월을 고치 속

100

에서 지낸 후 전혀 다른 모습으로 깨어나요. 고치는 이 긴 시간 동안 애벌레를 안전하게 보호해 주는 집이에요. 파브르는 이 고치만큼 복잡한 집도 없다고 말해요. 바깥층은 그물처럼 거칠고 엉성하게 짜였고, 그 안으로 다시 세 층이 있어요. 가장 바깥층은 거미집처럼 거칠고 훤히 들여다보이는 그물 모양입니다. 애벌레는 이 바깥층을 그물 침대나 발판으로 사용하여 내부의 고치를 짜요. 내부의 첫째 층은 아주 얇고 부드럽고 주름 졌어요. 이 층은 주머니 모양으로 구멍이 전혀 없어요. 그 안쪽 층은 탄력성 있는 상자입니다. 바깥 주머니보다 훨씬 작고 거의 원뿔 모양을 한 상자예요. 원뿔의 아래쪽은 딱딱해요. 이는 애벌레의 배설물이 말라붙은 덩어리입니다. 가장 안쪽의 세 번째 층은 명주실이 아닌 매끈한 도료(塗料, 물건의 겉에 칠하여 썩지 않게 하거나 외관상 아름답게 하는 재료)로 만들어져 있어요. 보라색을 띤 그 성분은 애벌레의 배설물입니다. 자신의 배설물을 페인트 삼아 제일 안쪽에 바른 것이지요. 사람들이 집을 지을 때 방수를 위해 니스 칠로 마무리를 하듯 곤충의 애벌레도 이렇게 완전 방수 구조를 만드는 것이지요. 파브르가 실제로 이 고치를 며칠 동안 물속에 두었는데 안으로 물이 스며든 흔적이 없었어요. 그리고 여러 곤충의 고치들과 비교해 보니 땅 위의 고치들은 방수 구조가 두꺼워 철저히 보온과 방수를 하는 반면 땅속 깊이 잘 보호된 곳에 있는 고치는 비교적 얇았다고 해요.

9~10개월 동안의 고치 속 번데기의 삶은 어땠을까요? 안락했을까요? 그동안 번데기의 색깔은 계속 변했어요. 각 기관

의 색들도 변했고요. 어느 동물이나 아주 미묘한 기관인 눈이 먼저 발달해요. 노랑조롱박벌 애벌레도 눈이 발달한 다음 마침내 완전한 성충의 모습과 색깔을 띠고 혼수상태에서 일어나 힘차게 발버둥 쳤어요. 15분 정도 그러는 사이 허물이 찢어지고 사흘 정도 꼼짝 않고 쉰 다음 세상으로 나왔어요. 파브르는 애벌레와 번데기의 고치를 아름답고 호화스럽다고 표현해요. 그 누구에게서도 건축술을 배운 적이 없는 애벌레가 어떻게 집 짓는 데 알아야 할 것을 다 알고 이렇게 화려한 집을 짓는지 신기하다고 해요. 여러분은 나무에 매달린 고치를 본 적이 있나요? 그 속을 열어 보고 고치가 아름답다고 생각해 본 적은요? 그것이 어린 곤충의 안락한 집이라는 사실을 알았나요?

곤충의 아파트

파브르는 꿀벌의 집은 따로 관찰하지 않았어요. 꿀벌이 육각형 구조의 아름다운 집을 짓는 것은 이미 잘 알려져 있었으니까요. 그보다도 꿀벌은 인간에게 이미 인정받은 곤충이기 때문에 제쳐 두고 대신 사람들이 잘 모르는 말벌의 집을 관찰해요. **10** 우리가 무서워하고 싫어하는 말벌은 그 사나운 이미지와는 달리 기하학적으로 아름다운 집을 지어요. 말벌의 집을 갈라 보면 껍질이 하나가 아니라 둘이라는 것을 확인할 수 있습니다. 하나는 다른 것 안에 끼워져 있어요. 집이 두 껍질로 둘러싸여 있는 것은 열을 보존하기 위해서예요. 두 층 사이의 공기가 열을 보존해 주니까요. 우리가 사는 집들도 대개 이중 창문으로 되어 있잖아요. 따뜻한 온도를 유지하기 위해서지요. 말벌은 그 사실을 우리보다 먼저 알고 있었어요. 두 개의 껍질로 만들어진 집이기에 추위를 타는 말벌의 안락한 주거지가 되는 것이지요. 그리고 이 두 층의 껍질 안에는 수천 개의 독방이 있답니다.

말벌의 애벌레는 다 자랄 때까지 스스로 살아갈 능력이 없어요. 새끼들은 어른들이 날라다 주는 먹이로 살아가요. 끊임없이 보살펴 주어야 하지요. 그래서 애벌레의 방들은 쉽게 접근할 수 있고 즉시 보살필 수 있는 구조여야 해요. 따라서 효율적으로 새끼들을 착착 돌볼 수 있는 규칙적인 모양의 방이 필요하지요. 반대로 독방에 먹이를 넣고 알을 낳아 봉한 뒤 알에서 부화한 애벌레가 그 먹이를 먹고 스스로 자라는 곤충이라면 방이 꼭 규칙적일 필요가 없겠지요? 스스로 살아가면 되니까요. 진흙꽃벌과 호리병벌과 나나니가 그런 경우에 속해요. 먹이를 넣고 알을 낳은 후 입구를 막은 다음에는 어미가 다시 찾아올 필요가 없어요. 그들의 방은 부모가 정기적으로 보살피지 않아도 되기 때문에 규칙적으로 배열할 필요도 없어요. 그런데 말벌은 애벌레의 독방들을 질서 있게 늘어놓는 것이 중요합니다. 그렇지 않으면 엄청나게 많은 새끼를 신속하게 잘 보살필 수가 없을 테니까요. 또 엄청나게 많은 애벌레를 다 수용하려면 정해진 용적에 최대한 많은 독방을 만들어야 합니다. 공간을 절약해야 하는 거죠. 이런 필요 때문에 말벌은 공간을 쓸데

없이 허비하지 않는 효율적인 구조로 집을 지어야 해요.

그럼 말벌은 이런 문제들을 해결하기 위해 어떻게 집을 지을까요? 일단 구나 원기둥과 같은 둥근 모양의 방들은 제외돼요. 둥근 모양의 방들 사이에는 빈 공간이 많이 생기기 때문이지요. 평평한 표면이 서로 만나야 빈 공간이 발생하지 않고 공간과 재료를 절약할 수 있어요. 따라서 애벌레들의 몸 길이에 맞는 각기둥 형태의 방이 가장 적합합니다. 다각형 중 정삼각형과 사각형과 육각형만이 빈 간격이 없이 연속적으로 촘촘히 배열될 수 있는 구조예요. 말벌은 어떤 것을 택했을까요? 바로 원통형인 애벌레의 모양에 가장 가까운 육각형입니다. 육각형이야말로 애벌레들의 모양과 유사하면서도 가장 큰 용적을 만들어 낼 다각형인 거죠. 말벌들이 바로 그 육각형을 선택한 것입니다. 수학자들이나 건축학자들이 말벌집을 설계해도 말벌과 같은 선택을 할 거예요. 말벌의 작품은 우리 기하학의 예측과 완전히 일치합니다. 꿀벌들도 육각형의 독방들을 짓습니다. 파브르는 말벌집의 육각형 독방의 수가 1만 6,000개까지 있는 것을 관찰합니다.

이런 말벌집의 기원은 무엇일까요? 우연의 결과일까요? 그 기원을 설명하는 파브르 시대의 주장은 이런 거였어요. "병에 완두콩을 가득 채우고 물을 조금 부으면 완두콩이 부풀면서 서로 누르는 바람에 다면체가 될 것이다. 말벌의 집도 이렇다. 집을 짓는 한 떼의 벌들 각자는 제 나름대로 짓고, 제가 만든 것을 옆의 벌들이 만든 것에 마주 대 놓는다. 그래서 그것들이 서로 미는 데서 육각형이 생겨난다."[13] 파브르는 이 설명이 말이 안 된다면서 반대해요. 그러면서 그 증거를 제시합니다. 어미 말벌은 봄에 혼자 집을 짓습니다. 주위에 협력자들이 없어요. 게다가 첫 번째 집이 이미 육각기둥입니다. 각기둥을 세워 놓는 것입니다. 처음 집은 방해하는 것이 아무것도 없기 때문에 다른 형태를 선택해도 됩니다. 그런데 옆방과 접촉이 없는 맨 처음 독방이 완전한 육각형 기둥으로 만들어지는 겁니다. 파브르는 우연히 육각형이 만들어진다는 완두콩 이론은 한낱 가설에 불과하다고 주장합니다. 여기에 더해 말벌이 이런저런 구조를 시도하면서 진보를 거듭해서 마침내 이런 육각형 집을 짓게 되었다는 주장도 있습니다. 이 주장 역시 그 원인을 우연으로 돌리는 것이지요. 그러나 파브르는 말벌이 육각형 모양의 집을 짓는 데에는 더 높은 기원이 있다고 보았습니다. 여러분은 어떻게 생각하나요?

달팽이는 나선형 집을 짓습니다. 이 나선형 껍질은 더 복잡한 기하입니다. 어떻게 그 복잡한 나선을 만드는 것일까요? 달팽이 자신이 생각해 낸 것일까요? 파브르는 그렇지 않다고 주장해요. 왜냐하면 이런 나선형의 집이 다른 연체동물에 흔히 나타나기 때문입니다. 바다에 살거나 민물에 살거나 육지에 살거나 할 것 없이 껍질을 가지는 연체동물은 다 나선형 껍질의

---

13   파브르, "곤충의 기하학", 《파브르 곤충기》, (이근배·안응렬 옮김, 올재, 8권, 제18장, 2022), 587.

집을 만듭니다. 모두가 같은 법칙을 따르지요. 암몬조개도 이미 오래전부터 고도의 기술을 필요로 하는 나선을 사용했어요. 파브르는 달팽이의 나선형 껍질 집이나 말벌의 육각형 집은 우연히 만들어지지 않았다고 말해요. 세상의 통치 안에 들어 있는 최고의 기하학에서 비롯되었다는 거예요. 세상을 통치하시는 하나님을 염두에 두고 한 말이지요.

- -

곤충의 도시

벌들이 다 꿀벌이나 말벌처럼 육각기둥의 기하학적 집을 짓는 것은 아닙니다. ⅠⅠ 꽃을 찾는 곤충인 꼬마꽃벌은 꿀벌보다 호리호리하고 더 날씬합니다. 파브르는 꼬마꽃벌 세 종류를 관찰해요. 얼룩말 꼬마꽃벌의 긴 배에는 검은 빛깔과 엷은 다갈색을 띤 띠 모양의 멋있는 얼룩무늬가 교차되어 있어요. 날씬한 몸매에 말벌과 맞먹는 몸집을 가지고 있고요. 이들은 무리를 이루어 땅에 지하도를 파요. 때로는 100마리 정도가 흩어지지 않고 일종의 촌락을 이룹니다. 하지만 이 무리는 일을 같이 하는 공동체는 아닙니다. 각자가 자기 집을 지어 살아요. 누구도 남의 집에 들어갈 권리가 없습니다. 남의 집에 침입하면 격렬한 보복이 따르거든요. 서로 남의 집을 침범하지만 않으면 이 사회에는 평화가 유지돼요. 서로 협력자나 공동체가 아닌 이웃으로만 사는 것이지요. 이들이 촌락을 이루는 땅속 구멍은

20~30센티미터 깊이까지 구불구불하게 내려가요. 긴 현관인 셈이에요. 연필 굵기의 이 통로를 따라가면 높이가 서로 다른 꽃벌 각각의 독방들이 나타납니다. 달걀 모양을 한 길이 2센티미터의 구멍들입니다. 이 작은 집들의 내부는 회반죽으로 반짝이고 매끈매끈합니다. 그 위로 가느다란 마름모꼴 무늬가 새겨져 있어요. 솔로 마지막 바닥 손질을 한 흔적입니다. 꽃벌이 자신의 혀로 바닥을 핥아서 윤을 낸 것입니다. 그러면 물이 스며들지 않거든요. 그 덕분에 애벌레는 비에 젖는 땅속에서도 마른 방에서 위생적으로 지낼 수 있어요. 공동체 생활을 하지 않고 각자 살아가는 꼬마꽃벌은 꿀벌이나 말벌처럼 기하학적인 방을 만들지 않습니다. 공간을 효과적으로 사용할 필요가 없으니까요.

5월쯤 꽃이 피기 시작할 때 이 방은 완성돼요. 꿀과 꽃가루를 수확하기 시작하는 시기이지요. 꽃가루투성이가 된 꼬마꽃벌이 뱃속에 꿀을 가득 채운 채 자기 집을 찾아와요. 시력이 약한 꽃벌은 모양이 같은 그 많은 집들 중에서 어떻게 자기 집을 찾을까요? 그래도 정확히 자기 집을 찾는 것을 보면 냄새 또는 어떤 표식을 인식하는 것이 분명해요. 꽃벌은 작은 자기 방으로 뒷걸음질 치며 몸을 털어 묻혀 온 꽃가루를 떨어뜨립니다. 그런 다음 돌아서서 모이주머니에서 꽃가루 무더기 위로 꿀을 토해 내지요. 이렇게 여러 번 꽃밭과 집 사이를 왔다 갔다 해요. 그렇게 꽃가루와 꿀이 모이면 서로 섞어 반죽을 해서 완두콩 크기의 작은 덩어리를 만들지요. 줄벌, 꿀가위벌, 진흙꽃벌은 이 덩어리 위에 알을 낳은 다음 작은 방을 봉해요. 그러면 그다음은 애벌레가 부화하여 먹이를 먹고 스스로 살아가지요. 그런데 꼬마꽃벌은 그렇게 하지 않아요. 어미 꼬마꽃벌은 꿀과 꽃가루가 섞인 덩어리 위에 알을 낳은 후 방을 열어 둬요. 그러고는 공용 통로를 통해 자주 와서 새끼의 부화와 성장 상황을 살펴요. 애벌레들이 충분히 살이 쪄 번데기로 탈바꿈하기 직전 어미는 입구를 봉해요. 어미로서 보살핌이 끝나는 것이지요.

　우리가 태어난 곳이나 어린 시절 살던 곳에 대한 추억을 품고 있듯이 곤충도 자기가 살던 집에 대한 추억을 간직하고 있을까요? 그들도 우리와 같이 자기들이 태어난 곳을 기억할까요? 파브르는 그 점에 대해 긍정했어요. 곤충도 자기가 태어난 집을 기억한다는 것이지요. 그들은 그 집으로 돌아와서 수리를 하고 자기의 집으로 사용합니다. 어미가 그러했듯 자기도 똑같이 그다음 해에 꽃가루와 꿀을 섞어 덩어리를 만든 다음 그 방에 자기의 알을 낳아요. 이처럼 곤충도 자신의 고향과 옛집을 기억한다니 신기하지 않나요.

　파브르는 꼬마꽃벌이 땅속의 집에 드나드는 모습을 흥미로워했어요. 일을 하고 돌아온 꼬마꽃벌이 나타나면 집을 막고 있던 일종의 뚜껑 문이 갑자기 내려가며 열려요. 그리고 통로가 열리면 벌이 날아오르지요. 그 즉시 문이 도로 닫히고요. 벌이 굴을 드나들 때 어떻게 문이 열리고 닫히는 것일까요? 바로 문지기가 있기 때문에 가능한 일이에요. 이렇게 하여 침입자를 방어하는 것이지요. 땅굴 입구에서 문지기 노릇을 하는 벌은 다른 벌들보다 나이가 더 많아요. 더 이상 알을 낳을 수 없는 나이 든 벌이 문지기가 되어 문을 열어 주지요. 다른 곤충들은 얼씬도 못 하게 하고요. 함께 산다는 장점이 이것이지요. 서로 돕지 않고 각자 살지만 이렇게 이웃으로서 서로 도우며 삽니다. 꼬마꽃벌은 더 번성하고 더 안전하게 지내기 위해 이렇게 모여 사는 거예요.

원통형 꼬마꽃벌의 땅굴 면적은 10제곱미터에 이릅니다. 집이 1,000개쯤 되고요. 각 집들은 서로 10센티미터쯤 떨어져 있어요. 이들은 말벌, 뒤영벌, 개미, 꿀벌 등과 같은 사회생활을 하는 곤충이 아니에요. 같은 벌들끼리 이웃으로 살기는 하지만 일은 각자 개별적으로 해요. 여럿이 협력하는 일이 없지요. 마찬가지로 노랑날개조랑박벌, 줄벌, 진흙벌도 무리 지어 살지만 이웃집에 들어갈 수는 없어요. 이들은 곤충학적 의미로 사회를 이루고 살지는 않아요. 각자의 활동이 전체의 이익을 위한 것도 아니고요. 어미는 각기 자기가 낳은 알만 보살피고, 제 애벌레를 위해서만 굴을 파며, 남의 애벌레들의 일에는 전혀 간섭하지 않아요. 이 벌들은 다만 자기 집으로 가기 위한 출입구와 공용 공간인 지하도만 공동으로 사용하고 있는 거예요.

파브르는 땅굴집을 짓는 다른 종류의 벌인 줄벌을 소개해요. 줄벌도 집을 지을 때 땅속 긴 통로를 뚫어 이 통로로부터 가지를 뻗어 각기 독방들을 짓습니다. 그러나 그 독방의 재료가 달라요. 갈대로 집을 짓다가 갈대가 없으면 달팽이 껍질로 지어요. 갈대로 최적의 안락한 집을 짓는 것이지요. 각기 종류에 따라 이렇게 최선의 집을 짓고 사는 것입니다. 집을 지으면서 이들은 자기가 무슨 일을 하고 있는지 알까요? 파브르의 관찰에 의하면 곤충들은 기술을 발휘하면서도 그에 대해 더 많은 것은 알지 못한다고 해요. 이들은 아무런 계산도, 아무런 사전 계획도 없이, 창조의 법칙에 대한 맹목적인 복종만 한다는 것이지요. 자기에게 주어진 본능에 충실할 뿐이라는 거예요. 그렇게 땅굴집을 짓는 곤충들은 각기 다 다르지만 여러 형태의 안락한 집을 짓고 살아가요.

천연수지로 지은 집

전혀 다른 재료인 식물의 천연수지로 집을 짓는 곤충들도 있어요. 왜가위벌붙이, 열점박이 왜가위벌붙이, 네잎 왜가위벌붙이, 라트레유 왜가위벌입니다. 앞의 두 종류는 달팽이의 빈 껍질 속에, 뒤의 두 종류는 땅속이나 돌 밑에 천연수지를 이용해서 집을 지어요. 천연수지[[수목에서 나오는 끈적한 진(津), 레진]] 재료는 풍부해요. 이런 수지를 이용하여 곤충들은 멋지게 집을 지어요. 오늘날 우리 인간도 이 천연수지를 모방해 인공수지인 플라스틱을 만들어 다양한 건축 자재로 사용하고 있지요. 플라스틱 과다 사용으로 각종 환경 문제가 발생하는 것이 흠이지만, 자유자재로 모양을 만들 수 있는 데다 잘 썩지 않고 방수 기능이 있어 건축 자재로는 최적이라고 볼 수 있어요. 이는 곤충에게도 마찬가지예요.

수지를 다루는 곤충들의 턱의 구조는 다 달라요. 파브르 당시 큰 턱에 갈퀴(일종의 빗, 톱니)가 있는 곤충은 식물의 표피를 뜯어내어 솜을 만드는 연장으로 사용하고, 이 톱니가 없고 물결 모양의 턱을 가지는 곤충들이 수지를 다룬다고 알려져 있었어요. 이것이 수지를 뜨는 숟가락 역할을 한다는 것이지요. 그러나 파브르가 관찰한 결과는 달랐어요. 수지를 다루는 곤충 가운데 어떤 종류는 숟가락(큰 턱의 위는 평평하고, 아래쪽은 오목하게 파인)을, 나머지 여러 종류는 갈퀴를 가지고 있었어요. 그러니 톱니의 유무로 수지를 다루고 다루지 못하는 여부를 설명하기는 어렵다고 했어요.

파브르는 수지로 집을 짓는 곤충들을 볼 때 몸의 구조에 따라서 하는 일이 결정된다는 주장은 틀렸다고 말해요. 최초의 본능, 구조나 형태보다 먼저 있는 재능이, 연장의 지배를 받지 않고, 또 연장을 지배한다는 것이지요. 기구가 솜씨의 종류를 결정하지 않고, 연장이 특정한 일을 하는 일꾼을 만들지 않는다는 말이에요. 즉 곤충은 애초에 만들어진 본능에 따라 무의식적으로 일한다고 보는 것이 타당한 설명이라고 해요. 그러면서 그는 다음과 같이 질문해요. 우리는 보기 위해 눈을 가지고 있나요? 그렇지 않고 눈이 있으니까 볼까요? 기능이 기관을 만드나요? 기관이 기능을 만드나요? 파브르는 이 중에서 곤충은 앞의 것을 지지한다고 보았어요. 곤충은 우리에게 이렇게 말한다는 것입니다. "내 솜씨는 내가 가지고 있는 기구에 의해서 강요되는 것이 아니라, 내가 타고난 재능을 위해 이 기구를 있는 그대로 사용하는 것이다. 기능이 기관을 결정했다. 눈이 있는 이유는 보기 위해서다."[14] 그러면서 파브르는 "정신이 물질을 움직인다"고 한 로마의 시인 베르길리우스(Vergilius 혹은 Virgil, BC 70~BC 19)의 주장을 언급해요. 곤충은 우리에게 그 주장을 되풀이해 준다고 말하면서요. 물질이 정신까지도 지배한다고 보는 오늘날 과학 시대에 우리에게 많은 생각 거리를 던져 주는 말이네요.

잎이나 열매의 씨로 지은 집

잎을 이용해 집을 짓는 곤충들도 많아요. 가장 흔한 재료이지요. 개암거위벌레와 바구미과의 앞다리톱거위벌레는 포도나무와 포플러 잎을 가공하여 집을 짓는 곤충입니다. 머리는 아주 작고, 다리는 길어 걸어 다니는 것이 서툴러요. 나뭇잎을 잘라 말아서 통을 만든 뒤 그 안에서 지내지요. 빨간바구미와 참바구미도 잎을 마는 곤충입니다. 파브르는 잎을 마는 곤충의 솜씨도 기관의 구조 문제가 아니라고 주장해요. 역시 연장이 일의 종류를 결정하지 않는다는 것이지요. 긴 관을 가지고 있

14 파브르, "수지를 다루는 곤충들", 《파브르 곤충기》, (이근배·안응렬 옮김, 올재, 4권, 제9장, 2022), 487.

거나 주둥이를 가지고 있거나 다리가 길거나 종종걸음을 치는 곤충이거나 늘씬하거나 땅딸막하거나 송곳으로 찌르거나 가위로 자르거나 상관없이 이 네 종류 곤충은 모두가 나뭇잎으로 집을 지어요. 즉 이들은 하나같이 나뭇잎으로 두루마리 집과 애벌레의 식량 저장소를 만들어요. 네 곤충은 우리에게 연장이 달라도 솜씨는 같을 수 있다는 것을 보여 주지요.

그런데 야생자두나무의 참바구미는 외양이 포도나무와 포플러 잎으로 둥근 통을 만드는 참바구미와 몸의 형태가 같아요. 그래서 서슴없이 동종으로 분류하지요. 그러나 이 둘의 습성은 전혀 달라요. 앞의 곤충은 야생자두나무 열매만을 공략해요. 이 바구미는 자두 열매의 살을 애벌레에게 식량으로 공급해요. 또 자두의 씨를 집으로 활용하고요. 다른 참바구미는 잎을 마는 데 송곳을 사용하지만 이 바구미는 단단한 자두씨에 구멍을 뚫어 집을 만드는 데 송곳을 사용해요. 잎 마는 곤충의 애벌레는 자란 다음 나뭇잎에서 쉽게 나오는 반면 이 바구미는 단단한 열매의 벽을 뚫어야 하지요.

북방복숭아거위벌레도 위의 두 바구미와 형태가 같아요. 그런데 이 곤충은 잎을 말지도, 그렇다고 씨에 구멍을 뚫지도 않아요. 이 거위벌레는 그저 파란 살구의 살 여기저기에 알을 낳아요. 애벌레는 이 과육을 먹고 살지요. 형태는 서로 비슷하지만 습성과 솜씨는 저마다 달라요. 파브르는 이들의 집 짓기를 관찰한 후 다음과 같이 말해요. "최고의 '질서'가 물질을 지배한다"라고 말하는 것이 얼마나 더 간단하고, 특히 얼마나 더 진실을 말하는 것인가! 야생자두의 바구미가 겸손하게 우리에게 이렇게 변명하는 것이다."[15] 파브르가 말하는 최고의 질서는 하나님의 창조 질서를 말해요.

곤충의 튀는 건축술

곤충들의 집 짓는 건축술은 곤충의 종류만큼 다양해요. 그 다양함에 경이를 느낄 정도지요. 위에서 말한 집들 외에 여러 가지 식물이 공급하는 솜으로 덮여 있는 왜가위벌붙이의 둥지는 우아하고 멋있는 포대입니다. 모양이 반듯하고, 눈같이 희며, 우아해 보이지요. 백조의 솜털보다도 더 부드럽고요. 진흙꽃벌은 반죽한 흙으로 원통의 탑을 쌓아요. 많은 원통의 독방들을 만드는 것이지요. 원통과 원통 사이의 빈 공간은 다양한 껍질로 채웁니다. 작은 탑의 우아한 기하는 건축물이 나란히 놓인 독방 덩어리가 되어야 할 때는 어쩔 수 없이 변형됩니다. 대모벌은 옹기장이로서 도자기 항아리를 만들어 애벌레가 될 새끼의 먹이인 거미를 넣어 둡니다.

호리병벌의 도자기는 더 높은 차원의 집이에요. 배가 불룩한 둥근 지붕으로 모스크바 대성당의 둥근 지붕과 비슷해요.

15 　파브르, "야생자두나무의 참바구미", 《파브르 곤충기》, (이근배·안응렬 옮김, 올재, 7권, 제13장, 2022), 179.

둥근 지붕 꼭대기에는 항아리의 짧은 주둥이 같은 것이 있어요. 애벌레가 먹을 벌레들을 그리로 들여보내지요. 식량을 가득 채운 뒤 알을 실에 달아서 천장에 매달아 놓은 다음 독방의 목을 진흙으로 만든 마개로 막아요. 호리병벌은 이런 독방을 이어서 쭉 만들지요. 미리 지어 놓은 독방들이 남겨 놓은 공간의 크기와 모양에 따라 새로 짓는 독방의 형태가 바뀌어요. 그런데 몸집이 더 작은 다른 호리병벌들은 독방들을 따로따로 떼어서 지어요. 그 받침대는 작은 나무의 잔가지입니다. 독방은 버찌만 한 항아리예요. 둥근 지붕을 하나씩 따로 만드는 이들의 항아리는 모두 똑같아요. 마치 같은 거푸집에서 찍어 낸 것 같지요. 호리병벌은 둥근 지붕의 집을 짓고 미화에 힘씁니다. 둥근 창도 내요. 그리고 주위를 잔돌로 장식해요. 이렇게 곤충들은 각기 자기 나름대로 독창적이고 개성 있는 집을 짓고 살아요.

자기 집 찾아가기

곤충들은 각기 다 다른 집을 짓고 살아가요. 파브르는 곤충이 자기 집을 어떻게 찾아가는지 알아내기 위해 실험을 해요. 흑노래기벌을 종이 상자에 넣고 2킬로미터쯤 떨어진 곳에 데리고 가서 풀어 줍니다. 그랬더니 12마리 중 네 마리가 자기 집을 다시 찾아왔어요. 다시 캄캄한 상자에 넣고 3킬로미터쯤 떨어진 곳에 데려가도 되돌아왔어요. 어떻게 집을 찾아간 걸까요? 대체 무엇을 길잡이 삼아 집을 찾아가는 것일까요? 시각은 아니었어요. 파브르는 곤충이 특별한 능력을 지니고 있거나 방향 감이 탁월한 것 같다고 생각했어요. 그러면서 인간에게는 그 능력이 없어서 잘 모르겠다고 시인하지요.

코벌은 집 입구를 바꾸어 놓아도 땅을 파서 입구를 찾아내요. 파브르가 말똥을 부숴서 다른 냄새를 풍기거나 혹은 화학 물질 에테르를 뿌려도 찾아내었어요. 분명 시각이나 후각으로 집을 찾는 것은 아니었어요. 코벌의 촉각을 잘라도 마찬가지로 집을 찾아냈으니까요. 그 능력은 그 이상의 무엇인 듯했어요. "곤충이 무엇인가. 우리가 모르는 어떤 능력을 지니고 있지 않는 한, 시각과 후각 따위, 지금 내가 이야기한 내 잔재주가 쓸모없게 되었는데, 어찌하여 방향을 아는지 더욱더 나는 알 수가 없다."[16] 그런데 집 위를 열어 아예 입구를 없애 버리자 코벌은 자기 새끼인 애벌레조차 몰라보고 짓밟으면서 계속 입구만 찾고 있었어요. 출입구가 없어지자 자기 집을 못 찾는 것이었어요. "코벌은 무엇을 찾고 있을까? 말할 것도 없이 애벌레다. 그러나 이 애벌레에게로 가려면 우선 출입구를 찾아야 한다. (…) 어미벌은 애벌레를 앞에 놓고도 출입구를 찾아내려고만 고집하고 있다. (…) 지혜와 본능 사이에 어떻게 이렇게 깊은 골짜기

16 파브르, "되돌아가는 길", 《파브르 곤충기》, (이근배·안응렬 옮김, 올재, 1권, 제19장, 2022), 262.

가 가로놓여 있을까! 본능에게 이끌려 간 어미는 그전 출입문이었던 곳에서 언제까지나 서성대고 있다."[17] 집의 입구를 막아버리자 코벌은 어떻게든 찾아오던 집을 끝내 찾지 못했어요. 지혜가 있다면 입구가 있든 없든 앞에 있는 애벌레에게 갈 텐데 말이에요. 이처럼 본능은 오직 정해진 순서로만 일하게 만들기 때문에 상황의 변화에 따라 유연하게 대처하지 못하게 만들어요.

파브르는 개미를 대상으로 집 찾는 능력을 알아보는 실험도 해요. 붉은 병정개미는 남의 새끼를 훔쳐 와서 자기네 마을의 심부름꾼(노예)으로 부려요. 이 개미는 여름철 석양 무렵 5~6미터 대열을 이루어 종류가 다른 근처의 개미집을 습격해서 개미의 번데기를 잡아 와요. 이 번데기가 깨어나서 붉은 개미의 충실한 심부름꾼이 되는 것이지요. 이때 흥미로운 사실이 있어요. 이 개미들은 반드시 갔던 길을 그대로 다시 돌아온다는 것이지요. 아무리 위험한 상황이 발생돼도 갔던 길을 되돌아 그대로 집으로 돌아와요. 파브르 이전 사람들은 개미가 냄새를 통해 자기들이 갔던 길을 되돌아온다고 보았어요. 특히 '개미산'이라는 시큼한 물질을 품고 있는 개미는 자신이 지나간 길목에 묻어 있는 개미산 냄새로 길을 찾아 돌아온다는 것이지요. 파브르는 그것이 사실인지 확인하기 위해 실험을 해요. 관찰하는 데 시간이 많이 필요한 터라 손녀 뤼시에게 도움을 청

17   앞의 책, 266.

해요. 과학자의 조수가 된다는 기쁨에 뤼시는 기꺼이 붉은 병정개미의 관찰자가 됩니다. 뤼시의 임무는 오가는 동선을 확인하고 길을 다 표시하는 것이었어요. 개미가 나오면 따라가면서 돌멩이로 길을 표시하는 식으로요.

첫 번째 실험에서는 개미가 지나간 길을 4~5미터 간격으로 비질하여 흙을 다 쓸어 내고 새 흙으로 깔았어요. 만일 냄새로 길을 찾는다면 이제 같은 길로 돌아오지 못하겠지요. 비질한 곳에 이르자 개미들이 당황하여 이리저리 흩어졌어요. 그러다 결국 다시 새 흙이 깔린 같은 길에 대열을 이루어 집으로 돌아왔어요. 얼핏 보면 냄새로 길을 찾는다는 주장이 맞는 것처럼 보이는 실험입니다. 파브르는 비질할 때 냄새를 완전히 제거하지 않은 것은 아닌지 다시 의심해 봐요. 이번에는 냄새의 근원을 완전히 없애 버리기 위해 개미가 지나간 길에 연못의 물을 호스로 흘렸어요. 만약 개미들이 어떤 일이 있어도 처음 갔던 길로 되돌아온다면 파브르가 호스로 흘린 물을 건너야 하는 것이지요. 이제 개미산은 완전히 쓸려 가 버렸습니다. 그런데 개미는 물을 건너 그 길을 되돌아왔어요. 냄새를 맡고 돌아온다는 말은 틀린 것이지요. 이를 더 확실히 하기 위해 세 번째 실험은 개미산보다 더 독한 박하잎으로 땅바닥을 문질러 박하 향기가 가득하게 하고, 길에 박하잎을 가득 쌓아 두었어요. 그런데 이번에도 개미들은 이 박하 향이나 잎을 무시한 채 갔던 길을 그대로 되돌아 집으로 돌아갔어요. 냄새를 맡고 길을 찾는 것은 아니라는 것이 확실해진 셈이었어요.

118

네 번째 실험에서는 길을 변형했어요. 길에 신문지를 펴고 돌로 눌러 주위 모습을 바꾸었더니 개미가 돌아오는 길에 당황하고 한바탕 소동이 벌어졌어요. 잿빛 흙 길에 누런 모래를 뿌려 색을 바꾸었을 때도 비슷한 현상이 일어났어요. 이런 실험들을 통해 파브르는 개미가 갔던 길로 되돌아오는 것은 후각이 아닌 시각으로 길을 확인하기 때문이라 주장했어요. 개미의 눈은 굉장히 근시여서 조금만 길을 변형해도 당황한다는 것이지요. 그래서 조금이라도 변형이 일어나면 탐색대를 곳곳으로 보내 원래 길과의 연결점을 찾는 거예요. 시력 외에 더할 것은 기억력입니다. 지나갔던 길을 기억하지 못한다면 눈으로 확인해도 그 길을 되돌아오지 못할 테니까요.

개미의 기억력은 어느 정도일까요? 파브르는 적어도 자기들이 갔던 길을 기억할 정도의 기억력은 있다고 말해요. 노획물이 많아 이삼일 뒤에 같은 장소를 다시 정확히 찾아가는 것으로 봐서 개미의 기억력은 이삼일 정도 가는 것으로 보여요. 그리고 그 기억력은 반복에 의한 익숙함과 관련이 있고요. 파브르가 개미 중 한 마리를 납치하여 2~3미터 정도 떨어진 전혀 낯선 곳에 두자 자기 무리를 찾아가지 못했어요.

파브르는 곤충의 종류에 따라 다 다른 이런 집 찾기에 대해 관찰한 사실 이상으로 넘겨짚어 판단하지는 않았어요. 어떤 통일된 설명을 하려고 시도하지도 않았고요. 잘 모르는 것은 모르겠다고 시인하는 데서 그쳤어요. 그런데 최근에 흥미로운 연구 결과가 발표되었어요. 개미가 태양의 위치를 알아낸 뒤, 알

고 있는 주변의 시각 정보를 이용해 집을 찾아간다는 내용이에
요.[18] 하지만 곤충이 집을 찾아가는 원인은 지금까지도 여전히
신비에 둘러싸여 있습니다. 이런 연구를 해보고 싶지 않나요?

곤충들은 각기 제 본능으로 조화롭고 아름다운 집을 지어
살아가요. 어떻게 그럴 수 있을까요? 파브르는 곤충들의 타고
난 미적, 기하학적 능력 때문이라고 말해요. 배우지 않고도 건
축술에 관한 능력을 발휘할 수 있다는 것이지요. 이 능력은 곤
충에 따라 다양해요. 아파트를 짓는가 하면 도시를 건축하기도
하고 전원주택을 지어 살기도 하지요. 그리고 벽에서 사는 진
흙꽃벌은 흙으로 쌓은 탑을, 나나니는 진흙으로 꼬아 만든 술
을, 대모벌은 단지를, 왜가위벌붙이는 솜으로 만든 작은 주머
니를, 호리병벌은 가늘고 긴 목이 달린 둥근 지붕을, 말벌은 종
이로 된 육각기둥 도형을 만들어요. 다른 곤충들도 이와 마찬
가지입니다. 집을 짓는 재료도 다 제각각이에요. 저마다 자기
에게 허락된 집 짓는 기술이 있는 셈이지요.

건축 지식을 배우고 습득한 건축가들은 일을 시작하기 전
에 아이디어를 내고 계산하고 설계하지요. 그런데 곤충은 이런
교육이나 준비 과정을 거치지 않아요. 애초부터 집 짓기의 대
가인 셈입니다. 곤충은 무의식으로 집을 짓는 데도 정확해요.

---

18   Sebastian Schwarz 등, "How ants use vision when homing back-
      ward", *Current Biology*, (27권, 2017), 401-407.

곤충이 집을 짓는 것은 본능이지요. 어미가 새끼를 훈련시킨 결과가 아니에요. 기하학적 집 건축도 그래요. 수학적 지식이 있는 게 아니에요. 곤충의 집 짓기는 본능적이지만 그렇다고 집의 모양이 언제나 기계적으로 동일하지는 않아요. 예를 들어 독방이 서로 방해할 경우 본능에 맞는 설계를 포기하는 건 아니지만, 공간이 없기 때문에 어쩔 수 없이 변형이 생겨요. 독방을 짓거나 여유 있게 집을 지을 때는 정확히 기하학을 따르지만, 많은 집이 빼곡히 지어질 때는 그 질서가 깨진다는 점에 대해 파브르는 이렇게 재미있게 표현합니다. "우리와 마찬가지로 여기서도 자유는 질서를 만들고, 구속은 무질서를 만든다"[19]라고요.

　　동물이 집으로 돌아가는 능력을 귀소본능 혹은 회귀본능이라 하지요. 이 본능은 과학의 중요한 논쟁 중 하나예요. 이 본능이 선천적으로 있는 것이냐 아니면 유전자에 의해 후천적으로 만들어진 것이냐는 논쟁이지요. 파브르는 '생득론'이라 부르는 전자의 주장을 지지했습니다. 후자는 '비생득론'으로 주로 진화론에서 받아들여요. 회귀본능은 몸 안의 유도 장치로 인해 생긴다는 주장이지요. 이 본능은 뇌에 의해 조절되고, 이 뇌는 유전자가 만든 것이므로 결국 집을 찾는 본능은 유전자라는 물질적 원인이라는 논리예요. 그리고 이 유전자는 진화하기 때문

19　파브르, "곤충의 기하학", 《파브르 곤충기》, (이근배·안응렬 옮김, 올재, 8권, 제18장, 2022), 584.

에 이 본능을 잘 연구하면 진화의 중요한 단서를 찾을 수 있다고 주장합니다. 파브르는 찰스 다윈(Charles Darwin, 1809~1882)과 교류하며 이 회귀본능을 가장 중요한 주제로 삼았어요. 이 내용은 뒤에서 살펴볼게요.

곤충의 건축술은 생명의 신비 중 하나예요. 꿀벌처럼 시각적으로 화려한 집을 짓는 곤충도 있지만, 흙을 파고 땅속에 집을 짓는 곤충들도 무척 많아요. 파브르의 관찰에 의하면 그 땅속의 집들이 굉장해요. 하나님은 곤충들이 각자 자기의 집을 짓고 그 집에서 안락한 삶을 살도록 하셨어요. 집을 짓되 각기 다양하게 지어 자연 속에 미적 즐거움을 더하도록 하신 거죠. 마치 우리가 전 세계의 다양한 집들로 인해 여행의 즐거움이 한층 더 커지는 것처럼 말이에요. 과학적 논쟁이 어쨌든 곤충들은 자기 집을 잘 찾아가서 쉬어요. 집에서 안식하는 것이지요. 집에서의 안락한 쉼은 생명의 중요한 특징이에요. 생명은 열심히 일하고 또 잘 쉬어야 하거든요.

2부

경쟁하는 생명

6. 도둑과 강도

모든 생명은 고통스러운 삶을 산다

☞ 모든 생명은 서로 먹고 먹히는 먹이 사슬로 연결되어 있어요. 현대 과학은 이를 생태계라고 부르죠. 생명 전체가 하나의 거대한 시스템을 이루고 있는 걸 말해요. 그런데 생태계 내의 생명 하나하나를 보면 예외 없이 힘겹고 고달픈 삶을 살아가요. 심지어 서로 먹고 먹히는 그 내용을 보면 잔인하기까지 합니다. 현대 과학은 이런 생태계의 치열한 생존 경쟁이 자연 그 자체의 모습이니 있는 그대로 인정하자고 해요. 심지어 그런 삶을 선하다고까지 하면서 생명 윤리나 도덕적 기준으로 삼기도 하지요. 이번에는 먹고 먹히는 생명들의 고달픈 삶의 모습을 한번 들여다볼까요? 하나님이 처음 만드신 세상의 모습은 어땠는지 생각해 보면서요.

인간 사회에서는 남의 것을 훔치거나 누군가를 죽이거나 강도
질을 하면 도덕적으로 비난을 받을 뿐 아니라 법적으로 민·형
사상의 책임을 져야 해요. 그러나 인간 사회를 넘어 생태계 차
원에서 보면 이런 일들이 완전히 다르게 해석된답니다. 인간은
다른 생명들을 죽여서 먹고, 또 그들의 집과 소유를 뺏으면서
살아갑니다. 우리가 먹는 모든 먹거리도 사실은 생명 자체이거
나 그 생명이 만든 소유물이에요. 식물이든 동물이든요. 우리
는 매일 그들의 생명과 소유들을 빼앗아 먹으면서 살고 있는
셈이지요. 물론 하나님이 그것들을 우리에게 먹을 것으로 주셨
기에 도덕적으로 문제가 되거나 범죄 행위에 해당되지는 않습
니다. 그렇지만 다른 한편 하나님은 우리에게 이 생명들을 다
스리라고 하셨기에 이들을 보호하고 지켜야 할 의무가 있어요.
생태계의 생명들을 먹으면서 또 그들을 돌보는 균형이 필요한
거죠.

곤충의 세계를 보면 먹고 먹히는 일이 쉴 새 없이 일어나
고 있어요. 도둑과 강도도 넘쳐나고요. 대표적으로 기생(寄生)
곤충들이 그래요. 이들은 스스로 먹을 것을 마련하거나 집을
짓지 않아요. 남이 수고하여 모아 놓은 먹이를 훔치고 남의 집
을 침범하여 어린 애벌레를 죽게 만들어요. 집을 빼앗기도 하
고요. 그 과정을 보면 잔인하기까지 하죠. 파브르는 이 기생 곤
충들을 자세히 관찰합니다. 그러면서 그들도 다른 곤충들과 마
찬가지로 고달픈 삶을 살아가고 있다는 걸 발견해요. 그들에게
잔인한 면이 있을지라도요. 어떻게 보면 기생 곤충들도 하나님

이 그들에게 주신 생육하고 번성하라는 명령에 순종하면서 살아가고 있다고 볼 수도 있을 것 같아요. 작은 생명들의 고달픈 삶을 통해 생명에 대해 배울 점이 무엇인지 살펴봐요.

기생 곤충들의 삶

더운 여름은 사람에게 유난히 힘든 계절입니다. 의욕이 많이 떨어져 일하기가 힘들어요. 그런데 곤충들은 더운 여름에 더 열심히 일합니다. 곤충들이 가장 활발히 활동하는 계절이 여름이에요. 이들은 여름의 더위 속에서 부지런히 집을 짓거나 수리하고, 집안을 정리하고, 알을 낳거나 새끼를 돌보며, 먹을 것을 모으고, 사냥을 해요. 그런데 앞에서 말한 대로 기생 곤충들은 그런 일 대신 이 집 저 집 남의 집을 기웃거리면서 도둑질이나 강도짓을 해요. 식물 중에서도 기생 식물이 있잖아요? 이들은 다른 식물에 붙어 그들의 영양분을 뺏어 먹고 살아가고요.

파리나 모기와 같은 쌍시류 중에 이런 강도 행위를 저지르는 곤충이 많아요.[20] 기생파리 종류가 대표적입니다. 기생파리는 땅굴을 파고 사는 벌들의 집 근처에 참을성 있게 웅크리고 앉아서 기회를 노려요. 그러다가 벌이 먹이를 안고 돌아와 땅

---

20   시(翅)는 곤충류의 날개를 뜻하는 한자로, 쌍시류는 날개가 한 쌍인 곤충을 말합니다.

굴 집으로 들어가려는 순간, 재빨리 벌이 잡은 먹이에다가 자기 알을 낳아 붙입니다. 눈 깜짝할 사이에 일어나는 일이에요. 벌이 알아채기도 전에 장차 태어날 벌의 새끼가 먹을 먹이에다가 자기 알을 낳아 놓은 거죠. 벌도 그 먹이에다 자기 알을 낳지만 먼저 부화한 기생파리 새끼가 그 먹이를 먹어 버리기 때문에 뒤늦게 태어난 벌의 새끼는 부화하자마자 먹이가 없어 굶어 죽고 말아요. 기생파리는 자기 새끼에게 다른 곤충이 수고하여 모아 온 먹이를 먹게 하고, 정작 먹이의 진짜 주인의 새끼는 굶어 죽게 만드는 기생 곤충입니다. 그 외에도 아예 자기 알을 주인의 알과 바꿔치기하는 기생 곤충들도 있어요. 또 주인의 알이 부화하여 먹이를 먹고 자라 고치를 만들 때, 그 고치 속에 알을 낳아 잠에 빠진 애벌레나 번데기를 먹고 자라게 하는 기생 곤충들도 많고요. 청벌이나 개미벌, 밑드리벌 및 재니등에 같은 기생 곤충들이 그렇지요.

하지만 기생 곤충들과 사냥으로 먹고 사는 곤충들을 엄밀히 구분하기는 어려워요. 다른 곤충이 잡은 먹이에 자기의 알을 낳아 붙여 주인의 새끼가 굶어 죽게 만들거나 먹이 주인의 새끼가 애벌레나 번데기가 되고 난 뒤 거기에 알을 낳아 붙여 주인의 새끼를 죽이는 것을 기생이라고 해요. 반면에 애벌레를 직접 약탈하여 거기에 알을 낳아 붙인 경우는 사냥이라고 하지요. 이렇게 볼 때 먹이가 되는 애벌레를 죽인다는 점에서는 사냥이나 기생이나 큰 차이가 없어요. 파브르 역시 새끼를 낳아 키우는 곤충들의 힘겨운 수고를 볼 때 어디까지가 기생이고 어디까지가 사냥인지 말하기 어렵다고 이야기해요. 일반적으로 기생 곤충들을 아주 나쁘게 생각하는 것은 사실 우리의 편견일 수 있어요.

곤충의 고달픈 삶

진흙으로 집을 짓는 꽃벌의 삶을 살펴보면 이 꽃벌에 기생하는 기생 곤충 또한 얼마나 힘들게 살아가는지 알 수 있어요. 진흙꽃벌은 진흙으로 집을 짓기 위해 수백 번을 왔다 갔다 하면서 진흙을 날라 와요. 그런 다음 꿀과 꽃가루를 가져와 이 집을 채웁니다. 《곤충기》에는 이 진흙꽃벌이 왔다 갔다 한 여정 루트와 총 이동 거리가 나와 있어요. 이 벌이 둥지에 작은 방 하나를 짓고 먹이를 저장하는 데 오고 간 거리는 15킬로미터였어요. 둥지 안에는 방이 15개 지어져 있었고요. 진흙꽃벌은 15개의 방을 만든 다음 이 방들 위로 두꺼운 진흙을 덮어요. 이 지붕을 만들기 위해 방 만드는 만큼의 진흙을 또 날라야 했어요. 이 작은 곤충이 노동을 한 총 거리는 400킬로미터 정도예요. 알기 쉽게 말하면 서울에서 부산까지의 거리입니다. 작은 곤충에게는 말할 수 없이 고된 노동이지요. 이 일을 마친 후 알을 낳고 나면 벌은 완전히 지쳐 쇠약해지고 이내 죽고 말아요. 파브르는 죽어 가는 이 벌의 심정을 이런 말로 대신 표현해 주었어요. "나는 열심히 일했다. 나는 나의 의무를 다했다."[21] 그래요. 진흙꽃벌은 몹시 힘든 삶을 살았어요. 그 덕분에 자기 새끼들이 겨울의 추위와 적의 침입을 막아낼 집에서 영양가 있는 먹이를 맛있게 먹을 수 있게 되었지요. 자기 새끼들을 위해 5~6주간에 걸쳐 온 생명을 다 바친 거예요. 그러나 이 해피엔딩은 일부 벌에게만 해당되는 이야기입니다.

애처롭게도 이 어미 벌의 고된 노동은 대부분 자기 자식 대신 기생 곤충의 새끼를 위한 일이 되고 말아요. 이렇게 열심히 일하는 꽃벌에 기생하는 곤충이 열두 종류나 되기 때문이지요. 뽀족벌붙이나 가위벌붙이 등의 기생벌들이 그들입니다. 열두 종류의 기생 곤충들은 각각 그 나름대로 독특한 속임수와 상대를 해치는 수완, 그리고 파멸시키는 전술을 가지고 있어요. 어떤 기생 곤충은 식량을 약탈하고, 어떤 곤충은 애벌레를 먹어 치우고, 또 다른 곤충은 집을 점령합니다. 이 작은 생명의 세계에서의 약탈 행위는 무섭고 공포스러워요. 파브르도 관찰하는 것이 무섭다고 했을 정도니까요.

진흙꽃벌의 기생 곤충 중 하나인 가위벌붙이의 애벌레는 주인인 진흙꽃벌의 애벌레보다 먼저 부화하여 진흙꽃벌의 알을 물어서 다 죽여 버려요. 과연 이런 잔인한 일이 가위벌붙이를 위해서 꼭 필요한 것일까요? 그렇지는 않아요. 음식 분량이 충분하거든요. 가위벌붙이 애벌레는 음식을 절반 정도만 먹습

---

21   파브르, "진흙꽃벌이 겪는 고생", 《파브르 곤충기》, (이근배·안응렬 옮김, 올재, 3권, 제7장, 2022), 107.

니다. 나머지는 먹지 않고 그대로 남겨 둬요. 음식이 남아도는
데 어째서 가위벌붙이는 집주인의 알을 모두 죽여 버릴까요?
함께 살 수도 있는데 왜 그렇게 하지 않을까요? 왜 이렇게 잔인
할까요? 아주 티끌만 한 보잘것없는 생물, 눈에 보일까 말까 한
이 애벌레들은 본능적으로 자신에게 방해가 되는 생명은 모조
리 죽여 버려야 한다는 의무를 갖고 있는 듯 행동해요.

　　진흙꽃벌의 애벌레에게 좀 더 비참한 최후를 맞게 하는 기
생 곤충도 있어요. 진흙꽃벌의 애벌레가 먹이를 먹고 포동포동
살이 찐 다음 고치를 짜면 이 고치를 뚫고 들어가 번데기 배 위
에 알을 낳는 기생 곤충이 있어요. 재니등에예요. 재니등에의
애벌레는 2주 동안 진흙꽃벌 번데기의 피부에 손상을 입히지
않고 산 채로 다 빨아먹으면서 자라요. 2주라는 시간 안에 한
곤충의 육체가 완전히 다른 곤충에게로 옮겨 가는 셈이죠. 하
지만 진흙꽃벌의 애벌레는 등에에 의해 육체가 완전히 먹혀 버
리는 그 순간까지도 살아 있어요. 그리고 자신의 육체가 완전
히 사라질 때까지 죽음과 싸웁니다. 동물에게 생명이란 무엇일
까요? 진흙꽃벌의 애벌레는 물질이 다 없어졌기 때문에 결국
은 죽어요. 그러나 물질이 남아 있는 한 최후까지 자신의 생명
을 지키기 위해 싸우지요. 진흙꽃벌의 경우 피해를 입지 않은
둥지를 찾는 것이 드물 정도로 기생 곤충의 공격에 취약합니
다. 이처럼 진흙꽃벌의 삶은 곤충과 기생 곤충의 관계를 잘 보
여 줘요. 이렇게 냉정하고 고달픈 생존 경쟁 속에서 삶을 살아
가는 곤충의 세계를요.

130

기생 곤충의 고달픈 삶

그러면 부지런히 일하는 곤충들을 약탈하며 살아가는 기생 곤충들은 편한 삶을 살아갈까요? 파브르는 열심히 일하면서 사는 곤충보다 기생 곤충이 오히려 훨씬 고되고 힘겨운 생활을 하고 있는 것을 관찰해요. 기생벌은 뙤약볕 내리쪼이는 비탈에서 불안하고 초조한 발걸음으로 뜨거운 지면을 쏘다니면서 끝없는 수색을 벌입니다. 아무리 기생할 둥지를 찾아봐도 대부분 허탕 치기 일쑤입니다. 적합한 둥지를 찾기 위해 100번이나 굴이나 둥지를 들락거려요. 이들이 알을 낳아 붙이는 데 들이는 시간과 노력은 일하는 벌이 둥지를 짓고 그 안에 꿀을 가득 채우는 데 들이는 노력과 비슷하거나 오히려 그 이상이라고 해요. 일하는 벌은 규칙적으로 계속 일할 수 있으며, 그것은 자신의 알을 성공적으로 낳기에 무엇보다도 좋은 조건이에요. 그러나 기생벌은 열심히 노력한다고 해도 성공 확률이 낮고 거기에는 운도 따라야 해요. 또 산란 자체가 이런저런 사정에 좌우되는 위험을 안고 있어요. 기생 곤충인 꼬리뾰족벌이 가위벌의 둥지를 쳐들어가기에 앞서 오랫동안 망설이는 것을 보면, 남의 둥지를 침입하는 것이 얼마나 힘든 일인지 알 수 있어요. 자기 자식을 손쉽게 키워서 번성시키려고 기생 곤충이 되었다고 생각한다면 큰 오산입니다. 빈둥거리기는커녕 고된 일에 시달려야 하며, 기생 자체가 자손의 번영을 보장하는 것이 아니기 때문이지요. 대를 잇지 못할 위험이 늘 도사리고 있으니까요.

기생벌이 그 힘든 수색 끝에 용케 굴을 뚫고 집주인(진흙꽃벌) 집에 침입하여 알을 붙여요. 그러고 난 뒤에는 또 다른 도둑의 침입을 막기 위해 금방 자기가 뚫은 구멍을 메워야 해요. 파괴자가 건설자가 되는 것이지요. 맨 처음에 기생벌은 바위같이 굳은 시멘트를 스틱으로 갉아야 하는 고된 광부, 다음에는 점토를 반죽하는 직공, 그다음은 구멍이 뚫린 천장을 수리하고 회반죽을 바르는 직공이 됩니다. 남의 굴에 알을 낳기 위해 감수해야 하는 이런 고된 작업을 편하고 쉬운 것으로 여기기는 어렵겠죠?

인간 사회에서 도둑이나 강도는 비난을 받아요. 곤충도 그럴까요? 인간 사회에서 이런 사람들이 비난을 받는 이유는 이웃에 피해를 입히기 때문이에요. 그러나 기생 곤충은 이웃에 피해를 입힐까요? 곤충 전체를 하나의 종으로 보면 이웃에 피해를 입히는 것처럼 보여요. 그러나 곤충 세계는 인간 세계와 달리 무수히 많은 종으로 이루어져 있어요. 반면 인간은 단일 종이지요. 그래서 이웃이라는 개념이 분명해요. 그러나 곤충은 수많은 종의 통칭으로 인간이 만든 분류 명칭입니다. 기생 곤충들은 같은 종에게 기생하지는 않아요. 같은 종의 애벌레를 파멸시키지는 않는다는 말이에요. 파브르는 같은 종족이 모은 먹이나 같은 종족이 낳은 새끼를 뺏어 먹거나 죽이는 기생 곤충은 없다고 해요. 파브르가 기억을 더듬어 보기도 하고 실험 노트도 조사해 보았으나, 자기 종에게 그런 식으로 기생하는 종은 찾지 못했다고 해요. 어떤 곤충도 자기 종족에게 기생하지는 않는다는 말이지요.

수천 마리의 진흙꽃벌들이 떼 지어 진흙을 굳혀서 거대한 둥지 덩어리를 만들 때, 각자는 자기의 둥지를 만들어요. 누구도 남의 집을 침범하여 꿀을 먹거나 빼앗지 않습니다. 만일 어떤 벌이 남의 둥지에 잠시라도 앉기나 하면, 집주인이 느닷없이 날아와서 아주 난폭하게 쫓아내요. 만일 둥지가 오랫동안 비어 있거나 죽은 벌의 것이면 다른 벌이 그것을 자기 소유로 만들어 가지죠. 소유주가 없어졌으니까요. 같은 종 사이에서는 이웃이 가진 물건을 탐내서 뺏으려는 게으름뱅이는 없어요.

이처럼 곤충의 세계에서도 도둑질과 강도질을 하는 기생 행위는 다른 종족들 간에 일어나는 일이에요. 일반적으로 생명체의 삶이란 끝없는 약탈 행위입니다. 자연은 크고 넓게 또 길게 보면 결국은 자기 자신을 먹고 있다고도 볼 수 있어요. 물질이 이 생명에서 저 생명을 통과해 지나감으로 모든 존재가 생명을 유지하고 살아가니까요. 생존의 잔치에서 생물들은 제각기 먹는 놈이면서 또 먹히는 음식이 됩니다. 오늘은 먹고 내일은 먹혀요. 모든 생물은 서로서로 먹고 삽니다. 이런 의미에서 어떻게 보면 모든 생명은 서로에게 기생해서 살아간다고 볼 수 있어요. 그 최고봉에 군림하는 생명이 바로 인간입니다. 인간은 다른 모든 생명과 그 생명들이 만든 것을 빼앗아 먹는 가장 최상위의 기생자입니다. 사람은 송아지의 먹이인 우유를 빼앗아 먹고요. 꿀벌의 새끼들을 위한 꿀도 빼앗아요. 인간은 소나 꿀벌에게도 기생자입니다. 그렇다고 인간이 스스로 일하지 않고 남의 것을 먹는 게으름뱅이인가요? 그렇지는 않아요. 하나의 생명이 살기 위해 다른 한 생명의 죽음을 필요로 하는 것이 생명 세계의 법칙인 거죠.

마찬가지로 동물의 세계에서 기생 동물이나 기생 곤충이 일방적으로 나쁘다고 보는 불명예스러운 평가는 합당하지 않아요. 먹고 먹히고, 도둑질과 강도질이 가득한 생태계는 가차 없이 살벌한 생존 경쟁의 터전이기 때문입니다. 사실 기생 곤충은 결코 게으름뱅이가 아니에요. 다른 종족의 애벌레를 죽이는 기생 곤충의 행위는 우리 인간이 하는 일을 축소해서 흉내 내는 것에 불과하니까요. 그들의 기생 생활이 인간이 저지르는 야비한 행동보다 더하다고 볼 수는 없어요. 기생 곤충도 자기 자식을 키워야 하기에 자기보다 더 재주가 뛰어난 다른 곤충의 먹이를 훔칠 뿐이지요. 굶주림이 불러일으키는 무서운 싸움에서 그는 자기에게 갖추어진 본능을 가지고 최선을 다하고 있는 셈입니다.

곤충의 세계를 지배하는, 더 나아가 생태계 전체를 지배하는 치열한 생존 경쟁 혹은 투쟁은 정말 가슴 아픈 일입니다. 어떤 곤충이 지칠 만큼 노동을 해서 식량을 저축해 놓으면, 어느 사이엔가 다른 곤충이 그걸 빼앗으려고 달려들어요. 때로는 곤충 한 마리에 다른 곤충 다섯 마리, 열 마리가 달려들어 사정없이 공격해요. 먹이를 약탈하는 데 그치지 않고 생명을 해치는 잔인한 행위도 스스럼없이 행합니다.

파브르가 행한 곤충학 연구의 큰 기여 중 하나가 바로 이 기생 곤충 연구입니다.[22] 그는 관찰을 통해 기존의 이론과는 달리 기생 관계가 아닌 경우도 발견했어요. 파브르는 모든 기생 곤충이 땅굴을 파고 사는 벌에 기생하는 것은 아니라는 사실도 알아냈고요. 오히려 벌의 집과 애벌레를 깨끗이 청소해 주는 파리도 있다는 것도 찾았어요. 이런 경우는 기생 관계가 아니라 협력(혹은 공존) 관계인 거죠. 이런 협력 관계에 있는 곤충들이라고 하더라도 힘들게 수고하는 것은 마찬가지일 겁니다. 땅굴 속에서 일어나는 일이라 이걸 관찰하는 일도 쉽지 않았을 거예요. 파브르는 이렇게 끝없는 관찰을 통해 곤충들의 억울한 누명도 벗겨 주고 그들의 정당한 지위를 회복시켜 주는 일을 했어요.

곤충은 고통과 죽음을 알까?

곤충을 포함한 동물들은 죽고 죽이는 치열한 세상에 살고 있어요. 생존 경쟁 속의 삶은 잔인하고 고통스러워 보입니다. 그런데 곤충들은 고통을 알까요? 죽음을 알까요? 이 작은 동물이 그 작은 뇌로 죽음의 문제를 다룰 수 있을까요? 파브르는 곤충과 가깝게 살았어요. 그러나 죽음과 관련된 질문에 대답할 만한 그 어떤 것도 관찰하지 못했다고 해요. 파브르는 인간에게

---

22   Georges Pasteur, "Jean Henri Fabre", *Scientific American* 271 (1994), 74-80.

있는 죽음에 대한 불안이 곤충에게는 없다고 말해요. 곤충은 아직 무의식의 혼돈 속에 있는 어린아이와 같이 죽음과 같은 미래를 생각하지 않고 현재를 산다는 것이지요.

곤충이 에테르 실험을 통해 마취되었다가 깨어나는 과정을 보면 흡사 죽었다가 깨어나는 것처럼 보여요. 촉각이 천천히 움직이면서 서서히 깨어나요. 혼수상태에서 깨어나는 것이지요. 최면술의 상태와 같아요. 인간도 갑작스러운 공포가 닥치면 꼼짝 못 하게 되고 때로는 죽기까지 하잖아요. 매우 섬세하고 예민한 곤충의 기관도 외부의 물리적 공포의 중압을 받고는 약해져서 쓰러져요. 이것이 곤충의 죽음입니다. 파브르는 곤충은 죽음이라는 것을 조금도 알지 못한다고 해요. 마찬가지로 거대한 불행에 종지부를 찍는 인간의 방식인 자살에 대해서도 알지 못한다고 하죠. 파브르는 스스로 목숨을 끊는 곤충이나 동물은 관찰하지 못했어요. 감정적인 특성을 가진 짐승들이 간혹 슬픔으로 쇠약해지는 일이 있다는 것은 인정했지만요.

파브르 당시 전갈이 자신의 독침으로 제 몸을 찔러 고통의 종지부를 찍는다는 이야기가 있었어요. 파브르는 전갈의 이 자살 이야기가 사실인지 관찰하고 실험해 봐요. 흰전갈두루스 전갈의 평판은 고약했어요. 나무꾼들이 전갈에 물려 고생한 이야기를 많이 들었기 때문에 늘 조심했던 터라 파브르가 전갈에게 해를 당한 적은 없었어요. 어느 날 그는 두 전갈의 싸움을 지켜봐요. 두 마리 중 한 마리가 전갈 독침에 찔려 몇 분 안에 죽고, 먹이로 먹히는 모습을 관찰하지요. 이번에는 전갈 한 마리에게 화상을 입혔어요. 그러자 그 전갈은 독침이 있는 꼬리를 쳐들고 빠르고 무질서하게 돌아다녔어요. 고통을 느끼는 것이 분명했어요. 그러다 전갈은 이내 쓰러지고 말았지요. 스스로 독침을 찌르고 죽었을까요? 그런데 불 가까이에 있는 전갈을 서늘한 곳에 옮겨 놓자 한 시간 뒤쯤 다시 일어나요. 두 번째, 세 번째 전갈도 마찬가지였어요. 파브르는 사람들이 고통 가운데 쓰러진 전갈을 보고 전갈이 자살했다는 주장을 펼쳤을 것이라고 추정해요. 그러면서 그는 사람 외에 자살하는 생물은 없다고 말해요. 바로 이것이 곤충은 죽음이라는 것을 알지 못한다고 보는 주장의 증거라고 말하지요.

현대 과학은 동물이 어느 정도 지적 능력이 있다는 연구 결과들을 내놓고 있어요. 동물 행동학, 동물 심리학, 신경 과학 등에서 이런 문제를 다양하게 연구하고 있어요. 연구에 따르면 동물들도 다양한 방식으로 고통을 느낀다고 해요. 세상을 인식하고 어느 정도 생각도 하고요.[23] 반대로 현대 과학은 우리 인간의 두뇌 깊숙한 본능 속에는 동물의 모습이 남아 있다고 해요. 동물과 인간을 뚜렷이 구별할 경계가 없다는 것이지요. 여러분들의 생각은 어떤가요? 이 문제에 대해서는 훨씬 더 많은 연구가 필요하다고 생각해요.

23   템플 그랜딘·캐서린 존슨, 《동물과의 대화》, (권도승 옮김, 언제나북스, 2021).

생태계에서 생명들 사이의 생존 경쟁은 치열해요. 서로 죽고 죽이는 잔인한 일이 매 순간 일어납니다. 우리가 먹는 일이 바로 그런 일상 중 하나이고요. 각 개체 사이에 온갖 도둑질과 강도질이 만연해요. 당연히 고통과 죽음이 가득하겠지요. 하나님이 만드신 창조 세계가 원래 이랬을까요? 정확히 알 길이 없지만 아마 창조 세계의 원래 모습이 이렇지는 않았을 거예요. 하나님이 보시기에 좋았다고 하셨으니까요. 적어도 인간의 타락 이후에 생존 경쟁이 본격화되고부터 생존 경쟁이 치열해진 것은 분명해요. 인간과 자연계 사이에 관계가 깨졌기 때문이지요. 이것은 로마서 8장을 통해서도 미루어 짐작해 볼 수 있어요. 피조물이 고통 속에서 하나님의 아들들의 나타남을 고대하고 있다는 대목(19-22절)을 통해서요. 이 피조물 안에 곤충과 동물들이 속할 거예요. 이 본문은 적어도 하나님이 처음에 계획하시고 만드신 창조 세계는 지금의 생태계의 모습과 같지 않다는 사실을 알게 해줍니다.

삶에서 고통을 감당하기란 힘든 일입니다. 그것이 어떤 고통이든 마찬가지겠지요. 생명이 끝나는 죽음도 그렇습니다. 이렇게 생명에게는 고통과 죽음이 늘 따라다녀요. 그러나 우리 인간이 고통과 죽음을 아는 능력을 가지고 있다는 것은 커다란 특권이에요. 그 능력은 우리에게 생명에 대한 시야를 넓혀 주거든요. 가장 중요한 것은 신앙이 있느냐 없느냐의 문제겠지요. 우리는 인생의 고통과 기쁨이 어떻게 끝나는지 알고, 우리의 종말을 예측하고, 고통과 죽음을 통해 내세에 대한 소망을 가질 수 있어요. 현대 과학은 동물도 어느 정도 지적 능력이 있다고 말하고 있어요. 심지어 소, 개, 고릴라, 침팬지 등 일부 동물들은 어느 정도 죽음도 안다는 연구 결과도 나오고 있고요. 이런 연구 결과들을 통해 사람들은 동물들에게도 행복한 삶이나 고통 없는 죽음이 필요하다고 주장하고 있어요. 하나님이 만드신 생명을 아는 일은 끝이 없는 일이에요. 생명에 대해 알면 알수록 인간을 하나님의 형상으로 만들었다는 그 뜻도 더 깊이 알게 될 거예요. 인간의 타락으로 이 세상에 고통과 죽음이 왔다는 의미도 더 잘 이해하게 될 거고요.

7. 잔인한 살생
왜 생명이 생명을 죽이는가

☞ 하나님이 만드신 이 세상은 우리의 이해를 넘어선 곳이에요.
이렇다 저렇다 일반화하거나 도식화할 수 없을 정도로
다양한 모습을 가지고 있기 때문이죠. 한없이 아름다운
모습으로 하나님의 창조 섭리를 드러내는가 하면 또
그 반대로 잔인하고 끔찍한 모습을 드러내기도 하지요.
파브르가 관찰한 곤충의 세계도 이런 극과 극의 모습을
다 보여 줍니다. 왜 어떤 곤충들은 차마 말하기도 힘들
정도로 잔인하고 끔찍한 습성을 가지고 있을까요? 이런
모습은 도대체 어디서 비롯된 것일까요? 성경은 인간의
타락으로 인해 이 세상이 저주 가운데 놓이게 되었다고
말합니다. 생태계 내의 이런 잔인한 모습들이 이 세상의
한 장면이 아닐까요? 하나님이 이루신 창조의 아름다운
관계들이 단절되면서 이런 잔혹한 모습들이 빚어지는 것은
아닐까요? 파브르의 관찰을 통해 이 문제를 생각해 봅시다.

사마귀와 전갈에게는 잔혹한 습성이 있어요. 잔인하게 먹이를 사냥하고 심지어 암컷이 짝짓기를 한 수컷을 잡아먹기도 해요. 파브르는 그들의 이런 행동을 관찰하고 깜짝 놀라요. 물론 오늘날 파브르의 관찰은 인공적인 환경에서의 특이한 행동이지 자연에서 일상적으로 늘 하는 행동은 아니라는 반론도 있어요. 어쨌든 암컷이 자신의 새끼의 유전자를 공유하는 수컷을 잡아먹는 행위를 이해하기란 쉽지 않은 일이에요. 성경 곳곳에도 전갈이 등장합니다(신 8:15, 왕상 12:11, 계 9:10 등). 예수님도 전갈을 잘 아셨고요(눅 10:19, 11:12).

　　사마귀는 곤충의 일종으로 메뚜기와 비슷해 보이지만 실은 바퀴벌레나 개미에 더 가까워요. 무서워 보이는 외양에서 전해지는 선입견과는 달리 주로 해충을 잡아먹기에 익충으로 알려져 있어요. 물론 해충이라는 것은 우리 인간의 관점에 의한 기준이지요. 그러나 사마귀는 육식을 하는 곤충이라 적어도 농작물에 피해를 끼치지는 않아요. 전갈은 걸을 때 사용하는 다리 8개에 집게형의 더듬이다리 2개가 있어요. 따라서 전갈은 곤충이 아니라 분류학상 절지동물에 속합니다. 모든 전갈이 독을 가진 것은 아니에요. 우리나라에는 전갈이 살지 않아요. 다만 북한 지방에 1종이 살고 있는 것으로 알려져 있어요.

사마귀의 먹이 사냥

사마귀는 모양과 습성이 독특해 나름대로 꽤 유명한 곤충입니다.[12] 이 곤충은 앞다리를 모아 하늘로 쳐들고 기도드리는 듯한 자세를 취하기 때문에 '하나님께 기도하는 곤충'(praying mantis)이라고 불렀어요. 옛날부터 이 사마귀를 신탁을 내리는 예언자나 신비로운 고행자로 불렀어요. 고대 그리스 사람들은 점쟁이, 예언자라 불렀고요. 파브르는 이런 별명을 부르는 사람들을 순진하다고 생각했어요. 파브르는 그들의 생각에 동의할 수 없었거든요. 기도를 드리는 것 같은 사마귀의 모습 뒤에는 그의 잔인한 습성이 숨겨져 있다는 걸 알고 있어서였어요. 그 간절한 기도를 드리는 팔은 사실 무서운 약탈의 도구예요. 이 팔로 지나가는 먹이를 순식간에 사로잡아 버리거든요. 중국에는 사마귀의 이런 사냥법을 흉내 낸 '당랑권'이라는 무술이 있어요. 사마귀는 순전히 살아 있는 먹이만 먹고 살아가기 때문에 곤충 무리의 악당이라 할 만해요. 파브르는 하나님께 기도드린다는 별명을 가진 곤충이 사탄과 같이 행동한다는 평가를 내리고 있어요.

　사실 사마귀의 외모에는 공포를 일으킬 만한 요소가 없어요. 선입견을 버리고 이 녀석을 보면 날씬한 귀, 멋있는 블라우스, 연초록빛 실로 이루어진 긴 날개로 인해서 오히려 상냥한 곤충으로 여겨질 정도입니다. 사나운 큰 턱도 없고 오히려 쪼아 먹기 좋을 것 같은 뾰족한 부리, 쉽게 구부릴 수 있는 목 덕택에 머리를 오른쪽이나 왼쪽으로 돌리거나 기울이고 또다시 꼿꼿하게 세울 수 있어요. 또 얼굴에는 아주 평화로운 표정을 짓고 있답니다. 쉬고 있을 때는 앞발도 접혀 있어 겉으로 보면 해를 끼칠 수 없을 것 같아요. 이것이 기도드리는 곤충의 평화로운 모습입니다.

그러나 먹이가 지나가면 사마귀의 기도드리는 자세는 갑자기 중단됩니다. 별안간 긴 앞다리의 세 부분이 펴지면서 끝에 달린 갈고리를 멀리 보내요. 먹이를 갈고리의 작살로 찍어서 자기 앞으로 끌고 옵니다. 그러면 끝장입니다. 조심성이 많은 파브르도 꿰뚫고 찢는 일을 순식간에 해내는 사마귀의 이 작살에 찔렸던 기억이 있어요. 파브르가 이 녀석을 잡으려 하자 순식간에 할퀴었다고 해요. 그래서 사마귀를 산 채로 잡기는 쉽지 않아요.

파브르는 이들을 잡아 집에서 관찰했어요. 대식가인 암컷 사마귀는 몇 달 동안 거의 날마다 식량을 갈아 줘야 했어요. 아이들의 도움으로 살아 있는 귀뚜라미와 메뚜기를 공급해 주었어요. 사마귀는 메뚜기 쪽으로 눈길을 고정시킨 채 메뚜기가 움직이는 쪽으로 머리를 조금씩 돌리면서 감시해요. 사마귀는 사냥감을 무섭게 제압하려 합니다. 마치 뱀 앞에서 공포에 마비된 작은 새가 하늘로 날아오르지 못하고 덥석 물려 버리는 것과 비슷했어요. 사마귀가 위협적인 자세를 취하면 메뚜기는 공포에 질려 꼼짝을 못해요. 사마귀에게는 날개가 있는데, 암컷은 알 때문에 몸이 무거워서 날지 못해요. 하지만 수컷은 이 날개로 기껏해야 우리 안의 네다섯 발짝 정도의 거리를 날아가요. 그렇다면 사마귀에게 넓은 날개가 있는 까닭은 무엇일까요? 사마귀는 큰 사냥감도 잡는데요. 이런 큰 사냥감을 직접 공격하는 것은 위험하기 때문에 우선 겁을 주어 상대방에게 공포를 일으킴으로써 저항을 못 하게 하는 수법을 써요. 날개를 갑자기 유령의 망토 모양으로 펼치는 거죠. 이는 대단히 효과적입니다. 날개가 사냥의 도구가 되는 것이지요. 먹이에 대한 공격은 뒷덜미부터 시작해요. 사마귀는 먹이에 대한 해부학적 지식을 가지고 있어서 목 뒤를 공격해서 목의 신경절을 씹어 움직이지 못하게 만들어요.

번성을 위한 사마귀의 행동

땅에 번성하는 것은 인간뿐 아니라 모든 생명에 대한 하나님의 명령입니다. 하나님이 명령하시면서 또 보호하셔서 번성하게 하시지요. 하나님의 통치 방식입니다. 사마귀도 마찬가지예요. 경건하게 명상에 잠긴 듯 온화해 보이는 곤충이 사실 잔인한 사냥꾼이에요. 사나운 귀인이라고나 할까요. 그러나 먹이 사냥이 가장 잔인한 장면이라고 볼 수는 없어요. 파브르는 암컷 사마귀 여러 마리를 우리에 넣어 둡니다. 먹이를 잔뜩 줄 때는 아무 일이 없어요. 평화롭게 살아가죠. 먹이를 공격하지 동족 이웃에게 싸움을 걸지는 않아요. 그러나 이 동료들 사이의 평화

144

는 오래가지 않아요. 짝짓기와 산란의 시기가 가까워지기 때문이지요. 그러면 암컷들은, 수컷이 한 마리도 없어도, 일종의 질투로 인한 분노가 폭발해서 서로 잡아먹으려고 광란의 축제를 벌여요. 위협과 야만의 향연이 시작된 거죠. 두 암컷이 갑자기 몸을 일으켜 싸울 태세를 취해요. 그 싸움은 대체로 비극적인 결말로 이어지고 말아요. 이긴 녀석은 진 녀석을 제 발 사이에 끼우고 목덜미부터 먹기 시작합니다. 메뚜기를 갉아 먹었던 것처럼 같은 동족을 태연하게 갉아 먹어요. 제 동족을 합법적인 요리나 되는 것처럼 맛있게 먹는 거죠. 그리고 주위에 있는 다른 녀석들도 기회가 오기만 하면 서로 그렇게 해요. 파브르는 소리쳐요. "아! 잔인한 곤충들!"[24] 사마귀는 자기가 좋아하는 메뚜기가 주위에 얼마든지 있는데도 제 종족을 맛있게 잡아먹습니다. 이 녀석들은 사람의 식인 풍습과 같은 것을 가지고 있어요.

이런 곤충의 욕망은 훨씬 더 불쾌하기 짝이 없는 지경에까지 이르기도 해요. 짝짓기에 관한 얘기예요. 파브르는 사마귀를 암수 한 쌍씩 따로 떼어 놓고 관찰했어요. 8월 말쯤 짝짓기 시기가 되었다고 판단한 수컷은 원하는 암컷을 오랫동안 쳐다봐요. 그리고 상대의 동의 표시를 알아차려요. 파브르는 그 동의 표시의 비밀이 무엇인지까지는 알아내지 못했어요. 어쨌

24 파브르, "사마귀, 짝짓기", 《파브르 곤충기》, (이근배·안응렬 옮김, 올재, 5권, 제19장, 2022), 270.

든 짝짓기는 길게 대여섯 시간까지 이어지고 마침내 그들은 서로 떨어져요. 그러나 이내 더 가깝게 다시 합쳐져요. 가엾은 수컷은 방금 전까지 암컷의 난소에 생명을 주는 배우자로 사랑을 받았어요. 그런데 그 배우자가 이번에는 맛 좋은 먹이가 되어 암컷에게 잡아 먹혀요. 바로 잡아 먹히지 않을 경우 늦어도 다음 날 낮에는 수컷이 암컷에게 붙잡히지요. 암컷은 역시 목덜미부터 조금씩 갉아 먹으면서 날개 외에는 아무것도 남겨놓지 않아요. 2주간의 관찰 기간 동안 암컷에게 잡아먹힌 수컷의 수는 무려 일곱 마리에 달했어요.

　　너무도 끔찍한 이 장면을 본 파브르는 사마귀를 변호해 주고 싶어 했어요. 암수 사이의 이 잔인한 행위가 보통 때는 일어나지 않는다고 하면서요. 그리고 파브르는 덤불에서는 실제로 어떤 일이 벌어지는지 알 수 없다고 말해요. 그곳에서 수컷은 제 역할을 다한 다음에 무서운 암컷을 피해서 멀리 도망칠 수 있기 때문이에요. 그의 말대로 사육장과 덤불의 환경이 다른 것은 사실이지요. 하지만 불행히도 그들이 사육장에서 하는 일이 덤불에서 일어나지 않으리란 법이 없어요. 수컷이 피할 수 있는 데도 다음 날 잡아먹히는 것을 보면 설득력 있는 추측이라고 봐요. 파브르는 짝짓기가 끝난 다음에 쓸모없게 된 기진맥진한 수컷을 잡아먹는 것은 감정 문제에 둔감한 곤충의 세계에서는 어느 정도 납득할 만한 일이라고 생각했어요. 그러나 짝짓기 도중에 수컷을 우적우적 먹는 것은 상상을 넘어선 잔인한 행동이라고 보았지요. 그 광경을 눈으로 직접 본 파브르는

《곤충기》 5권을 쓰던 때까지도 충격에서 깨어나지 못했다고 해요. 파브르는 그렇게 잡아먹히는 중에도 자신의 짝짓기 역할을 다하는 수컷의 모습을 보며 사랑은 죽음보다 더 강하다고 말하죠.

파브르는 한 걸음 더 나아가 암컷의 수컷 살육의 원인이 다른 데 있지 않을까 생각해요. 사마귀가 속해 있는 직시류는 곤충 세계에서 제일 먼저 생겨난 것으로 알려져 있는데, 그건 곧 이들이 다른 곤충들이 없을 때 번성했다는 뜻이에요. 만일 그렇다면 먹을 것이 없었던 그 옛날의 습관대로 수컷을 잡아먹은 것은 아닐까 생각한 거예요. 생물이 많이 없었던 초기에 자손의 번성을 위해 더는 쓸모없게 된 수컷을 먹잇감으로 삼았던 것이 아닐까 하고 생각한 거죠.

암컷들이 산란기에 수컷들을 먹어 치우는 현상은 사마귓과의 다른 곤충들에게서도 있는 일이에요. 파브르는 이 습성을 일반적인 것으로 인정하고 싶어 합니다. 빛깔이 엷은 작은 사마귀는 평소에는 귀엽고, 몹시 온화해요. 식구가 많은데도 이웃에게 싸움을 거는 일이란 없는 곤충이에요. 그런데도 산란기가 되면 큰 사마귀가 하는 것과 마찬가지로 제 수컷을 잡아채서 잔인하게 먹어 치워요. 오늘날에는 이렇게 짝짓기 중에 수컷이 암컷에게 먹히는 일을 수컷의 자기희생으로 보아야 한다는 주장이 있어요. 수컷이 자기 자식들을 위해 더는 쓸모없어진 자기 몸을 영양분으로 제공하고자 암컷에게 잡아먹힌다는 것이지요. 어떤 주장이든 사마귀는 이렇게 마지막까지 종족의 번성을 위한 임무를 다한다고 볼 수 있어요. 번성하라는 하나님의 명령을 자기 자신의 죽음으로 순종하는 것이라 할까요.

사마귀의 아름다운 집

비극적인 사랑을 하는 사마귀는 잔인하기만 할까요? 과연 이 곤충에게는 생명의 아름다운 면은 전혀 없을까요? 아닙니다. 사마귀의 집을 보면 알 수 있습니다. [13] 이 곤충의 집은 경탄할 만해요. 해가 잘 드는 곳이면 어디에나 사마귀 집이 있어요. 파브르는 흔히 사마귀 집을 '알주머니'라 부르는 것을 그리 좋아하지 않아요. 새의 둥지를 새알 집이라 하지 않는 것처럼 말이지요. 그래서 파브르는 이를 사마귀 집이라 부르기로 해요. 사마귀 집의 크기는 보통 길이 4센티미터, 너비 2센티미터 정도로 황금색을 띠고 있어요. 불꽃을 대면 비단 냄새가 나지요. 비단과 같은 재료로 만들어졌으니까요. 그러나 실로 뽑아 만들어진 것이 아니라 거품 무더기 모양으로 만들어져 있어요. 훌륭한 단열재로 엉긴 이 거품이 열을 보존해서 추위를 막아 줘요. 인간은 오늘날 이와 같은 기술을 적용해 공기가 든 플라스틱으로 제작한 '스티로폼'이라는 단열재를 만들어 사용하지요. 그러니 열 보존 문제에 있어서라면 사마귀가 인간을 앞섰다고 할 수 있겠네요. 사마귀는 잔가지나 돌에 아무런 보호물도 없이 붙여진 채 겨울의 강추위를 무사히 견뎌 내야 하는 제 알들을 어떻게 거품으로 쌀 생각을 했을까요? 이것은 우연히 생긴 결과일까요? 누가 이 기술을 가르쳐 주었을까요?

파브르가 살았던 프로방스 지방에서는 사마귀 집이 '띠뇨'라는 이름으로 불렸어요. 사람들은 띠뇨가 사마귀 알집이라는 사실은 모른 채 가벼운 통증에 아주 좋은 약으로만 알고 있었어요. 그들은 띠뇨를 둘로 쪼갠 다음 환부에 문질렀어요. 과연 그것을 쓰면 가려운 것이 가라앉았을까요? 파브르와 그의 가족들이 사용해 본 바에 따르면 그렇게 효과가 있진 않았던 것 같아요. 한편 띠뇨는 치통의 진정제로도 사용되었어요. 당시 사람들은 띠뇨를 몸에 지니기만 해도 치통이 치료된다고 믿었다고 해요. 이웃 간에 어금니가 아프면 서로 빌려서 사용하기도 했답니다. 우리나라에서도 옛날부터 여러 민간요법의 약으로 이 띠뇨를 사용했어요.

사마귀가 생태계에 주는 유익

암컷 사마귀는 자신의 높은 생식력을 유지하기 위해 짝짓기 이후 수컷을 잡아먹는 잔인함을 보입니다. 파브르는 이 일이 생태계 전체에 주는 유익을 설명해요. 수컷을 잡아먹음으로써 방대한 영양분을 섭취한 암컷 사마귀는 엄청난 양의 알을 낳아요. 암컷 사마귀가 낳는 평균 알의 수는 400개가량 돼요. 사마귀는 집을 세 채 지으니까 일생 대략 1,000개의 알을 낳는 셈이

7. 잔인한 살생

149

죠. 가장 번식력이 약한 어미들은 300~400개 정도 낳고요. 산란이 끝나자마자 어미는 무관심하게 자리를 뜹니다. 다시 돌아와서 알을 돌보거나 하지 않아요. 그러는 사이 개미들이 1,000개나 되는 사마귀의 알을 먹어 치우는 데 열을 올려요. 그 많은 가족 중에서 살아남는 녀석이 드문드문 있을 정도로요. 이렇게 힘든 과정을 뚫고 태어난 이들이 장차 곤충들을 잡아먹을 사마귀인 거죠. 덤불에서 메뚜기를 위협하는 녀석, 신선한 살을 무섭게 먹는 이 녀석들은 나면서부터 가장 작은 곤충 중의 하나인 개미에게 먹힙니다. 지나치게 번식력이 강한 사마귀가 작은 개미에 의해 가족 수의 제한을 받는 거죠. 회색 도마뱀도 사마귀 새끼들을 좋아해요. 그것이 전부일까요? 모든 약탈자 중에 가장 작은 녀석은 꼬마벌입니다. 이 꼬마벌은 사마귀 집에 알을 낳아 먼저 부화하게 한 뒤 새끼가 사마귀의 고치를 먹어 치우게 하는 만행을 저질러요.

　사마귀는 처음부터 알을 많이 낳았을까요? 아니면 점진적으로 알의 수를 늘렸을까요? 개미와 다른 곤충들에 의해 알이 많이 잡아 먹히자 더 많은 알을 낳게 된 것은 아닐까요? 파브르는 사마귀가 원래 알을 많이 낳았다고 설명해요.

　파브르는 사마귀의 무수한 알을 벚나무에 열리는 엄청난 수의 버찌 열매와 비교해요. 그 열매는 벚나무 자신의 번영을 위해 필요하지만 아주 적은 수만 남아요. 만일 벚나무의 씨가 모두 싹이 터서 자랐다면 지구는 오래전부터 온통 벚나무로 뒤덮여 버렸을 것입니다. 그만큼 엄청나게 많은 버찌가 열리는 것이지요. 그러나 그 열매 중 대다수는 자손의 번영 대신 많은 생물의 식량이 됩니다. 곤충의 알들도 그래요. 번식력이 강한 물고기들의 그 무수한 알은 무슨 역할을 할까요? 여기에 대한 답은 수없이 많은 열매를 가진 밤나무와 혹은 수많은 도토리를 내는 참나무의 역할을 묻는 답과 같을 것입니다. 그것들은 많은 동물의 주린 배를 채워 주기 위해 번성하는 거예요. 엄청난 수의 사마귀 알도 물고기의 알도 모두 다른 생명을 먹여 살리는 데 쓰이고 있어.

유기 물질을 모으는 것의 선두에는 식물이 있어요. 직접적으로나 간접적으로나 식물은 생명을 가진 모든 존재에게 먹을 것을 제공해요. 식물의 세포는 공기와 물과 땅속 양분을 모아 이 음식을 마련합니다. 그리고 식물의 풀이나 그 열매를 먹은 동물들은 더 상급의 다른 동물들에게 자신을 넘겨주죠. 동물이 뜯어 먹는 풀과 열매가 동물의 살이 되고, 동물의 살은 또 다른 동물이나 사람의 살이 됩니다. 풀이 흙에서 영양을 취해 푸르러지면 메뚜기가 그것을 뜯어 먹어요. 메뚜기를 잡아먹은 사마귀는 알을 배고 1,000여 개쯤 되는 알을 낳아요. 그중 대다수는 깨어나자마자 개미의 습격을 받아 잡아먹힙니다. 사건이 거기서 끝나는 건 아니에요. 꿩의 새끼들은 개미를 먹이 삼아 성장해요. 개미잡이 딱따구리도 마찬가지고요. 그렇게 자라난 이 새는 가을이 되면 살이 찝니다. 이 새는 또 다른 동물의 먹이가 되고 마지막으로 우리 인간의 식탁에 올라와요. 이제 사마귀와 메뚜기와 개미의 에너지가 우리의 몸 안에 들어와서 우리의 건강을 지탱합니다. 결과적으로 우리는 그들의 죽음 덕분에 사는 것이라고 볼 수 있어요. 극도로 생식력이 강한 암컷 사마귀가 짝짓기를 한 후 수컷을 잡아먹고, 그 뒤로 부화한 수많은 알이 결국 인간에까지 이르는 생태계를 유지하는 데 기여하는 셈이지요.

사마귀가 낳는 1,000여 개의 알 중 아주 일부는 자기 종의 번성을 위해 쓰이지만, 대부분은 다른 생명들을 위해서 제공됩니다. 사마귀의 산란은 결국 제 꼬리를 무는 뱀처럼 결국 자기에게로 되돌아와요. 돌고 돌아 사마귀의 먹이가 되고 사마귀는 다시 다른 생명의 먹이로 자신을 제공하지요. 거대한 생태계 고리의 일부입니다.

모든 사마귀가 잔인한 습성을 가진 것은 아니다

모든 사마귀 종들이 위와 같은 잔인한 습성을 가졌을까요? 파브르는 전혀 습성이 다른 사마귀들이 있다고 해요. 거지사마귀가 그중 하나입니다. 몸을 좌우로 흔드는 모습이 괴상해서 '새끼 악마'라 불렸다고 해요. 외모나 연장은 큰 사마귀와 비슷합니다. 그런데 잔인한 사냥꾼 같은 모습과는 달리 거지사마귀는 실제로는 온화한 곤충입니다. 사나운 연장을 갖고 있지만 그 연장을 사용하지는 않아요. 잔인한 대식가일 것 같지만 이 사마귀가 먹는 것은 하루에 파리 한 마리에 불과하답니다. 동족 간에 싸우는 일도 없어요. 산란기에 암컷끼리 잡아먹는 야만적인 식사도 하지 않고요. 수컷을 잡아먹는 비극적인 짝짓기도 없어요. 수컷은 생을 다 마치고 자연사해요. 알은 두 다스 정도로 많이 낳지 않습니다. 사마귀인데도 습성이 완전히 다르지요.

보통 사마귀에게는 잔인성이 있고, 거지사마귀에게는 온화한 기질이 있어요. 몸의 조직은 같은데 이토록 극심한 행동의 차이가 나는 이유는 무엇일까요? 식사법에서 온 것일 수도 있어요. 소박한 음식을 먹는 동물들은 대체로 성격이 부드럽기 때문입니다. 보통 사마귀는 폭식가이고 거지사마귀는 파리 한 마리 정도 먹는 검소한 녀석입니다. 또는 산란을 적게 하는 습성이 폭식을 막는 요인일지도 모릅니다. 그런데 더 근본적으로 거의 같은 구조를 가진 사마귀들이 어떻게 이렇게 다를까요? 우리가 말할 수 있는 것은 본능과 습성은 해부학에만 달린 것이 아니고, 그것을 넘어선 다른 무엇에 의해 다양하게 나타난다는 것입니다. 파브르는 어떤 주장에 맞는 사례만 소개하지 않고 이렇게 예외를 같이 소개해서 하나님의 창조가 얼마나 다양한지 보여 줍니다.

전갈의 잔인한 살생

이제 전갈을 살펴볼까요? 앞서 말한 대로 전갈은 독침을 가진 무서운 동물로 잘 알려져 있어요. 성경 여기저기에도 전갈은 그런 이미지로 나타나 있어요. 그중 랑그도크전갈은 과묵하고 습성이 신비로운 절지동물입니다. 해부학적인 몸의 구조 외에 이 동물의 생활을 깊이 파고들어 관찰한 사람은 파브르 때까지는 없었어요. 관찰 자체를 싫어할 정도였으니까요. 그래서 전갈의 본능의 세계는 미지의 영역이었어요. 파브르는 체절을 가진 동물 중에서 그 어느 것도 전갈 이상으로 생활사를 자세히 기록할 만한 가치를 가진 녀석은 없다고 말해요. 전갈은 어느 시대나 사람들의 상상력을 자아내었어요. 그래서 별자리에까지 그 이름이 붙어 있는 거겠죠. 남쪽 하늘의 붉은 꼬리별을 가진 전갈자리를 알고 있나요? 서사시 《사물의 본성에 관하여》의 저자인 고대 로마의 시인 루크레티우스(Lucretius, BC 99~BC 55)는 "두려움은 신을 만들어 낸다"고 했어요.[25] 전갈은 전갈에 대한 사람들의 두려움 때문에 신의 자리에 올랐고, 역서에서는 11월을 상징하는 별자리의 주인공이 되었어요.

파브르는 전갈을 자주 만났지만 같은 돌 밑에 두 마리가 함께 있는 것을 본 적이 한 번도 없다고 기록했어요. 좀 더 정확하게 말하면 두 마리가 함께 있을 때는 한 마리가 딴 놈을 잡아먹고 있을 때뿐이었어요. 이 흉악한 은둔자는 혼례식을 이렇게 마무리 지어요. 검은전갈, 이 기분 나쁜 녀석은 실제 이상으로 사람을 무서워해요. 지나치게 악명 높은 이 불쌍한 동물은 두

---

25 파브르, "랑그도크전갈, 둥지", 《파브르 곤충기》, (이근배·안응렬 옮김, 올재, 9권, 제17장, 2022), 189.

렵다기보다는 불쾌한 동물입니다. 꼬리는 매끈한 제6관절에서 끝납니다. 그곳에는 물같이 보이는 무서운 독액을 담은 표주박이 있어요. 구부러진 갈색의 뾰족한 침이 표주박 끝에 붙어 있고요. 끝 바로 앞에는 확대경으로나 겨우 볼 수 있는 작은 구멍이 있어요. 거기에서 나온 독액이 찔린 상처로 흘러 들어가요. 침은 아주 날카롭고 단단해요. 이 전갈은 심한 근시입니다. 잘 볼 수 없어 더듬거리며 걸어요.

파브르는 관찰만으로 전갈의 습성을 파악하기 어려워 직접 사육해 보았어요. 동물을 사육하려면 수련을 해야 해요. 그 동물을 가까이하다가는 자칫 위험한 경우에 직면할 수 있으니까요. 이 녀석은 얌전한 동물이고 소식가입니다. 11월에서 이듬해 4월까지 6~7개월은 자기 둥지 밖을 나가지 않아요. 먹이를 줘도 건드리지 않고요. 3월 말이 되어서야 비로소 식욕을 보여요. 그리고 이 시기가 되면 조용히 지네를 갉아 먹는 것을 볼 수 있어요. 전갈의 무시무시한 무기를 보면 굉장한 사냥꾼이리라 생각하겠지만 사실은 그와 반대로 아주 시시한 사냥꾼이에요. 보잘것없는 작은 동물을 찔러 죽이거든요. 또 이 녀석은 대단히 겁쟁이랍니다. 어린 사마귀나 양배추나비가 날갯짓만 해도 겁을 먹어요. 전갈은 굶주리지 않을 때는 상대방을 공격하지 않아요. 하지만 4, 5월경 짝짓기 시기가 되면 갑자기 돌변합니다. 검소하게 식사하던 녀석이 갑자기 대식가가 됩니다. 파브르는 이 시기에 울타리 안의 전갈이 자기 동료를 먹고 있는 것을 여러 번 관찰했어요. 전갈이 평상시에 이런 끔찍한 식사를 하는 건 아니에요. 이건 결혼 의식이에요. 즉 짝짓기 시기에만 일어나는 일이지요. 먹히는 놈은 언제나 수컷으로 정해져 있어요. 이 경우를 제외하면 그들은 검소하게 소식을 하는 동물입니다. 전갈은 일 년의 4분의 3 정도는 거의 음식을 먹지 않아요.

전갈은 보통 사냥감인 작은 먹이를 공격할 때는 거의 무기를 사용하지 않아요. 양쪽 집게로 벌레를 붙잡고 그대로 입에 닿을 만한 곳을 누른 채 조용히 갉아 먹어요. 먹히고 있는 먹이가 발버둥 쳐서 식사에 방해가 되면, 그때는 꼬리를 구부려 몇 차례 살짝 찔러서 진정시키고요. 요컨대 침은 먹이를 잡는 데 약간의 보조 역할밖에 하지 않아요. 이 무기가 진정 전갈에게 도움이 되는 순간은 위험에 처했을 때입니다. 하지만 파브르는 이 동물이 어떤 적을 만났을 때 무기를 사용하는지에 대해서는 잘 모르겠다고 말해요. 그 독이 얼마나 센지 알아보려고 파브르는 일부러 싸움을 붙이는 실험을 해봐요. 마치 로마 검투사들처럼 말이지요.

랑그도크전갈과 나르본독거미 사이에 싸움을 붙여 봅니다. 독침을 갖고 있는 두 녀석 중 누가 이겼을까요? 전갈이 승리했어요. 전갈은 조금도 싸우지 않고, 무섭게 경계하는 독거미의 가슴을 찔렀어요. 다만 꼬리를 구부려서 이마 앞에 가져다 놓고 손쉽게 해치운 것이지요. 거미는 이내 다리를 움츠렸어요. 죽고 만 거예요. 파브르는 여섯 마리 정도의 거미를 희생시키면서 이 광경을 목도했어요. 패배한 녀석이 먹혀 버리는 것은 원칙입니다. 거미는 전갈 앞에서 자신의 강력한 방법을 잊은 채 그만 먹혀 버렸어요.

전갈과 사마귀 사이의 결투는 어떨까요? 역시 전갈이 승리했어요. 사마귀도 즉사했지요. 파브르가 보기에 전갈은 깊이 생각하고 공격하는 것 같지 않았어요. 그저 손이 닿는 곳을 닥치는 대로 찌를 뿐이었지요. 이번 싸움에서 전갈은 사마귀의 신경 중추에 가까운 급소를 찔렀어요. 계획하고 찌른 것은 아니었어요. 우연한 일이었지요. 이 녀석은 막시류처럼 해부학에 관한 지식이 없이 그냥 찌른 거였어요.

체절을 가진 동물계 중에 지네는 어떨까요? 전갈에게 지네는 일상의 먹이입니다. 이 먹이들은 방어 수단이 없기 때문에 전갈에게는 위험하지 않은 먹이예요. 지네 중 가장 힘이 센 왕지네는 다리가 스물두 쌍입니다. 전갈이 서너 번 지네의 배를 찔러요. 지네도 독을 품은 이빨을 드러내고 상대를 깨물려고 하지만 마음대로 안 됩니다. 대신 뒷부분의 마디마디를 움직이며 발버둥 치고, 졸라맸다 풀어 보고 해보지만 아무 소용 없어요. 파브르는 자신이 보아 온 수많은 곤충의 전쟁 중에서 이 괴상망측한 두 괴물 사이의 육박전처럼 무서운 것은 없었다고 말해요. 오싹하고 온몸에 소름이 끼쳤다면서요. 그 싸움이 소강상태에 접어들자 지네는 몇 시간 안에 다시 원기를 회복했어요. 그리고 다음 날 다시 육박전이 펼쳐졌지요. 지네는 일곱 번 혹은 그 이상 찔리고서 결국 나흘 만에 죽고 말았어요.

타란툴라는 단 한 번 찔리고 그 자리에서 죽었어요. 몇 주일 동안이나 허우적거리는 불굴의 저항력을 가진 녀석들도 있었어요. 왜 이런 차이가 날까요? 파브르는 전갈의 독에 더 큰 호기심이 생겼어요.

전갈의 독

파브르는 전갈이 잔꽃무지의 애벌레를 찌르도록 유도해요. 원래 전갈은 이 애벌레를 공격하지 않는데 일부러 찌르게 한 것이지요. 그러자 애벌레의 상체에서 피가 흘렀어요. 파브르는 애벌레가 경련을 일으키고 곧 죽을 것이라 예상했어요. 그런데 어찌 된 일인지 애벌레는 몸을 쭉 펴고 평소대로 걷기 시작했어요. 독침의 상처 따위는 없다는 듯 보통 때보다 느리지도 빠르지도 않게 태연히 등으로 걷고 있었어요. 두 시간 후에 다시 조사했더니 실험 전과 같이 원기가 있었어요. 그 이튿날도 건강했고요. 이 벌레에게 주입된 독 기운은 어디로 갔을까요? 아마 성충이었다면 금세 죽었을 것입니다. 그런데 애벌레에게는 아무런 효과가 없었어요. 피가 흘러나왔으니 상처가 깊었을 것입니다. 파브르는 다시 전갈에게 애벌레를 찌르게 해요. 결과는 첫 번째와 똑같았어요. 독침에 찔린 기색이 하나도 없었지요. 딴 애벌레들도 실험해 보았어요. 열두 마리를 실험했는데 모두가 똑같이 건강했어요. 이튿날, 그리고 그다음 날도 조사해 보았지만, 독 때문에 위험한 상태에 빠진 녀석은 없었어요. 이듬해 6월에는 잔악하게 침에 찔린 열두 마리의 애벌레가 모

158

두 정상적으로 고치를 만들고 탈바꿈도 했어요.

애벌레들이 평소에 독에 조금씩 익숙해져 면역이 생겼을 까요? 적어도 이 애벌레들은 아니었어요. 전갈과 애벌레가 서로 만날 일이 없기 때문이지요. 따라서 애벌레가 전갈의 독에 익숙해질 길이 없었죠. 면역을 위한 사전의 준비가 되어 있지 않음에도 불구하고 이 애벌레는 독에 대해 면역을 갖고 있었어요. 이 벌레에게는 날 때부터 뱀을 먹고 사는 고슴도치 같은 동물들처럼 독에 대한 저항력이 있어요. 고슴도치가 독사를 잡아 먹고, 벌잡이새가 살아 있는 말벌을 아무런 탈 없이 먹어 치우는 것처럼요. 따끔따끔 찌르는 송충이의 털 울타리를 조금도 가려워하지 않는 뻐꾸기처럼요.

잔꽃무지가 평생 단 한 번도 맞닥뜨릴 것 같지 않은 전갈의 독으로부터, 자신의 몸을 보호해야 할 필요가 있었을까요? 어쩌면 전갈의 독침에 대한 저항력은 애벌레가 가지고 있는 일반적인 성질이 아닐까요? 그 말이 맞다면 어떤 애벌레든 비슷한 저항력을 갖고 있어야 하겠죠. 파브르에게 실험 대상은 얼마든지 있었어요. 구주장수풍뎅이 애벌레는 전갈의 독침이 찔려도 잘 움직이면서 일을 하고 8개월 후에는 탈바꿈에 필요한 집을 지었어요. 성충이 전갈에 찔리면 길어야 사나흘 후 죽는데 말이지요. 그러나 애벌레는 찔리고 난 뒤에 식욕도 원기도 전혀 변화를 보이지 않았어요. 꼬마하늘소 애벌레도 역시 전갈의 독에 찔리고도 별 탈 없이 애벌레로 살아갔어요. 성충은 즉사했는데 말이에요. 헤로스떡갈비하늘소, 보통 풍뎅이도 동일했어요. 왕사슴벌레 애벌레도 마찬가지였고요. 잔꽃무지, 왕풍뎅이, 하늘소, 왕사슴벌레 등의 애벌레들은 채식을 해요. 그렇다면 먹은 음식의 성질 때문에 면역성을 몸에 지니게 된 것은 아닐까요? 혹시 비축해 놓은 지방층이 침의 독을 중화시켰을까요? 이에 파브르는 육식 곤충의 애벌레들을 대상으로 실험을 시도했어요.

먼지벌레는 달팽이를 먹어요. 성충은 전갈의 독이 들어간 후 20분 뒤에 죽는데, 애벌레는 어떨까요? 전갈에게 찔려도 땅속에서 탈바꿈하고 성충이 되어 땅 위에 나타났어요. 먹는 음식도, 여윈 정도도, 면역과는 아무 상관이 없었어요. 곤충의 계열도 면역의 원인이 되지 않아요. 초시류의 뒤를 이어 모기류도 입증했어요. 깨다시꿀벌나방의 성충은 전갈의 독에 찔리자 죽었어요. 하지만 애벌레는 찔리고도 살아남아 번데기가 되고 나방이 되었어요. 누에도 찔린 후 뽕잎을 그대로 먹고 2주 후 고치를 짰어요. 버들박각시도 마찬가지였고요.

쌍시류와 막시류는 나비나 겉날개가 있는 곤충과 마찬가지로 탈바꿈에 의해서 몸 전체를 다 바꿉니다. 직시류인 메뚜깃과의 거인메뚜기, 큰잿빛메뚜기, 흰이마메뚜기, 땅강아지, 사마귀 등은 이런 탈바꿈을 하지 않아요. 이들의 외모는 애벌레와 성충이 별반 다르지 않아요. 이런 애벌레도 전갈의 독에 잘 저항할까요? 그렇지 않았어요. 다 죽었지요. 성충이든 애벌레든 나이가 들었든 들지 않았든 모두 죽었어요. 전갈의 독에 대한 저항력은 두 부류로 나눌 수 있어요. 탈바꿈을 하여 애벌레와 성충이 서로 다른 곤충의 애벌레는 저항력을 가지고 있으나, 탈바꿈을 하지 않고 애벌레와 성충의 모양이 같으며 날개만 나는 정도의 변화를 하는 곤충의 애벌레는 다 죽습니다.

파브르는 전갈 독으로 탈바꿈하는 곤충과 아닌 곤충을 구분할 수 있다고 제안해요. 세심한 보호를 받아야 할 어린 애벌레 시절에는 면역성이 강했어요. 그 애벌레 시절과 크게 다르지 않은 모습으로 성충이 되는 곤충은 여전히 어릴 적 그 면역성을 가지지만, 어린 시절과 완전히 다른 모습으로 자라는 곤충에게서는 면역성이 없어졌어요. 이것은 어미의 보살핌을 받을 수 없는 어린 곤충에 대한 하나님의 세심한 배려가 아닐까요? 오늘날 곤충에 따른 이런 탈바꿈 과정의 차이를 알아낸 일은 파브르의 가장 큰 업적 중 하나로 평가받고 있어요.[26]

동족상잔

금색딱정벌레는 정원사라 불려요. 나비나 모기의 애벌레 등 정원의 식물을 먹는 애벌레를 잡아먹는 곤충입니다. 자기 손아귀에 들어오면 무엇이나 먹어 치우는 녀석이지요. 그런데 이번에는 이 곤충이 잡아먹힐 차례가 됩니다. 누구에게 먹힐까요? 바

26 Georges Pasteur, "Jean Henri Fabre", *Scientific American* 271 (1994), 74-80.

로 자기 동족에게요. 자기 동료 외에 두꺼비도 이 딱정벌레를 좋아해요. 송충이나 다른 식물의 애벌레를 감시하는 금색딱정 벌레에게는 같은 동족끼리 서로 잡아먹는 나쁜 습관이 있어요. 먹을 것이 없어서가 아닙니다. 서로 공격하여 부상이라도 당하면 거동이 불편하게 된 동족을 먹어 버려요. 곤충들 사이에는 불쌍히 여기는 감정이 없는 것일까요? 이렇게 육식성 곤충들 사이에서는 사태가 비극적으로 끝나는 경우가 많아요. 특히 금색딱정벌레는 6월쯤 더위가 심해지면 서로 살해해서 잡아먹어요. 대상은 거의 다 수컷입니다. 그러니 잡아먹는 녀석은 틀림없이 암컷이겠지요? 난소를 성숙시키는 데 수컷이 더 이상 필요 없어지면 짝짓기한 상대를 먹어 버려요. 이런 식으로 수컷을 먹어 버리다니 딱정벌레의 세계는 왜 이렇게 잔인한 걸까요? 암컷이 수컷을 먹는 것은 사마귀나 전갈에게만 해당되는 일이 아니에요. 사랑하는 대상을 먹이로 삼는 이런 무서운 행위는 귀뚜라미류에서도 볼 수 있어요. 그리고 암컷 흰이마메뚜기도 죽은 수컷의 넓적다리 살을 즐겨 먹어요. 푸른여치도 같은 행위를 하죠.

물론 이 행동에 대해 그냥 먹이를 먹을 뿐이라고 말할 수 있어요. 메뚜기도 여치도 모두 육식을 하는 곤충이니까요. 암컷은 죽은 녀석이 같은 종이라 할지라도, 또 그것이 비록 어제의 연인일지라도 먹어 치워요. 먹이라는 점에서는 마찬가지니까요. 그러나 채식 곤충이라면 어떻게 말하면 좋을까요? 산란할 때가 가까워지면 채식을 하는 여치붙이는 아직 원기가 왕성해서 자기 상대의 배를 물어 구멍을 뚫고 양껏 먹어요. 유순하고 뚱뚱한 암컷 귀뚜라미도 갑자기 성질이 사나워져서 수컷의 살을 먹어요. 이런 잔인한 습성은 어떤 이유에서 비롯된 것일까요? 파브르는 인류 최초의 살인자 가인을 언급해요. 동생을 살해한 그는 이제 다른 사람이 자기를 죽일까 봐 두려워 떨며 하나님께 호소하죠(창 4:13-14). 그의 후손들도 이 살인 성향과 두려움을 이어받아 살인을 위한 각종 기구들과 기술들을 개발하지요. 사람이 사람을 두려워하게 된 거예요. 그렇다면 동물들은 같은 종을 단순한 먹이로 먹는 게 아니라 인간의 잔인함을 따라서 먹는 것이 아닐까요? 이것이 파브르가 던진 질문입니다.

사마귀나 전갈이 비록 잔인하기는 하지만 특이한 동작이나 재빠른 사냥 동작으로 유명한 동물들입니다. 전갈은 별자리로도 유명하지요. 파브르는 오직 산 동물들만 잡아먹는 사마귀와 전갈이 어떻게 자신의 먹이를 사냥하는지 상세히 관찰한 기록을 남겼어요. 파브르의 기록을 보면 이들의 살생은 무척 잔인해요. 산란기에 암컷끼리 서로 잡아먹거나 짝짓기를 한(혹은 하는) 수컷을 잡아먹는 일은 살생의 극치입니다. 가인의 후손 라멕이 소년들(자식들)을 죽이고 노래까지 지어 부른 잔인한 장면이 떠올라요(창 4:23-24). 인간이 인간을 미워하자 인간과 자연, 그리고 자연과 자연의 관계가 깨지게 됩니다. 생명 전체가 서로를 미워하고 죽이는 잔인한 살인자가 된 것입니다. 이런 일들을 단순히 먹이를 먹기 위한 것이라고만 보기는 어려워요. 사마귀와 전갈이 그 예를 보여 주는 것 같아요. 사랑의 삼위 하나님이 만든 작품 속에 이렇게 잔인한 살생이 있다는 것도 현재의 생명의 특징일 것입니다.

그러나 그 잔인함 이면에 여전히 아름다운 창조의 흔적이 남아 있는 것도 사실이에요. 번성하라는 하나님의 명령도 여전히 수행되고 있음도 보게 됩니다. 이 곤충들도 힘겹게 그 명령을 수행하고 있어요. 그 잔인함 속에 번성을 위한 자기희생이 들어 있는 것이지요. 아마 말 없는 이 미물들조차도 우리가 알 수 없는 방식으로 이 잔인한 삶에 대해 한탄하고 있을지도 모릅니다. 이 한탄을 어떻게 풀어 줄 수 있을까요? 누가 해결할 수 있을까요? 이사야서 11장은 그 해답과 함께 다시 회복될 세상의 모습을 아름답게 그리고 있어요.

8. 암수의 역할

생명은 왜 암수로 나뉘어 있는가

☞ 생명체는 대부분 암수로 나뉘어 있습니다. 왜 성(性)이
암수로 나뉘어 있을까요? 하나님이 생명체를 암수로,
인간을 남자와 여자로 창조하신 이유가 무엇일까요? 현대
과학은 이렇게 말합니다. 암수로 나뉘어 있는 것은 후손의
유전자를 다양하게 해서 생존에 더 유리하게 하려는
목적 때문이라고요. 후손이 한 생명으로부터만 유전자를
물려받으면 유전자가 다 동일해서 바이러스와 같은 외부의
공격을 받으면 일시에 다 멸종할 수 있다는 것이지요. 반면
서로 다른 두 암수로부터 유전자를 반씩 물려받아 세대가
이어지면 다양한 유전자 조합이 이루어져 생존에 훨씬 더
유리해집니다. 암수로 나뉜 성의 역할이 바로 이것이지요.
그러나 생명이 암수의 성으로 나누어져 있는 이유가
이것뿐일까요? 하나님이 암수 혹은 남녀로 생명을 만들고
좋아하신 이유가 무엇일까요? 암수 성의 현실은 어떤가요?

일반적으로 동물의 세계는 암컷의 역할이 훨씬 더 큽니다. 암컷이 후손을 남길 뿐 아니라 가족을 돌보는 책임도 지니까요. 물론 새와 일부 동물들의 경우처럼 예외가 있기도 해요. 곤충과 같은 작은 동물의 세계로 내려가면 그 정도가 더 심해져요. 수컷의 역할은 더 제한적이거든요. 그래서 짝짓기 외에 수컷의 역할은 거의 없는 것처럼 생각되기도 해요. 그래서 보통 수컷의 존재 목적을 짝짓기에만 국한시켜서 보는 경우가 많아요. 대부분 그런 시각으로 수컷을 보죠. 그래서 수컷의 모습이나 행동도 다 이 일과 연관하여 해석하려고 하죠. 수컷이 화려한 색 옷을 입고, 뿔과 같은 멋있는 외모를 가지고 있는 것도, 또 노래를 부르는 것도 모두 암컷의 관심을 끌기 위한 것으로만 해석해요. 그러나 파브르는 동물 세계에서 수컷의 존재 목적은 짝짓기에만 있는 것이 아니라고 보았어요. 짝짓기만이 아닌, 삶 자체를 찬미하기 위해 노래를 하고, 창조 세계의 아름다움을 나타내기 위해 자신을 멋있게 장식한다는 것이지요. 파브르의 이런 생각은 곤충들을 만드시고 좋아하신 하나님에 대한 그의 신앙에서 비롯된 것입니다.

파브르는 일부지만 수컷 곤충이 자식을 키우고 가족을 돌보는 일에 협력하는 사례들을 찾아 소개해요. 그런 보기 드문 일들은 소위 수컷 곤충의 부성(父性)의 본능에서 우러난 행동들이에요. 물론 부성애, 즉 아비의 사랑이라고는 해도 인간의 시각으로 보면 안 됩니다. 본능에서 나온 습성이니까요. 파브르는 곤충의 세계에서의 암수의 역할을 소개해요. 암수의 성의 역할을 말하면서 인간 사회의 남성들을 비판하지요. 남성으로서 바른 역할을 하지 않는 것은 동물과 같거나 동물보다 못하다고요. 우리 시대에 와서 이 성(性)의 문제는 아주 민감해졌어요. 주제도 무척 다양해졌고요. 오늘날 교회도 이 주제를 다루는 일에 어려움을 겪고 있어요. 어떻게 하면 성의 문제에서 창조의 아름다운 목적을 잘 이룰 수 있을까요?

암수의 성

곤충의 세계에서는 성(性)에 따라 먹는 먹이의 양이 다릅니다. 노래기벌은 꿀벌을 먹이 삼아 살아갑니다. 파브르는 노래기벌의 땅속 둥지 속 각 방에 먹이로 잡아 놓은 꿀벌의 수가 다 다른 것을 관찰합니다. 136개의 방을 조사해서 얻은 결론입니다. 그리고 사마귀사냥 구멍벌의 둥지 25개도 조사했더니 마찬가지였어요. 이 벌들은 암컷이 수컷보다 크고 또 하는 일도 많아요. 먹이의 양이 유충의 암수 성과 관계가 있었어요. 암컷 알의 방에 먹이가 더 많았어요. 물론 파브르는 부화 후에 암수를 확인했지요. 풍부한 식량과 넓은 방은 암컷의 몫이었어요. 노래기벌은 암컷의 몸집이 수컷보다 2~3배 더 커요. 그리고 암컷이 중노동을 하기 때문에 수컷보다 먹이를 2~3배 더 먹지요. 그래서 노래기벌은 이미 알에서 부화하는 애벌레 때부터 암컷 애벌레에게 수컷 애벌레보다 2~3배 더 많은 꿀벌 먹이를 배당해요.

그런데 신기하게도 각 방에 넣는 먹이의 양은 산란 전에 결정됩니다. 이 벌들의 어미는 산란 전에 알의 성별을 어떻게 알까요? 혹시 어미가 알의 성별을 결정하는 것일까요?

진흙꽃벌의 경우 잘 정리되고 안전한 중앙 부분의 방들에는 암컷 알을, 그리고 비바람과 잦은 사고에 노출되는 바깥쪽 방들에는 수컷 알을 낳아요. 어미 진흙꽃벌은 자신이 마음먹은 대로 알의 성을 결정해요. 방의 크기와 위치에 따라 암수 성별을 구분해 알을 낳지요. 이처럼 어미 벌은 알의 성을 자신이 마음먹은 대로 정할 수 있습니다.

이렇게 살아 있는 먹이를 사냥하는 벌들은 암수의 크기가 다르고, 그 때문에 한 성별이 음식을 더 많이 필요로 하는 종이라 할 수 있어요. 이들의 알이 어미의 뱃속에 있을 때는 암수가 결정되어 있지 않아요. 알이 암수의 성을 받는 것은 산란할 때 혹은 그 직전입니다. 어미는 새끼가 암컷인가 수컷인가에 따라서 하나하나 적당한 넓이의 방과 음식물을 받도록 알의 성을 자유로이 결정해요. 어미 벌은 그 집 구조에 맞추어 암컷 알이나 수컷 알을 원하는 대로 낳아요. 암수의 비율은 어미가 마음먹은 대로 결정하고요.

어떻게 어미가 암수의 성을 마음대로 정할까요? 파브르는 이 점에 대해서는 명확히 알지 못했어요. 하지만 언젠가 그것을 알 날이 올 것이기에 기다리겠다고 말하지요. 당시는 아직 유전학이 발달하지 않았기에 파브르로서는 알 길이 없었어요. 그런데 이 벌들의 산란 연구를 마칠 무렵 파브르는 폴란드 꿀

168

벌 양봉가 지에르존(Jan Dzierzon, 1811~1906)의 이론을 알게 됩니다. 난소에서 나오는 알 자체는 수컷이고, 그 알이 수정하면 암컷이 된다는 것입니다. 수컷은 수정하지 않은 알에서 태어나고 암컷은 수정한 데서 나온다는 것이지요. 여왕벌은 이렇게 해서 암수를 마음대로 정하여 알을 낳아요. 이 이론을 듣고 나서 파브르는 다른 벌들도 그런지 관찰을 합니다. 확대경으로 왜코벌, 흰줄꼬마꽃벌, 어리호박벌, 띠호박벌, 애꽃벌 등 여러 종류의 벌들에게서 아주 작은 정액 저장소를 찾아내요. 현미경으로 정자(정충)를 확인한 파브르는 이 이론이 맞다고 인정합니다. 짝짓기할 때 암컷은 수컷의 정액을 받아 저장소에 보관합니다. 어미는 이제 난자와 정자를 모두 지니고 있다가 산란할 때 알의 암수를 결정하는 것이지요. 파브르는 이 과정을 아주 단순하고 명료하며 매혹적이라고 기록합니다.

그러나 파브르는 이 이론으로 다른 모든 동물의 암수의 성을 설명하기는 어렵다고 말합니다. 이 이론은 성의 일반 법칙으로 볼 수가 없다는 거죠. 오히려 생물 전체를 보면 수컷이든 암컷이든 수정란에서 임의로 정해져 태어나는 것이 일반적이라는 것이지요. 모든 생물은 암수를 통해 후손이 태어나고 그 후손은 임의로 암수의 성을 부여받는 것이 일반적 법칙이라는 겁니다. 암수를 가지고 있다는 점에서 모든 생물은 하나입니다. 보잘것없는 이끼의 작은 포자가 움트는 데도 정자가 필요해요. 사람의 경우도 부모의 성염색체들의 조합에 의해 자식의 성이 결정됩니다. 아버지와 어머니로부터 성염색체를 하나씩 물려받아 XX 조합을 가지면 여자, XY 조합을 가지면 남자가 됩니다. 암수 혹은 남녀의 성은 신비입니다. 성의 문제는 오늘날도 여전히 밝혀지지 않은 것이 많아요. 그래서 여전히 많은 연구가 진행 중이랍니다.

암수 협력의 드문 사례, 집 짓기

암컷과 수컷의 역할은 무엇일까요? 종족 보존을 위해서만 암수가 구분되어 있는 것일까요? 짝짓기 외에 다른 목적은 없을까요? 얼핏 보면 곤충의 세계는 그렇게 보여요. 그러나 꼭 그렇게만 말할 수 없는 곤충들이 있어요. 파브르는 그런 곤충들의 예를 찾아 소개하고 있어요.

금풍뎅이는 집 짓기에 탁월한 곤충입니다. 혹독한 겨울의 추위에도 아무 문제가 없는 집을 지어요. 구멍 속 집은 완전해요. 또 아주 빠르게 집을 건축해요. 파브르는 금풍뎅이 집을 1미터까지 파 보았어요. 그보다 더 깊이 파는 녀석들도 있었어요. 그야말로 땅 파기의 고수입니다.

그런데 파브르는 이 굴 파는 곤충을 관찰하는 중에 다른 곤충들에게서는 볼 수 없는 아주 예외적인 사실 하나를 발견해요. 어느 땅굴이나 항상 암수 한 쌍이 있다는 거였어요. 암컷과 수컷이 협력하여 함께 집을 짓는다는 거예요. 물론 암수가 맡은 일은 각각 달라요. 암컷이 알을 낳을 때 수컷은 조심스럽게 물러나요. 알을 낳은 후 독방들을 막기 위한 재료를 준비하면서 기다리지요. 그리고 준비한 회반죽 재료를 암컷에게 건네줍니다. 굴이나 벽이나 먹이를 단단히 다지는 것은 수컷의 일입니다. 힘쓰는 일은 수컷이 맡아서 해요. 금풍뎅이 암수 한 쌍은 평화로운 부부를 연상시킵니다. 일반적으로 곤충의 세계에서 수컷은 짝짓기만 끝나면 쓸모없는 무능력자로 전락해 버려요. 때로는 끔찍하게 잡아먹히기까지 하죠. 그런데 금풍뎅이의 암컷에게는 수컷이 충실한 동반자예요. 암수가 잠시의 만남에서 끝나지 않고 오랜 기간 돕는 관계를 유지합니다. 똥을 먹고 사는 하찮은 곤충이 이렇게 부부간에 협력하며 살아간다니 놀랍지 않습니까.

물론 다른 동물 세계에도 암수의 협력은 있습니다. 개울에 사는 큰 가시고기는 수컷이 녹조류와 수초를 가지고 집을 지으면 암컷이 거기 와서 알을 낳아요. 그러고 나면 또 수컷이 알들을 지킵니다. 부부 생활을 하는 대표적인 동물은 새입니다. 어미와 마찬가지로 아비도 둥지를 트는 일과 먹이를 찾아다니는 일을 합니다. 먹이를 나누어 주는 일도 같이하고요. 어린 새끼들의 첫 날갯짓 시도를 감독하는 일도 함께해요. 암수 관계만 본다면 포유류는 새보다 못하거나 비슷하다고 볼 수 있어요. 우리 인간은 어떨까요? 파브르는 사람이 고귀함을 유지하는 자격 중 하나가 '가족'이라 해요. 가족에 대한 협력과 보살핌을 행해야 인간답다고 본 것이지요. 그런데 부끄럽게도 가정을 돌보지 않아 포유류와 새보다 못한 사람들이 있다고 한탄해요.

파브르는 금풍뎅이의 암수 관계가 새와 거의 맞먹을 정도라고 보았어요. 금풍뎅이에게 집 짓기는 암수 한 쌍의 공동 과업입니다. 수컷은 기초를 쌓아서 다지고 눌러 으깨고, 암컷이 새 짚을 구해다가 수컷 다리 아래 내려놓으면 수컷은 그것을 힘으로 짓이깁니다. 그렇게 암수 한 쌍의 노력이 합해져 집이 지어집니다. 그다음 암수의 협력은 먹이 만들기입니다. 암수 두 마리의 협력으로 풍성한 먹이가 만들어지지요. 암컷과 수컷 한 쌍은 자신들의 의무를 훌륭히 해냅니다. 그들은 자기들 새끼인 애벌레에게 가장 풍성한 식품 저장고를 만들어 넘겨주지요.

일생 함께하는 곤충 암수 한 쌍, 후손의 생존을 위해 힘과 재주를 합치는 암수 한 쌍, 이것은 확실히 동물 세계에서 볼 수 있는 가장 아름다운 모습 중 하나일 것입니다. 그런데 이 훌륭한 습성이 왜 소수 곤충에게만 있을까요? 만일 소똥구리와 뿔풍뎅이들도 암컷이 혼자서 일하는 대신 수컷 협력자의 도움을 받는다면 시간과 수고를 크게 줄일 수 있을 텐데 말이에요. 암수 곤충이 협력하면 일이 더 빨리 진행되고, 종의 번성에도 큰 도움이 될 텐데 왜 그러지 않을까요? 반대로 왜 금풍뎅이에게는 이런 부부의 협력이라는 본능이 있는 걸까요? 파브르는 계속 의문을 제기해요. 대다수의 곤충은 암수가 전혀 서로 협력하지 않고 살아가니까요.

금풍뎅이는 어떻게 집을 짓고 식량 창고를 채우는 일을 위해 암수가 서로 협력할 생각을 했을까요? 파브르는 수컷 곤충에게 부성애는 아주 드물게 나타나는 일이어서 그 원인을 꼭 찾고 싶어 했어요. 암컷보다 더 큰 수컷의 몸집과 그의 근면성 사이에 어떤 관련이 있지 않을까요? 암컷보다 더 힘이 세고 튼튼한 체력을 가지고 태어났으니 예외적으로 그런 것은 아닐까요? 넘치는 체력에서 일에 대한 사랑이 비롯된 것은 아닐까요? 파브르는 그렇게 생각하지 않았어요. 금풍뎅이의 암수는 몸의 크기가 별로 다르지 않기 때문이에요. 오히려 어미가 더 크기까지 해요. 그런데도 수컷은 암컷의 일을 도와줍니다. 꿀벌과의 곤충인 왜가위벌붙이의 경우는 수컷이 암컷보다 몸집이 훨씬 큰데도 완전히 빈둥거리기만 합니다. 힘이 세고 팔다리가 튼튼한 수컷은 아무 일도 하지 않아요. 크기가 작은 암컷은 많은 일을 하느라 늘 기진맥진해 있는데 반해 튼튼한 수컷은 꽃 위에서 즐기기만 합니다. 체력과 근면성은 관련이 없어요.

금풍뎅이 수컷은 육체적인 우위로 인해서 근면하고 헌신적인 가장이 된 것이 아닙니다. 그러면 그 원인은 무엇일까요? 파브르는 그에 대해서는 모른다고 시인해요. 습성의 기원은 우리가 알 수 없다고 인정하지요. 이 곤충에게는 왜 이런 타고난 재능이 있고, 다른 곤충에게는 왜 다른 타고난 재능이 있을까요? 그것을 누가 알 수 있을까요? 언젠가는 그것을 알게 될까요? 과학이 발달한 오늘날은 이에 대해 답할 수 있을까요? 파브르는 곤충의 본능은 너무나 다양해서 하나의 이론으로는 도저히 알 길이 없다고 말해요. "이와 같이 생명의 큰 바다에 본능의 봉우리들이 솟아오른다."[27]

암수 협력의 드문 사례, 가족 부양

수컷의 가족 부양의 의무는 대부분 고등 동물에게만 나타나요. 새와 포유류들이 대표적이죠. 그 외의 동물의 세계에서 수컷은 일반적으로 가족에 대하여 무관심합니다. 많은 곤충은 짝짓기가 끝나면 즉시 부부 관계를 끊고 자기의 새끼는 아랑곳하지 않은 채 떠나 버려요. 알을 낳는 시기에 수컷은 오히려 귀찮은 존재입니다. 흰나비는 배춧잎 여기저기에 알을 낳기만 하면 되는데, 수컷이 무슨 필요가 있겠어요? 대부분의 어미 곤충은 새끼들이 부화하자마자 알맞은 먹이를 새끼들이 직접 발견할 수 있는 장소에 알을 낳기만 하면 되거든요. 대체로 암컷들도 알을 낳고 나서는 새끼에게는 무관심해요. 그러니 짝짓기를 한 다음에 수컷이 무슨 필요가 있겠어요? 수컷들은 할 일이 없이 빈둥거리다 며칠 뒤에 죽고 말아요.

곤충들 중에 가장 재능이 있다는 막시류의 수컷들은 일이라는 것을 몰라요. 벌들이 주로 이 막시류에 속하지요. 이런 본능은 우리의 예상에서 벗어나요. 새끼들에게 집과 먹을 것을

----

27   파브르, "금풍뎅이, 집 짓기", 《파브르 곤충기》, (이근배·안응렬 옮김, 올재,
      5권, 제11장, 2022), 176.

마련해 주는 가족 부양은 엄청나게 고된 일이에요. 지하 저장실, 항아리, 가죽 부대를 만들어 어린 애벌레들이 먹을 꿀이나 양식을 사냥하는 이 엄청난 일, 온 생애를 바치는 이 수고를 대부분 암컷 혼자서 감당해요. 암컷은 일이 힘에 부쳐 기진맥진하지요. 그런데도 수컷은 작업장 근처에서 태양에 취한 채 암컷이 하는 것을 바라보고만 있어요. 수컷은 왜 암컷을 돕지 않을까요? 파브르는 수컷이 아무것도 하지 않는 이유는 무능하기 때문이라고 봤어요.

파브르는 금풍뎅이 외에 암컷과 협력하는 몇몇 다른 수컷 곤충들을 발견했어요. 그런데 이들 역시 짐승의 배설물(똥)을 먹고 사는 곤충들이었어요. 짐승의 똥을 다루는 하찮은 곤충들의 수컷이 이처럼 고귀한 가족 부양의 의무를 감당하고 있다는 사실이 놀랍지 않나요?

꼬마소똥구리는 소똥구리 중에서 가장 작고 가장 열성적인 곤충입니다. 곤충학을 창시한 사람 중 한 명인 프랑스 박물학자 라트레유(Pierre André Latreille, 1762~1833)는 꼬마소똥구리에게 시시포스(Sisyphos)라는 이름을 붙였어요. 그리스 신화 속 인물인 시시포스는 엄청나게 큰 바위를 산꼭대기로 올리다가 바위가 언덕 아래로 굴러떨어지면 다시 올려야 하는 영원한 형벌을 받은 인물이에요. 언덕 위로 똥 구슬(경단)을 굴리다가 곤두박질치고 굴러떨어져도 고집스럽게 돌아오고 또 돌아오는 꼬마소똥구리의 모습이 그를 닮았다 해서 그렇게 부른 것이죠. 파브르가 이 꼬마소똥구리를 관찰할 때 당시 일곱 살 먹은 파브르의 아들 폴이 많은 도움을 주었어요. 폴은 이 소똥구리를 유난히 좋아했다고 해요. 버찌 씨앗만큼 아주 작은 이 곤충은 5월 초에 짝짓기를 해요. 꼬마소똥구리 암수 두 마리는 새끼들을 위한 먹이인 똥 경단을 반죽하여 만들고 나르고 하는 일을 모두 함께해요. 둘이서 협력해서 똥 덩어리를 조각내어 잘라내고 다루고 탁탁 두드리고 압축해서 굵은 완두콩 크기의 둥그런 덩어리를 만드는 거죠.

그들은 먹이를 오랫동안 보존하기에 가장 알맞은 구의 형태로 만들어요. 구는 기하학적으로 표면적이 가장 작아 오랫동안 신선하게 보존할 수 있는 형태예요. 파브르는 소똥구리를 기하학자라 칭찬하고 있어요. 둥근 경단을 만든 이 암수 한 쌍은 일정한 목적지도 없이 길을 떠나서 땅을 오르내리며 나아가요. 커다란 다른 소똥구리들은 자신의 먹을 것을 나르지만, 이 꼬마소똥구리는 자기 새끼 애벌레가 먹을 것을 날라요. 오르막이나 내리막을 피할 수는 없어요. 그러니 가다가 굴러 떨어지고 또 떨어져요. 그런데 별걱정을 하지 않아요. 일부러 그러는 것 같기도 해요. 그렇게 하면 둥근 똥 경단을 더 단단하게 만들 수 있으니까요. 이렇게 둘이서 몇 시간에 걸쳐 열심히 똥 경단을 끌고 다니다가 마침내 경단이 어느 정도 알맞게 단단해졌다고 판단하면 암컷이 그 일을 멈춰요. 그러면 수컷은 그 구슬 위에 웅크리고 앉아 지키고요. 암컷이 없는 시간이 길어지면 수컷은 드러누워서 뒷다리를 공중에 쳐들고 똥 구슬을 빨리 돌리며 무료함을 달랜답니다. 말하자면 소중한 똥 덩어리를 가지고 곡예를 하는 것이지요. 마치 가장으로서의 책임을 수행한 만족감을 표시하는 듯이 말이에요. "이렇게 동그랗고 부드러운 빵을 반죽한 것은 나다. 나란 말이다. 내 자식들을 위해서 이 빵을 구운 것은 나란 말이야."[28]

그동안 암컷은 알을 낳을 땅굴을 팔 장소를 정해요. 그러면 수컷은 똥 경단을 그곳 가까운 데로 굴려 옵니다. 수컷은 암컷이 땅을 파고 있는 동안 주의를 게을리하지 않고 이 경단을 지킵니다. 이 작은 경단을 노리는 도둑과 강도가 많기 때문이에요. 똥풍뎅이와 각다귀가 이 경단을 빼앗으려고 계속 노리고 있거든요. 그러니 수컷이 새끼의 먹이를 지키고 경계하는 것은 아주 중요한 일이에요. 땅굴을 다 파면 암컷은 밑에서 끌어안아 잡아당기고, 수컷은 위에서 조심스럽게 잡아당기며 떨어지는 속도를 조절해요. 충격을 완화하고 부서지는 것을 방지하려는 거예요. 그러는 사이 똥 경단은 암수 한 쌍과 함께 서서히 땅속으로 사라집니다. 한나절쯤 지나면 수컷 혼자서 땅 위로 다시 나타나 땅굴 근처의 모래에 엎드립니다. 그 사이 암컷이 알을 낳아요. 이 일에는 수컷이 아무 도움도 되지 않기에 이렇게 밖에서 기다리는 거예요. 암컷이 보통 다음 날에 나옵니다. 그러면 수컷은 암컷에게로 가고 둘은 다시 먹을 것이 쌓여 있는 곳으로 가서 함께 배를 채워요. 그러고는 거기서 두 번째 똥 조

28 파브르, "꼬마소똥구리(긴다리소똥구리), 아비로서의 본능", 《파브르 곤충기》, (이근배·안응렬 옮김, 올재, 6권, 제1장, 2022), 321.

각을 떼어 내지요. 이번에도 똑같이 서로 협력해서요. 이 부부의 성실함이 놀랍지 않나요?

파브르는 꼬마소똥구리들이 57개의 똥 경단을 만드는 것을 관찰했어요. 혹시 자신이 잘못 관찰했을까 해서요. 그리고 암수 한 쌍이 평균 아홉 마리 새끼를 낳는 것도 관찰했어요. 다른 일반 소똥구리보다 훨씬 더 많은 숫자예요. 파브르는 꼬마소똥구리가 이렇게 번성할 수 있는 것은 수컷이 암컷과 똑같이 일하기 때문이라고 해석합니다. 암컷 혼자 가족을 부양하기에는 힘에 부치지만 암수 둘이 함께 짊어지면 그리 무겁지 않다는 것이겠지요. 다른 소똥구리나 풍뎅이 중에도 이런 비슷한 특성을 보여 주는 종들이 있어요. 암수가 똥 경단을 만들고 옮기는 일에 서로 협력합니다. 그러나 그 동기는 자기들을 위해서입니다. 경단은 그들 자신을 위한 먹이니까요. 자식을 위한 일에는 수컷이 협력하지 않아요. 암컷 혼자서 일합니다. 혼자서 똥 구슬을 만들고, 혼자서 땅굴을 파고, 혼자서 저장해요. 수컷은 이 기진맥진할 정도의 가족 부양의 일에 조금도 협력하지 않아요. 꼬마소똥구리와는 아주 다르지요.

동그란 뿔풍뎅이도 암수가 협력하여 가족을 부양합니다. 이 풍뎅이의 수컷은 이마에 괴상한 뿔을 달고 있어요. 이 곤충도 소똥을 먹이로 합니다. 파브르의 딸 아글라에가 이 풍뎅이 관찰을 도와서 함께 했다고 해요. 동그란 뿔풍뎅이도 암수 두 마리가 항상 같이 일을 합니다. 수컷은 끈기 있게 암컷을 돕고요. 이들은 집을 떠나지 않고 쉬지 않고 파수꾼처럼 집을 지

178

킨대요. 그러다가 가족이 외출하기 알맞게 되었을 때에 비로소 집을 떠나요. 수컷은 땅굴을 파고 먹이를 모아야 하는 동안은 확실히 역할을 감당해요. 꼬마소똥구리 수컷은 암컷이 알을 낳는 동안 굴 바깥에 나와 대기합니다. 암컷이 알을 낳고 나오면 함께 떠나지요. 그런데 동그란 뿔풍뎅이 수컷은 집의 구석진 곳에 웅크리고 있어요. 수컷도 암컷과 같이 집을 지키고 손상된 곳을 손보고 또 애벌레들이 자라는 것을 지켜봅니다. 수컷은 거의 암컷과 경쟁하다시피 새끼가 독립할 때까지 돌봐 줘요. 수컷의 헌신과 협력 덕택인지 이 곤충에게는 애벌레의 수가 많아요. 어미 혼자 가족 부양을 하는 스페인 뿔풍뎅이의 집에는 애벌레가 기껏해야 네 마리, 보통은 두세 마리, 때로는 한 마리만 있기도 해요. 그러나 암수 두 마리가 함께 살면서 서로 돕는 동그란 뿔풍뎅이의 집에서는 애벌레를 여덟 마리까지 볼 수 있어요. 부지런한 수컷이 자손의 번성에 영향력을 미치는 것이지요. 하나님은 왜 이 하찮은 곤충들에게 이런 아름다운 특혜를 주었을까요?

암수 협력의 기원

파브르는 노년이 되어 죽기 전 집필한 《곤충기》 마지막 10권에 암수가 협력하는 또 다른 곤충 하나를 찾아 소개해요. 모대가리 금풍뎅이입니다. 그만큼 곤충의 세계에는 암수가 협력하는 일이 희귀하다는 것이지요. 모대가리 금풍뎅이는 추위가 끝나면 수컷이 짝을 찾으러 밖에 나가 암컷을 만나 함께 땅속으로 들어가요. 그 후부터는 자주 외출하는 모습을 볼 수 있어요. 수컷은 밖에서 다른 암컷들과 마주쳐도 자기 아내에게만 충실해요. 그러면서 수컷은 한 발도 밖에 나가지 못하는 암컷의 굴 파는 일을 부지런히 도와줍니다. 한 달 이상 수컷은 파낸 흙을 뿔에 실어 밖으로 날라요. 참을성 있게 쉬지 않고 굴을 오르내리지요. 암컷은 갈퀴로 흙을 긁어모으는 쉬운 일만 하고 나머지 힘든 일들은 수컷이 해요. 좁고도 높은 갱도 안에서 흙을 운반하려면 숨이 막힐 텐데 수컷은 이 일을 거뜬히 해낸답니다.

그리고 어느 사이에 먹이를 모으는 일꾼으로 변신하여 이 일도 부지런히 해요. 자식들이 넉넉히 먹고 지낼 만한 먹이를 창고에 넣습니다. 똥 구슬을 암컷에게 내려보내는 것이지요. 집 짓는 일과 먹이 모으는 일을 다 마치면 마지막으로 어딘가에서 죽으려고 집을 떠나요. 그는 아비로서 떳떳하게 가족 부양의 임무를 다했어요. 자식들의 번영을 위해서 제 몸의 힘을 아끼지 않고 다 사용하고 죽기 위해 조용히 집을 떠나는 게 마치 우리네 아버지의 모습과 닮았네요.

암컷은 암컷대로 어미로서 자식을 돌보기에 바쁩니다. 암컷은 일생토록 집을 비운 일이 없어요. 이를 두고 파브르는 모범적인 주부라 평해요. 대롱 모양으로 먹이를 반죽하며, 알을 낳고, 알이 부화하여 새끼들이 집을 떠날 때까지 그들을 돌보면서 집을 지킵니다. 가을에 접어들면서 어미는 비로소 어린 자식들에게 둘러싸여 땅 위로 올라와요. 그리고 그들은 소와 양들이 왕래하는 길목에서 똥을 찾아 제각기 흩어집니다.

곤충을 모두 다 하나로 묶어 말할 수는 없어요. 수컷은 일반적으로 가족에 무관심하지만, 모대가리 금풍뎅이는 자식을 위해서 열심히 일해요. 그는 자신을 잊은 채 봄의 햇살에도 현혹되지 않고, 땅 밑을 떠나지 않고 노동하면서 자기 가족을 위해서 분투합니다. 아마도 그는 힘이 다 빠져 죽어 가면서 이렇게 말할 거예요. "나는 임무를 다했다. 나는 일을 했다."[29]라고요.

그러면 과연 이 몇몇 곤충의 암수 협력은 무엇에서 비롯된 것일까요? 파브르는 곤충들은 우리에게 이 본능의 기원을 알려 주지 않는다고 말해요. 관찰이나 실험으로는 알아낼 수가 없다는 것이지요. 종족 보존이나 생존 경쟁에서 유리하다는 주장으로도 다 설명이 되지 않아요. 그 주장은 어째서 다른 풍뎅이나 소똥구리들은 그렇지 않는가 하는 질문으로 이어지기 때문이겠지요. 파브르는 일생 곤충을 관찰함으로써 이 비밀을 알고자 했으나 결국 알아내지 못했다고 고백해요. 아무리 애써서 생명의 수수께끼를 깊이 탐색해 봐도 결코 이에 대한 정확한 진리를 밝히지는 못할 것이라는 말도 덧붙이죠. 우리는 그 해답을 어디서 찾아낼 수 있을까요?

---

29   파브르, "모대가리 금풍뎅이의 도덕", 《파브르 곤충기》, (이근배·안응렬 옮김, 올재, 10권, 제4장, 2022), 352.

대부분의 수컷 곤충은 가족과 자식들에게 관심을 기울이지 않아요. 파브르는 모세가 받은 십계명의 "부모를 공경하라"는 명령을 언급하면서 구약에서 자식에 대한 아버지의 의무에 대해서도 말했으면 좋았을 것이라고 해요. 난폭한 가부장적 습성에서 깨어나지 못한 남성들이 가족이나 자식에 대한 의무를 다하지 않는 점을 지적한 것입니다. 옛날 전제 군주였던 가장, 모든 것을 자기중심적으로 생각하는 가장의 문제를 말한 거예요. 그런데 일부 하찮은 곤충들이 아비로서의 의무를 다하고 있는 걸 보게 되었어요. 가장 비천한 존재 중에서 몇몇이 벌써 인간보다 앞서서 부성애를 실천하고 있는 걸 본 겁니다. 그들은 인간 세계에서도 여전히 모호한 남녀의 위치에 관한 문제를 멋지게 해결하고 있었어요. 파브르는 이 곤충을 들어 가부장적 권위만 행사하고 아버지로서 의무를 다하지 않는 인간 사회의 아버지들과 남성들을 꾸짖어요.

　　성의 문제는 우리 시대에도 큰 이슈가 되고 있어요. 남성과 여성이라는 성의 존재 자체가 큰 도전을 받고 있지요. 남성과 여성 외 제3의 성도 등장해요. 각종 이론이 난무합니다. 동성애도 첨예한 주제가 되었어요. 전통적인 남성과 여성의 성 역할도 크게 변하고 있어요. 물론 기독교도 그 변화의 바람 한가운데 있어요. 목사와 같은 이전의 남성 위주의 교회 직분도 도전을 받고 있고요. 이런 변화의 이면에 동물의 성에 관한 현대 과학의 연구가 큰 영향을 미치고 있는 듯해요. 동물의 세계는 암컷이 주도한다는 연구 결과가 그중 하나입니다. 그리고 성은 암수 이분법으로만 볼 수 없고 유동적이라는 연구 결과도 있어요. 진화론을 주장한 다윈도 이 암수의 성 문제로 고민을 많이 했어요. 그러면서 다윈은 화려한 수컷 공작의 날개는 생존에는 불리할지라도 암컷에게 선택받아 후손을 남기는 데는 유리하다는 성선택 이론을 제시했어요. 자연선택과 성선택을 나누어 주장한 것이지요. 오늘날 과학도 여러 동물의 성의 과학적 연구 결과들을 통해 인간의 성을 해석하려는 시도를 하고 있어요. 우리가 사는 시대의 특징이지요.

하나님은 생명을 암수, 그리고 인간을 남녀로 나누어 창조하셨어요. 그런데 하나님이 창조한 이 성이 우리 시대 문제가 되고 있어요. 그럴지라도 이 성은 하나님이 만든 생명의 아름다운 특징입니다. 파브르가 관찰한 일부 하찮은 곤충들이 이 암수의 아름다운 삶을 보여 주고 있어요. 하나님은 생명이 가족이라는 가장 작은 공동체를 단위로 살아가도록 하셨어요. 서로 사랑하며 돕고 살도록 하신 것이지요. 그를 통해 후손이 번성하도록 하셨고요. 남녀 그리고 가족의 사랑이 얼마나 큰지 하나님과 우리 인간, 그리고 예수님과 교회의 관계를 이 관계를 통해 설명하시기까지 해요. 우리가 성의 차이와 그 신비에 대해 다 알지 못한다 해도 암수 혹은 남녀의 성이 하나님이 만드신 생명의 아름다운 특징임을 결코 잊어서는 안 됩니다. 성의 정체성이 큰 도전을 받고 있을지라도 말이지요.

9. 동물의 독침

어떻게 신선하게 먹을 것인가

☞ 신선한 먹이는 생명체의 안전과 건강을 위해 아주
중요합니다. 특히 연약하고 어린 새끼들에게는 더
그렇지요. 우리는 냉장이나 냉동 기술, 빠른 유통, 그리고
첨가제 등을 통해 신선한 식품을 먹기 위한 갖은 노력을
기울입니다. 식물은 독이나 천연 방부제를 생성하여
곰팡이나 미생물과 같은 외부 공격을 막아 냅니다. 동물은
살아 있는 신선한 먹이를 얻기 위해 부지런히 일하고 쉼
없이 사냥해요. 그런데 곤충의 경우 스스로 사냥을 할 수
없는 갓 태어난 어린 애벌레들에게 신선한 먹이를 제공하는
일은 종족 보존을 위해 필수적입니다. 곤충들은 이 일을
어떻게 해낼까요? 먹이가 되는 모든 동물은 죽는 순간
썩기 시작해요. 신선도를 지키려면 먹이가 살아 있어야
하는데, 어린 애벌레들에게 살아 있는 먹이를 주었다가는
거꾸로 해를 당할 수도 있어요. 따라서 먹이가 살아는 있되
움직이지 못하는 상태로 공급하는 게 필요해요. 그 일이
어떻게 가능할까요? 곤충들은 그 기술을 가지고 있어요.
먹이를 잡되 죽이지 않고 해부학적으로 마취가 되는 지점을
정확히 찔러 움직이지 못하게 하는 것이지요. 그렇게
하면 움직이지 못하는 이 먹이를 어린 새끼들이 안전하고
신선하게 먹을 수 있게 됩니다. 냉장이나 염장 기술이
없는 동물들에서 볼 수 있는 특이한 능력입니다. 곤충은

누구에게 배운 것도 아닌데 본능적으로 이런 기술들을 알고 있어요. 파브르의 관찰을 통해 그 내용을 살펴볼까요?

육식 동물에게 먹히는 생명 역시 동물입니다. 육식 곤충이 먹는 대상은 주로 다른 곤충입니다. 인간의 타락 이후 하나님은 인간에게 육식을 허락하셨어요(창 9:3). 그러나 그 고기 역시 생명을 가진 동물입니다. 그래서 성경에는 육식을 하되 자비의 정신을 가지라고 합니다(출 23:19, 34:26, 신 14:21). 예를 들어 어미 젖에 새끼를 삶지 말라든지 어미와 알을 동시에 취하지 말라고 하셨어요(레 22:28). 동물이 동물을 잡아먹는 그 안에는 잔인함이 있지만 동시에 하나님의 보살핌이 공존해요. 비록 다수가 먹이로 먹히더라도 엄청나게 많은 새끼를 낳아 후손을 번성하게 하신 것이 그 예입니다. 독침을 놓아 먹이를 마취시켜 신선한 먹이를 먹을 수 있도록 한 일에도 그런 면이 있음을 보게 됩니다. 동시에 먹이가 되는 동물의 고통이 최소화되도록 한 것이지요. 한편으로는 잔인한 살육이지만 다른 한편으로 생명을 존중하는 태도라 할 것입니다. 모순이나 딜레마처럼 보이는 이 내용을 살펴볼까요?

나나니벌의 마취술

파브르는 막시류의 벌이 먹이를 죽이는 기술과 사람이 가축을 죽이는 기술을 비교해요. 파브르는 어릴 적 도살장에서 본 기억을 떠올립니다. 날이 뾰족한 작은 칼로 소의 목덜미를 가다듬다가 어떤 자리에 칼을 꽂으면 커다란 소가 한순간 쓰러지는 걸 본 거예요. 그 후 파브르는 어떻게 그 커다란 소가 조그만 칼에 찔려 그렇게 빨리 죽는지 늘 의문을 품고 있었어요. 소는 별로 큰 상처도 입지 않고 피도 흘리지 않은 채 죽었어요. 파브르의 기억 속에는 도살장에서 본 이 소의 순간적인 죽음이 오랫동안 불가사의로 남아 있었어요. 그러다가 훗날 해부학 책을 통해 도살장의 비밀을 알게 됩니다. 소는 척수가 찔려 죽었던 것이었어요. 그걸 알고 난 후 파브르는 소를 죽이는 기술을 막시류 벌이 먹이를 죽이는 기술과 비교해요. 막시류 벌이 곤충의 신경 중추에 침을 꽂아 죽이는 것과 비교한 거죠. 마치 소의 목에 칼을 꽂듯이요. 이는 서로 같은 기술일까요?

　　구멍벌의 일종인 나나니가 먹이인 배추밤나방의 애벌레에 침을 찔러요. 나나니는 사냥벌의 한 종류입니다. 날아서 이리저리 움직이는 모습을 보고 이 이름을 붙인 듯해요. 허리가 가늘고 여기저기 날았다 앉았다 하는 벌입니다. 이전에 <대장금>이라는 사극의 주제곡에 "나나니 나라도 못 노나니(나나니벌처럼 하염없이 기다려도 님과 어울리지 못하니)" 등장하는 바로 그 곤충입니다.[30] 궁중의 여인의 삶을 나나니벌에 비교한 노래입니다. 나나니벌도 도살장의 소를 잡는 것과 비슷한 방법으로 사냥감을 공격하지만 이는 척수를 찔러 죽이는 기술과는 다릅니다. 나나니의 먹이는 비록 몸은 움직이지 못해도 죽지 않고 살아있으니까요. 그런 점에서 보면 벌의 기술이 사람보다 한 수 위

30　　김태우, 《곤충이 좋아지는 곤충책》, (궁리, 2022), 182.

로 보입니다. 사람들은 소의 척수를 찔러 긴 고통 없이 그 자리에서 죽게 해요. 그리고 이 기술은 대를 이어 전수받은 것입니다. 오래전, 아마 초기 인간이 사냥을 할 때 사냥감의 목덜미를 찌르면 쉽고 빠르게 죽는다는 것을 알고 이 기술을 교육을 통해 계속 전승시켰을 거예요. 아무리 세대가 거듭되어도 인간은 교육이 없으면 이전의 무지의 상태로 되돌아갈 것입니다. 유전은 뇌척수를 절단하는 이런 기술을 전하지는 않기 때문입니다. 사람은 태어나면서부터 이런 기술들을 본능적으로 알고 소를 죽이는 것은 아닙니다.

그러나 나나니는 배추밤나방을 죽이는 법을 선생의 가르침이나 교육 프로그램을 통해 배운 것이 아니에요. 이 벌이 고치에서 나왔을 때 그 어미는 이미 죽고 없어요. 아마 그 자신도 앞으로 후손을 보지 못하고 죽겠지요. 그러므로 나나니벌의 세계에서는 조상으로부터 배우고 후손에게 가르쳐 주는 일이란 없어요. 배우지 않았지만 먹이를 마비시키는 기술을 이미 몸에 지니고 있는 겁니다. 이것이 우리 인간과 다른 점이지요. 본능으로 행하는 동물은 분명 인간과는 달라요.

각종 사냥벌의 새끼 애벌레에게는 움직이지 않는 먹이가 필요해요. 살아 있는 먹이가 날뛰기라도 하면 그 몸에 붙여 놓은 알이라든가, 부화한 작은 새끼가 다치기 쉽기 때문입니다. 그리고 이 먹이는 움직이지는 않아도 살아는 있어야 해요. 애벌레는 썩은 고기는 먹지 않으니까요. 그래서 벌들은 먹이를 마비시켜서 움직이지 못하도록 하되 생명은 그대로 유지하게 하는 방법을 써요. 해부학자도 놀랄 만한 뛰어난 솜씨로 침을 근육 자극의 근원인 중추에 정확히 먹이의 신체 구조에 따라 한 번 혹은 그 이상 찌르죠.

나나니의 먹이인 배추밤나방은 신경 중추가 환절 하나하나에 서로 떨어져 있고, 각각 어느 정도 독립적인 기능을 해요. 배추밤나방은 아주 힘이 센 먹이이므로 꼼짝 못 하도록 해두지 않으면 알을 붙이기 곤란합니다. 꽁무니를 한 번만 움직여도 알이 벽에 부딪혀 깨지고 말거든요. 또 환절 하나를 마비시켜 움직이지 못하게 해도 여러 중추가 따로따로 독립성을 지니므로 다른 환절들은 마비되지 않아요. 따라서 환절 하나하나를 모두 마비시켜야만 먹이로 이용할 수 있어요. 그런데 나나니는 침을 배추밤나방의 제1환절에서 제9환절에까지 아홉 번 따로따로 찌르는 일을 해냅니다. 그것도 아주 멋지게요.

나나니가 아홉 군데나 침을 찌르는 일을 어떻게 알까요? 나나니의 이런 본능의 기원은 무엇일까요? 파브르는 본능이 동물에게 유리한 우연한 행위에서 생긴 획득성 습성이라는 당시의 이론이 자신의 관찰과는 다르다고 주장해요. 획득 습성이란 무엇일까요. 아주 먼 옛날에 나나니가 배추밤나방의 신경 중추 몇 군데에 우연히 상처를 냈는데 아주 좋은 사냥법이었다는 겁니다. 그 습성을 가진 녀석이 생존 경쟁에 유리했기에 오랜 세대를 통해 습성으로 자리잡았다고 보는 주장입니다. 무수히 많은 시도 끝에 재주가 쌓이고 쌓여 그 능력이 유전으로 전해짐으로써 본능으로 발달한 것이라는 이론이지요. 파브르는 자신의 관찰을 통한 과학에 근거하여 이 주장에 이의를 제기합니다.

파브르의 주장은 다음과 같아요. 배추밤나방 몸에 찌를 곳은 너무나 많습니다. 적어도 수백 군데는 될 것입니다. 그런데 그중 아홉 군데를 정확히 찔러야 해요. 일부만 찔러도 안 되고요. 찌르는 위치 또한 조금 위도, 조금 아래도, 조금 옆도 안 됩니다. 그러면 효과가 없기 때문이죠. 파브르는 많은 시도 끝에 성공했다는 식의 반쯤 성공이란 동물의 세계에서 있을 수 없다고 해요. 처음부터 전체를 정확하게 마취시켜 벌의 후손이 계속 번성하든가 또는 먹이가 일부분만 마비되어 벌이 알의 단계에서 멸종하든가 둘 중 하나라는 것입니다. 처음부터 나나니가 지금처럼 정확한 방법으로 먹이를 잡았어야 지금까지 생존할 수 있었을 것이라는 말이지요. 미숙한 살육자는 알의 성장을 불가능하게 하므로 후손을 이을 수 없어요. 그런 식으로 했다면 나나니의 종은 한 세대 만에 대가 끊기고 말았을 거라는 것이 파브르의 주장입니다.

또 다른 가설도 있어요. 처음에는 한 번만 찔러도 죽는 벌레를 먹이로 사용하다가 침을 찌르는 데 점점 익숙해진 후손들이 나중에 배추밤나방을 먹이로 삼았다는 것입니다. 그러나 곤충은 자기 어미가 전해 준 먹이만 먹어요. 물론 다양한 먹이를 먹는 종류도 있긴 하죠. 그러나 단일 먹이를 먹는 종들은 오직 그 먹이만 먹어요. 파브르는 자신의 관찰 결과에 따르면 익숙해지면서 먹이를 바꾸는 경우는 없다고 주장해요. 벌이 뛰어난 솜씨를 갖고 있는 것은 처음부터 벌이 그 기술을 행하도록 만들어졌기 때문이라는 것이지요. 이런 타고난 재능은 본래 있던 것이며 처음부터 완전한 것이었다는 거예요. 나나니가 애벌레 신경계를 정확히 알고 침으로 마비시키는 것을 보고 난 뒤에 파브르는 이렇게 말해요. "'나나니는 알고 있는 그대로, 그리고 정통한 그대로 행동한다'라고 이야기해야만 했다. 그의 행위는 모두가 영감이다. 동물은 자기가 하고 있는 일을 조금도 이해하지 못하고, 그렇게 하지 않을 수 없게 하는 본능을 따른다. 이 고상한 영감은 도대체 어디서 오는가?"[31] 하지만 관찰이나 과학이 큰 발전을 이룬 오늘날까지도 본능에 대한 이론은 여전히 분명하게 밝혀지지 않았어요.

배벌의 마취술

노래기벌인 배벌은 벌들 중에서도 가장 힘이 센 곤충입니다. 프랑스에 서식하는 침이 있는 벌들 가운데 가장 큰 녀석이에요. 작은 새 정도에 맞먹는 크기예요. 뜰배벌은 4센티미터의 길이로 날개를 펴면 10센티미터에 이릅니다. 그 덩치 때문에 사람들이 무서워하지만 사실은 매우 온순한 곤충입니다. 침은 전

31   파브르, "나나니", 《파브르 곤충기》, (이근배·안응렬 옮김, 올재, 1권, 제15
       장, 2022), 224.

쟁이나 공격에 사용하지 않고 일할 때 씁니다. 최후의 경우 자신을 방어하기 위해 사용하고요.

배벌의 애벌레의 먹이는 2주 동안 썩지 않아야 해요. 먹이가 썩으면 애벌레가 먹다 죽거든요. 그러니 먹이가 무엇이건 최초의 세대부터 썩지 않도록 하는 기술을 지키지 않았다면 자손을 남기지 못했을 것입니다. 배벌 애벌레는 평균 12일 동안 음식을 먹습니다. 그다음 고치를 만들기 시작해요. 잔꽃무지 애벌레를 먹을 때에는 썩지 않게 보존하여 먹었어요. 파브르가 여치붙이 등 다른 먹이로 실험을 하니 배벌 애벌레들이 죽었어요. 썩은 먹이에 중독되었기 때문입니다. 배벌은 그들이 모르는 새로운 먹이는 어떻게 공격해야 할지 전혀 몰라요. 배벌은 정해진 먹이를 먹으면서 대를 이어 생존해 왔어요. 만일 그렇지 않았다면 이 벌은 생존하지 못했을 거예요.

다른 노래기벌은 초시류인 바구미나 비단벌레만 사냥해요. 이 먹이들은 신경 기관이 한 곳에 집중되어 있어 침을 찌르기가 쉽습니다. 가슴과 배 사이를 단 한 번에 찔러 마비시켜요. 그래야 애벌레의 먹이가 될 수 있지요. 그러나 나나니의 먹이인 배추밤나방이나, 홍배조롱박벌의 먹이인 메뚜기, 여치붙이, 귀뚜라미들은 신경 중추가 환절마다 나뉘어 있어요. 각 환절들을 모두 찔러야 마비시킬 수 있어요. 만약에 배벌이 이런 먹이들을 먹는다면 어떻게 될까요? 땅속으로 데려와 여러 번 찌를 수 있을까요? 그럴 수 없습니다. 땅속에서는 몸을 움직이기가 어렵거든요. 배벌에게는 단 한 번 찌르는 먹이가 유리해요. 그

192

래서 풍뎅잇과의 잔꽃무지 애벌레를 먹이로 선택한 것 같아요. 이렇게 번거로운 제약을 받으면서 적절한 먹이를 선택하고 정확히 찌를 곳을 알아 먹이를 마비시키죠. 그렇다면 배벌은 이렇게 썩지 않으면서 애벌레에게 위험하지 않은 먹이를 준비하는 일을 어떻게 알고 했을까요?

배벌은 어떻게 많고 많은 곤충 중 정확히 잔꽃무지 애벌레를 먹이로 택했을까요? 그리고 어떻게 그렇게 정확하게 침을 신경 중추에 찌를까요? 배벌은 먹이를 마비시킨 후 알을 붙여요. 어디에 붙여야 할까요? 잘못 붙여 부화한 애벌레가 먹이의 기관을 잘못 건드리면 썩고 말아요. 그러면 애벌레가 죽기 때문에 알을 먹이의 2~3밀리미터의 아주 작은 지점에 정확히 붙여야 해요. 이뿐 아니라 애벌레가 잔꽃무지 먹이 배에 구멍을 뚫고 들어가 먹을 때 아무렇게나 먹으면 음식이 죽어 썩어 버리기 때문에 조심스럽게 먹어야 해요. 본능이 이 방법을 인도하지 않으면 썩은 음식에 중독되어 죽고 말겠지요. 이 모든 조건을 정확히 따라야만 애벌레가 성충으로 성장할 수 있어요. 배벌은 그렇게 조심스럽게 자손을 길러 내요. 한 치의 실수도 없이 행하여 생명을 이어 갑니다.

딱정벌레의 마취술

신선한 먹이를 침으로 마비시키는 곤충은 벌만이 아닙니다. 금빛딱정벌레도 같은 솜씨를 보여 주지요. 파브르는 25마리의 금빛딱정벌레가 150여 마리의 송충이 무리의 행렬에 달려드는 모습을 본 적이 있어요. 잊을 수 없는 광경이었지요. 딱정벌레들은 행렬 여기저기, 앞뒤, 한가운데 할 것 없이 등이든 배든 가리지 않고 큰 턱으로 물고 찢었어요. 털이 곤두선 피부는 터지고, 송충이의 음식인 솔잎의 녹색으로 물든 내장이 흩어져 나왔어요. 파브르는 그 상황을 보며 이 존재들이 소리를 낼 수 있었다면 이 살육의 현장에서 당시 세상에서 가장 큰 시카고 도살장의 울부짖음을 듣게 되었을 것이라고 묘사해요. 파브르는 마음의 귀로 창자를 물어뜯기는 벌레들의 비참한 아우성을 들었던 거예요. 그만큼 곤충의 세계에서도 살육 현장은 잔인하답니다.

파브르는 창자(먹는 짓)가 세상을 지배하고 있다는 표현을 해요. 무릇 모든 생명은 생명을 유지하기 위해 먹이가 필요해요. 그래서 강한 자는 약한 자를 죽음으로 몰아넣을 수밖에 없어요. 파브르는 이런 상황을 삶이란 죽음이 채워 주어야 하는 깊은 구렁이라고 표현해요. 그렇기 때문에 사람이나 딱정벌레나 또 다른 생명들도 서로 먹어 치우기 경쟁을 끝없이 계속합니다. 지구가 한없이 큰 도살장으로 변하는 것이지요.

약한 자를 먹는 자는 무수히 많아요. 그러나 음식의 양은 거기에 대응할 만큼 풍부하지 못하기 때문에 덜 가진 자는 많이 가진 자를 부러워하는 한편 시기해요. 굶는 자는 배불리 먹는 자를 위협하고요. 이빨을 내보이면서 으르렁거리며 싸움을 시작합니다. 인간들은 군대를 동원하여 타인의 수확물이나 식량 창고를 빼앗잖아요. 그것이 전쟁입니다. 이 세상에서 전쟁이 없어질 수 있을까요? 슬프게도 그럴 수는 없을 거예요. 파브르는 언제나 곤충의 고통을 불쌍하게 여겨요. 가장 작은 생명일지라도 그 생명을 존엄하게 생각하고 측은히 여기는 그의 마음이 곤충 관찰과 과학적 연구의 토대가 되었어요. 그럼에도 불구하고 그는 잔인하고 참혹한 장면에 대해서도 있는 그대로 보고 때로는 그 장면을 실험으로 재현해 냅니다. 정확한 사실을 관찰하여 알리는 것이 곤충의 제 위상을 찾는 길이라 생각했기 때문입니다. 그는 곤충을 관찰하면서도 하나님이 창조하신 모습뿐 아니라 파괴된 모습 그대로를 보고 기록하는 태도를 유지했어요.

말벌의 마취술

사람들은 곤충의 특이한 행동에 대해 칭찬하고 그것을 배우려고 애씁니다. 개미의 부지런함이 대표적인 경우입니다. 벌들이 침으로 먹이를 찔러 마비시켜 신선한 먹이를 새끼에게 제공하는 것도 마찬가지입니다. 파브르 역시 한편으로는 곤충의 이런 행동에 감탄하면서도 그 한계를 지적하는 것도 잊지 않아요. 그는 땅말벌에 잡힌 여치를 예로 들어서 설명해요. 땅말벌은 새끼를 위해 여치를 잡아 마디 사이에 침을 찔러 다리를 마비시켜요. 죽이지는 않아요. 죽으면 썩어서 신선도가 떨어지니까요. 마비를 시켜 움직이지 못하게 하고, 운동을 못하게 하여 먹이의 에너지 소비를 최소화시켜요. 파브르의 관찰에 의하면 이렇게 마비된 여치는 먹이를 주지 않아도 18일 동안이나 살았어요. 일반 여치에게 먹이를 주지 않으면 4일 만에 죽는데 말이에요. 여치가 이렇게 오래 살 수 있었던 것은 에너지를 소비하지 않았기 때문이에요. 파브르는 마비된 여치가 죽은 것은 아닌지 알아보려고 설탕물을 입에 떨어뜨려 보았어요. 그런데 마비된 여치는 40일이나 살았어요. 최소한의 활동만 하도록 마비된 상태로 그렇게 오래 살아 있었던 거예요. 이렇게 땅말벌은 자신의 먹이를 죽이지 않고 마비시켜 신선한 상태로 유지시켰어요. 게다가 땅말벌은 수컷 여치는 마취시키지 않고 암컷만 마비시켜요. 뱃속에 알이 든 암컷 여치를 새끼들이 좋아하기 때문이에요. 다소 잔인하지만 파브르는 이 땅말벌의 행동이 인간의 지혜를 넘어선다고 평가해요. 땅말벌이 타고난 지혜와 본능으로 자신의 애벌레를 위해 얼마나 정확하고 과학적으로 먹잇감을 대하는지를 본 거죠.

그런데 파브르는 이런 지혜로워 보이는 모습이 곤충의 모습의 전부가 아니라고 말해요. 이어서 얼마나 어리석은지, 때로는 얼마나 얼토당토않은 일을 저지르는지를 소개하지요. 본능의 힘은 때로는 지혜로운 일을 하고 때로는 말할 수 없이 어리석은 일을 저지르기도 한답니다. 꿀벌은 가장 작은 표면에 가장 큰 부피를 가지는 세 개의 마름모꼴로 된 육각형의 작은

196

방들을 아주 잘 만들어요. 수학을 전혀 모르는데도 말이에요. 땅말벌도 해부학적 지식 없이 먹잇감의 마디마디마다 침을 찔러 능숙하게 마취를 시키죠. 그리고 나서는 마비된 여치의 더듬이나 수염을 물고 자기 집으로 끌고 가요. 그런데 파브르가 여치의 더듬이와 수염을 잘라 버렸더니 땅말벌은 더 이상 이 여치를 가져가지 못하더래요. 아직 여섯 개의 다리가 남아 있는데도, 다리를 물고 갈 생각을 하지는 못하더라는 거죠. 파브르가 다리를 벌에게 당겨 물려 주려 해도 관심을 보이지 않았대요. 오직 더듬이와 수염으로만 먹이를 가져가는 데 익숙해져 있었던 거죠. 결국 땅말벌은 이 먹이를 포기하고 말아요. 평상시에는 능수능란하게 해내던 일도, 사정이 바뀌거나 순서가 바뀌게 되면 본능으로서는 처리할 수 없게 됩니다. 무언가를 본능으로 하는 데는 이런 한계가 있어요.

곤충이 먹이를 마비시켜 안전하고도 신선한 먹이를 새끼에게 제공하는 방법은 논리적이고 합리적입니다. 그러나 그 이상은 바랄 수 없어요. 곤충은 이 일을 추리하여 행동한 것이 아니기 때문이에요. 만일 그들이 추리하여 정확한 위치를 찾아 침을 놓았다면 사람보다 낫다고 할 수 있겠지요. 본능을 따르는 곤충들은 특별한 방해가 없다면 그 일을 아주 멋지게 해냅니다. 엄청난 일이지요. 우리가 곤충에게서 배울 만한 일이기도 해요. 그런데 예기치 않은 사고가 일어나면 엉망진창이 되고 말아요. 돌발 사건이 일어나도 곤충은 정해진 순서를 반복할 뿐 상황에 맞게 대처하는 법을 모릅니다. 이것이 곤충에게 주어진 한계입니다.

마취술의 대상이 된 파브르

실험실이나 별다른 실험 장치가 없었던 가난한 파브르는 꿀벌과 사냥꾼 벌들의 침에 있는 독이 서로 다른지 확인할 방법은 한 가지뿐이라고 생각했어요. 자기가 직접 경험해 보는 거였죠. 그래서 꿀벌과 조롱박벌, 나나니, 배벌 따위의 침을 자기 몸에 직접 쏘여 봅니다. "나는 유일한 안내자인 아픔의 조언을 들어 공격용 무기로서의 꿀벌의 침이 포식 곤충들의 침보다 훨씬 독한 것으로 친다."[32] 이런 실험 끝에 파브르는 꿀벌에 쏘이는 것은 대단히 아프지만 포식 곤충들이 쏘는 것은 대부분 대수롭지 않았다는 결론에 도달해요. 원수를 갚는 꿀벌은 상대를 죽이기 위해 최대한의 독성을 사용하는 데 비해 제 애벌레들의 먹이를 혼수상태에 빠트리기 위해 침을 쓰는 조롱박벌은 독성을 약하게 하고 꼭 필요한 정도로 양을 줄인다는 것입니다. 파브르는 자신이 직접 이 벌들에 쏘여 봄으로써 이들이 먹이를 얼마나 조심스럽게 다루는지를 알게 되었다고 해요. 자기 애벌레에게 살아 있는 먹이를 먹이기 위해 침을 쏘는 곤충들은 먹

---

32   파브르, "꿀벌과 곤충들의 독", 《파브르 곤충기》, (이근배·안응렬 옮김, 올재, 4권, 제16장, 2022), 584.

잇감이 될 애벌레에게 독의 양을 세심하게 조절해서 쏜다는 걸 알게 된 거죠. [14]

　　노아의 홍수 이후에 하나님이 인간에게 육식을 허락했다는 건 다 알고 계시는 사실이죠? 이 장의 앞에서 언급했듯이 염소 새끼를 그 어미의 젖에 삶지 말라든지, 알을 품은 어미와 그 알을 동시에 취하지 말라든지와 같은 말씀을 통해 육식을 할 때도 자비를 베풀 것을 명령하고 있어요. 동물을 먹되 동시에 그들을 돌보고 보살필 것을 말씀하시는 것입니다. 창조의 질서가 파괴되었음에도 하나님의 자비로운 보살핌 속에서 창조 때 하신 명령을 그대로 수행하도록 하신 거예요. 곤충에게조차 동물을 먹되 신선한 동물을 먹도록 독침과 같은 방법을 허락하셨음을 알 수 있어요. 그런데 그 독침이 먹이가 되는 동물에게는 고통을 최소화하는 마취 효과를 제공해요. 다소 모순이면서 딜레마인 이 문제를 통해 하나님의 돌보심을 어느 한 시각이나 한 잣대로는 다 이해할 수 없다는 것을 배웁니다. 우리가 하나님보다 더 지혜롭거나 더 사랑이 많을 수는 없어요. 독침을 통해 먹잇감의 생명을 마비시키는 일을 보며 우리는 하나님이 지으신 생명 전체를 보는 시각을 길러야 한다는 것을 알게 되죠.

10. 해충을 위한 변명

없어져야 할 생명이 있을까

세계 인구가 80억 명에 육박했어요. 이렇게 많은 사람이 살아가기 위해서는 먹을 것이 엄청나게 많이 필요합니다. 쌀과 밀, 옥수수나 감자와 같은 주식 외에도 채소와 육류 식품이 있어야 해요. 이 식량을 만들어 내기 위해 농업, 축산업, 어업도 엄청난 속도로 발전하고 있어요. 이 과정에 곤충의 역할도 빼놓을 수 없지요. 벌, 나비, 파리의 수분(受粉, 꽃가루받이)에 의해 인간이 먹는 모든 식물이 결실하니까요. 그런데 이렇게 많은 수의 곤충도 식물을 먹거나 식물을 이용하여 살아갑니다. 문제는 곤충들이 먹거나 이용하는 식물이 인간이 먹는 식물과 겹칠 때 비극이 시작된다는 거죠. 인간이 먹는 식물을 먹이로 하는 곤충들은 해충으로 낙인찍혀 박멸의 대상이 되고 말아요. 인간의 주거지에 들어오는 곤충들도 마찬가지입니다. 이들은 농약이나 살충제로 죽임을 당할 운명에 처합니다. 해충이라 불리는 이 곤충들은 정말 나쁜 생명인 걸까요? 이런 곤충들은 하나님이 잘못 만드신 것일까요? 아니라면 이들이 왜 해충이 되었을까요? 이들과 함께 살아갈 방법은 없을까요?

200

바구미는 주둥이가 튀어나온 딱정벌레입니다. 이 긴 주둥이로 식물의 열매나 씨에 구멍을 뚫고 파먹어요. 바구미는 6만 종 이상 있으며 우리나라에는 그중 약 400여 종이 서식하고 있어요. 검은색의 쌀바구미는 흔히 쌀벌레라고 불려요. 바구미는 주로 씨를 가진 종자식물을 먹습니다. 주로 인간이 먹는 곡물들이지요. 바구미는 인간과 같은 것을 먹는다는 이유로 해충으로 알려져 있어요. 원래 자기들이 먹던 먹이를 인간이 먹게 되면서 자기들에게 되려 해충이라는 오명을 씌웠으니 비구미 입장에서는 억울하다고 할 만하죠. 콩바구미의 예를 들어 볼게요. 콩바구미가 야생 완두콩을 먹고 살 때는 그 씨가 작았고 수확량이 적었어도 콩바구미는 번성했고 생존에도 유리했어요. 그런데 인간이 야생 완두콩의 품종을 개량하여 대량으로 생산하기 시작했어요. 콩바구미도 자연히 자기 먹이가 있는 그 밭에 침입하게 되었지요. 거기서부터 비극이 시작되었어요. 야생 완두콩을 먹을 때는 인간과 경쟁하지 않아 번성할 수 있었거든요. 그런데 이제 인간이 기른 콩밭에 들어가 인간과 먹이 경쟁을 해야 하니까 콩바구미의 생존이 훨씬 불리하게 된 거죠. 인간에게 해충으로 여겨져 박멸의 대상이 되었으니까요. 이건 콩바구미에게 맛있는 것이 인간의 입에도 맛있게 돼서 생긴 일입니다.

배추나방도 마찬가지예요. 콩바구미와 배추나방이 해충으로 몰리면서 이들을 잡아먹는 천적이 인간에게는 유익한 곤충인 익충으로 여겨지게 되었어요. 해충과 익충의 분류는 당연히 인간의 시각에 따라 나뉜 것이지요. 파브르는 이 익충을 천적으로 이용한 해충 박멸의 가능성을 이야기해요. 그런데 인간의 기대와는 달리 자연에서는 이 일이 그렇게 간단하지 않습니다.

소나무행렬모충이라는 송충이는 소나무에 큰 피해를 입히는 해충입니다. 그러나 파브르의 관찰에 의하면 인간의 눈에는 해충에 불과한 이들의 공동생활이 아름다운 생명의 모습을 보여 준다고 해요. 우리가 해충이라 부르는 이런 곤충들과 공생할 길은 없을까요? 이들은 다 박멸해야 할 대상일까요? 생태계에 유익을 주는 점은 없을까요?

곡물을 먹어 불행해진 곤충

완두콩 좋아하시나요? 완두콩은 우리가 즐겨 먹는 식품이죠. 인간은 고대로부터 완두콩의 품종 개량을 시도해 왔어요. 완두콩은 어디에서 기원했을까요? 밀은 어디에서 기원했을까요? 잘 모릅니다. 쌀, 밀, 보리, 귀리, 순무, 사탕무, 당근, 호박 등 사람이 먹는 농작물들의 기원은 분명하지 않아요. 우리가 먹는 곡식과 채소는 대부분 인간이 개량하여 만든 것입니다. 그 시초는 자연의 야생 풀입니다. 야생에 있던 풀을 영양과 수확이 풍부한 종으로 바꾸었어요. 품종 개량을 한 거죠. 그러나 이런 개량된 식물들은 인간의 보살핌이 절대적으로 필요해요. 우리의 필요에 따라 개량해서 만들어 놓은 상태로는 치열한 자연 속 생존 경쟁에서 살아남기가 어렵기 때문입니다. 외부 공격에 저항할 능력이 없는 이 식물들을 보살피지 않고 그냥 자라게 놔두면 그 씨가 엄청나게 많아도 결국 사라져 버리고 말 것입니다. 또다시 원래의 야생 상태로 돌아가려고 하겠지요.

그리고 이들은 인간의 독점적인 소유물이 아닙니다. 먹을 것이 쌓이는 곳이라면 어디나 그것을 먹으려는 생명체들이 사방에서 몰려오니까요. 먹을 것이 더 풍부할수록 더 많은 소비자가 몰려오기 마련이에요. 밭의 작물을 풍성하게 하는 것은 수많은 포식자에게 엄청나게 큰 잔치를 베푸는 셈이지요. 더 맛있고 풍성한 것을 만들어 냄으로써 본의 아니게 수천수만의 굶주린 동물들을 그곳으로 불러들이는 결과를 낳게 돼요. 아무리 오지 말라고 말려도 이 굶주린 자들의 입을 피할 수는 없거든요. 이처럼 대규모의 농업과 풍성한 수확은 우리의 소비 경쟁자인 곤충들에게는 큰 유혹입니다. 곤충들도 번성할 의무를 가지고 있으니까요.

이것이 하나님이 주신 자연의 법칙입니다. 자연 속에 들어 있는 원칙이 그렇다는 겁니다. 자연은 똑같은 열성으로 자연의 모든 생명에게 먹을 것을 나누어 줍니다. 온 힘을 다해 밭을 갈고 씨를 뿌리고 거두어들이는 농부를 위해서 자연은 곡식을 여물게 하지요. 이는 수고한 농부뿐 아니라 바구미와 같은 곤충들을 위한 일이기도 합니다. 바구미는 밭이나 우리네 곡식 창고에 와서 자리 잡고, 그 뾰족한 부리로 산더미같이 쌓인 밀을 한 알 한 알 깨물어 먹어요. 또한 완두콩도 땡볕에서 부지런히 일한 농부뿐 아니라 밭일을 하지 않은 콩바구미를 위해서도 그

결실을 나눕니다.

파브르는 인간과 다투는 이 콩바구미가 야생 식물인 여러 콩과 식물에서 먹이 활동을 하는 것을 봅니다. 야생 식물의 씨인 콩은 인간이 개량한 밭의 콩보다 크기도 작고 수확량도 형편없이 적습니다. 그러니 당연히 경쟁자도 적겠지요. 곤충의 입장에서는 더 나은 상황입니다. 그러나 야생의 수풀이 개간되어 밭으로 변하면서부터 야생의 콩은 점점 사라지고 있어요. 이제 콩바구미가 굶주리지 않기 위해 갈 곳은 인간이 경작하는 밭뿐입니다. 밭에는 콩이 풍부하지만 더 이상 콩바구미가 마음껏 먹을 수 있는 환경이 아니에요. 인간의 농작물이 풍부한 환경이 곤충의 번영을 오히려 방해하는 것입니다. 바구미에게는 농업의 발달이 결코 좋다고 볼 수 없습니다. 파브르는 거친 야생 콩밭에서는 바구미 애벌레의 사망률이 낮지만 반대로 맛있는 완두콩이 있는 밭에서는 애벌레 사망률이 더 높다고 해요. 먹이 경쟁자가 많기 때문이지요.

이렇게 보면 인간과 곤충의 관계에서 불행의 기원은 밭에 있어요. 인간은 많은 곡물을 수확하기 위해 개간해서 밭을 만들고 그곳에 농사를 지어요. 이제 자기의 터전을 잃고 밭으로 온 바구미는 해충이라는 오명을 얻게 되죠. 바구미의 먹이 활동은 이제 나쁜 짓이 되고요. 인간은 바구미의 나쁜 짓을 감시하고 바구미를 죽이거나 쫓아내기 위해 온갖 방법을 다 동원합니다. 인간은 그 수효가 많고 몸집이 작아 박멸하기가 쉽지 않은 이 바구미들을 미워합니다. 하지만 이 작은 곤충은 사람의 분노를 비웃듯이 계속해서 곡물을 갉아 먹어요. 밭으로 몰려드는 건 바구미만이 아니에요. 바구미는 또 다른 곤충을 불러들이는데 바로 바구미의 천적들이지요. 작은 꼬마벌도 그중 하나입니다. 이 꼬마벌은 콩바구미가 아직 애벌레나 번데기 상태로 완두콩 씨 속에 있어도 긴 탐사기로 찔러 빨아 먹어요. 열정적으로 콩바구미를 전멸시키는 이 꼬마벌이 불어나면 밭에서 바구미를 없앨 수 있겠네요. 예, 맞아요. 그런데 만일 우리가 완두콩을 먹는 콩바구미의 천적인 꼬마벌의 수를 늘리려면 꼬마벌의 먹이인 콩바구미가 많이 있어야 해요. 이것은 콩바구미와 천적 꼬마벌 사이의 순환 고리입니다. 우리 입장에서는 별 도움이 안 되어 악순환처럼 보이는 이 고리가 자연의 참모습인 거죠.

외래식물과 곤충

일생 가난하게 살았던 파브르는 강낭콩을 극찬해요. "이 세상에 하나님의 채소가 있다면 그것은 분명히 강낭콩이다. 강낭콩은 모든 장점을 가지고 있다. 반죽의 유연성, 기쁨을 주는 맛, 풍부함, 싼값, 영양가, 불쾌감을 주지 않고 피를 흘리지 않으면서도 푸줏간의 도마 위에서 갈라지는 고기와 맞먹는 식물성 고기이다. 비용이 몇 푼 들지 않아 거지들의 위로가 되는 신성한 강낭콩은 노동자의 배를 불린다. 착하고 어진 강낭콩아, 너는 기름 세 방울과 식초 조금만 있으면 내 젊은 시절의 맛있는 음식이 된다. 인생의 말년에 이른 지금도 너는 내 초라한 식기에서 환영을 받는다. 끝까지 친하게 지내자."[33]

파브르는 당시 강낭콩이 외국에서 들어온 것으로 봤어요. 자기 고장에서는 아직 강낭콩이 콩바구미의 공격을 받은 것을 본 적이 없었거든요. 그래서 농부들에게 물어보면 농부들은 완두콩, 누에콩, 납작콩, 이집트콩에는 벌레가 있어도 강낭콩에는 벌레가 없다며 강낭콩에 대한 고마움을 표현했어요.[34]

파브르가 살던 그 지역에서는 바구미와 다른 곤충들이 강낭콩을 무시했어요. 다른 콩 꼬투리들이 얼마나 집요하게 약탈을 당하는지를 생각하면 강낭콩을 이렇게 무시하는 것은 이해할 수 없는 일이었어요. 콩바구미가 무슨 까닭으로 이 맛있는 씨앗을 무시했을까요? 파브르는 콩바구미에게 강낭콩 꼬투리는 아직 알려지지 않았기 때문일 것이라고 봤어요. 다른 콩들은 토박이거나 동양에서 와서 토착화된 터라 여러 세기 전부터 이 녀석들에게 익숙해져 있어서 해마다 그 콩들을 먹어 왔거든요. 그런데 강낭콩은 이 녀석들이 아직 알지 못하는 새로운 것이라 손대지 않는다고 본 것이지요. 그러기에 이 강낭콩이 분명히 신대륙에서 왔을 것이라 짐작한 거예요.

어찌된 일인지 다른 식물과 달리 강낭콩은 들어올 때 벌레

---

33   파브르, "강낭콩의 콩바구미", 《파브르 곤충기》, (이근배·안응렬 옮김, 올재, 8권, 제4장, 2022), 386.
34   앞의 책. 387.

를 안 데리고 왔어요. 이 푸짐한 꼬투리를 먹는 곤충 말입니다. 파브르는 이런 상태가 오래갈 수는 없을 것이라고 생각했어요. 신대륙에 강낭콩을 좋아하는 곤충이 있었을 것이기 때문이지요. 언젠가 교역을 통해서 강낭콩을 먹는 곤충이 들어올 것이라고 예견한 거예요. 그런데 그런 일이 있은 지 얼마 되지 않아 《곤충기》 작성 중에 실제로 그런 일이 일어납니다. 파브르 고장과 다른 지역에서 강낭콩 피해 소식이 전해진 것입니다. 곤충이 파먹은 강낭콩과 콩바구미가 우글거리는 자루가 파브르에게 전달되어 파브르가 관찰하게 되었어요. 다 익은 강낭콩에 알을 낳은 이 녀석은 곡식 창고에 거두어들이거나 가게에 쌓아 놓은 마른 강낭콩을 약탈하는 곤충이었어요. 이 곤충이 좋아하는 곳은 완두콩을 쌓아 놓은 창고였어요. 이런 경우는 일단 살충제를 쓰면 비교적 쉽게 방어할 수 있지요.

오늘날에는 파브르가 관찰한 이런 일들이 흔하게 일어납니다. 국가나 대륙 간 식물과 동물의 이동이 너무나 쉽게 이루어지기 때문입니다. 우리나라도 외래종의 유입으로 종종 생태계에 혼선이 빚어지고 있어요.

인간이 먹는 식물을 같이 먹는 곤충

배추나방의 애벌레는 일반적으로 회색을 띠어요. 파브르가 살던 곳에서는 이 애벌레가 회색벌레라는 이름으로 알려져 있었어요. 큰 농장이나 밭에서는 이 애벌레로 인해 큰 피해를 입어 악성 유행병 귀신으로 여겼지요. 낮에는 둥지 구멍 밑에 틀어박혀 있다가 밤이 되면 땅 위로 올라와 농작물의 뿌리 밑둥을 깎아 먹는 녀석들이기 때문입니다. 그래서 배추밤나방이라 불리기도 해요. 이 애벌레는 채소든 꽃이든 무엇이든 먹어 치웁니다. 꽃밭, 채소밭, 가릴 것 없이 망쳐 놓아요. 별 원인도 없이 작물이 시들 때 살짝 빼 보아 뿌리가 끊어져 나오면 이 녀석들이 밤중에 저지른 일이라고 보면 됩니다. 먹이에 굶주린 이 곤충이 작물의 밑둥을 끊어 버린 거죠. 사탕무 재배 지역에 이 녀석들이 퍼지면 엄청난 손해가 발생했어요. 농부에게는 그야말로 무서운 적이었지요. 이 곤충의 천적은 나나니벌이에요. 자기 애벌레의 먹이가 바로 배추나방의 애벌레니까요. 이 벌은 봄이 오면 정말 열심히 배추나방을 찾아다녀요. 기가 막힌 요령으로 애벌레가 숨어 있는 구멍을 찾아냅니다. 그러니 나나니는 농부들에게 좋은 익충입니다. 파브르는 농사짓는 사람에게 나나니벌을 추천하였어요. 나나니가 한 마리만 있으면 한 구획의 상추밭, 봉선화 화단 하나쯤은 위험에서 구해 낼 수 있겠다 생각했던 거죠.

그러나 파브르는 인간이 엄청난 수의 곤충을 지배할 수는 없다고 말해요. 해충이라고 다 죽이거나 익충이라고 쉽게 번식시키는 것은 불가능한 일이니까요. 파브르는 인간이 대륙을 잘라 내어 운하를 파서 두 바다를 연결하는 위대한 능력은 가지고 있지만, 보잘것없는 벌레들이 채소밭을 망치거나 곤충이 과일 농장을 망쳐도 그 앞에서는 어떻게 할 도리가 없다고 말해요. 그러면서 곤충 앞에 꼼짝 못 하는 인간의 모습을 거인이 소인에게 정복당한다는 말로 표현하죠. 물론 지금은 대량의 농약과 살충제를 뿌리거나 유전자를 변형시킨 식물을 심어 문제를 해결하고 있지만 이것이 바른 해결책인지는 더 지켜봐야 합니다.

곤충 세계에는 인간의 작물을 손대는 채식 곤충이 있어요. 그와 동시에 이 곤충을 사냥하는 뛰어난 본능을 가진 육식 곤충이 있고요. 인간에게 유익하다는 관점에서 보면 육식 곤충이 익충이 되겠네요. 그러면 우리가 밭이나 뜰에 이 익충을 많이 번식시켜 놓으면 문제가 해결되지 않을까요? 파브르는 절대로 안 된다고 강조합니다. 나나니를 번식시키려면 이 나나니 애벌레의 유일한 먹이인 배추나방을 번식시키는 것이 선결 조건입니다. 배추나방을 없애기 위해 배추나방을 번식시켜야 하는 셈이지요. 또 이 곤충의 사육은 거의 불가능해요. 나나니는 꿀벌처럼 모여 살면서 둥지를 지키는 벌과는 아주 다르기 때문이에요. 또 누에처럼 인간이 집에서 기를 수 있는 그런 녀석이 아닙니다. 이 녀석은 떠돌아다니기 좋아하고 제멋대로 행동하거든요.

배추나방의 경우 천적을 통한 해충 제거는 그리 가능성이 없어 보여요. 나나니를 포기하든 배추나방을 포기하든 해야 해요. 우리는 이런 순환논리 안에서 빙글빙글 돌게 됩니다. 좋은 일을 하기 위해 악의 도움을 청해야 하는 꼴이지요. 만일 배추나방의 수가 많으면 나나니는 자기 유충의 먹이가 풍부하게 잡히므로 번성해요. 배추나방의 수가 줄어들면 나나니의 자손도 줄어들거나 없어질 거예요. 이같이 번영과 몰락의 리듬은 잡아먹는 녀석과 잡아먹히는 녀석과의 비율을 조정하는 부동의 법칙을 따르지요.

소나무 해충의 아름다움

파브르가 살았던 프랑스 남부를 포함하여 지중해 연안의 소나무나 침엽수에는 소나무행렬모충이 살아요. [15] 솔잎에 피해를 입히는 곤충이지요. 피해를 입힌다는 점에서 우리나라의 송충이와 유사한 해충이에요. 해충은 나쁜 곤충일까요? 원래 나쁜 곤충으로 지어진 것일까요? 파브르는 그렇지 않다고 말합니다. 이 곤충에게도 창조의 아름다운 모습이 있다는 거예요.

　소나무에 사는 이 소나무행렬모충 애벌레(송충이)들은 서로 다른 가족들이 융합하여 집단을 이룹니다. 제집이 아닌 다른 둥지로 들어가곤 하지요. 파브르가 일부러 둥지를 바꾸면 원래 둥지로 가지 않고 그곳에 그냥 살아요. 먹는 것 때문에 서로 싸우는 일 없이 잎을 갉아 먹거나 제집에 들어가듯이 남의 집으로 들어가는데도 아무런 제지도 받지 않고 평화롭게 받아들여져요. 외부에서 들어왔건 그 가족의 일원이건 간에 애벌레는 공동의 둥지에 자리를 차지할 수 있어요. 다른 애벌레들의 둥

210

지가 제 둥지고, 다른 녀석들의 솔잎 먹이가 자기의 먹이입니다. 그래서 늘 다른 애벌레보다 많지도 않고 적지도 않게 공평히 제 몫을 먹을 수 있어요.

이 송충이들은 각자가 모두를 위해서, 그리고 모두가 각자를 위해서 매일 저녁 자신의 작은 비단실로 둥지를 확장해요. 혼자라면 자기의 하찮은 실타래로 무엇을 할 수 있겠어요? 그러나 수백 수천 마리가 각자의 실타래로 천을 함께 짜기 때문에 무서운 추위도 거뜬히 이겨 낼 수 있는 두꺼운 담요가 만들어져요. 각자 자기를 위해서 일하는 동시에 다른 녀석들을 위해서 일하고, 다른 녀석들도 역시 똑같은 열성으로 그렇게 일해요. 파브르는 이들이 전쟁을 일으키는 원인인 개인의 소유권을 알지 못하는 행복한 곤충들이라고 칭찬해요. 그러면서 사람들 사이에서 이 송충이의 정신이 실현 가능할지 질문을 던집니다. 곤충들도 우리처럼 물질적인 것을 필요로 해요. 우리처럼 싸우고요. 그런데 이 송충이들이 이렇게 아름다운 공동생활을 할 수 있는 이유는 무엇일까요?

세상에서 싸움을 일으키는 가장 큰 원인이 여기에는 없기 때문입니다. 식량 문제 말이지요. 싸우지 않고도 배가 부를 수 있기에 평화가 지속됩니다. 솔잎만 있으면 애벌레의 식사는 충분하니까요. 그 솔잎이 도처에 무진장 있으니 언제나 입만 벌리면 먹을 수 있어요. 경쟁하지 않아도 언제든 충분히 먹을 수 있는 거죠. 커다란 소나무가 먹을 것을 넉넉히 내놓기에 식량이 떨어지는 일은 결코 없습니다. 이와 반대로 먹을 것이 부족하면 격렬한 싸움이 일어나요. 전쟁이 시작되는 거죠. 이런 경우 공동생활은 불가능할 것입니다.

송충이는 먹는 것이 숨 쉬는 것만큼 쉬운 일입니다. 이런 예는 식물성 먹이를 먹는 종류들 사이에서 찾을 수 있습니다. 식물성 먹이의 경우 크게 수고하지 않아도 식량이 넉넉하고 심지어 남는 경우도 있어요. 이와 반대로 언제나 수고하여 어렵게 동물성 먹이를 잡아먹는 곤충들 사이에는 공동생활이 어려워요. 자기 하나만 먹기에도 부족한데 무엇 때문에 모여 살겠어요? 진흙꽃벌이 그래요. 이 곤충은 도시를 이루어 수없이 많은 둥지를 지어요. 마을을 이루고 산다고 해서 이들이 하나의 공동체일까요? 그렇지 않아요. 그곳은 하나의 도시로서, 그저 이웃이 있을 뿐 협력자는 없어요. 어미 하나하나가 각기 제 새끼들의 먹이를 준비해요. 어미들은 자기 새끼들의 먹이 외에는 더 이상 모으지 않고요. 사실 더 모으기도 어려워요. 어미들은 각기 제 가족을 위해서 먹이를 모으는 일만으로도 기진맥진해지거든요. 이러니 제 것이 아닌 다른 둥지에 들어가거나 손대기라도 했다가는 큰일이 나요. 큰 싸움이 벌어지지요. 여기서는 각자의 소유권이 인정되어야 합니다.

사회적인 곤충인 꿀벌도 어미(여왕벌)의 소유권 혹은 이기주의에는 예외가 없어요. 벌통 하나당 어미(여왕벌)가 한 마리만 있어요. 어미가 둘이 있으면 내란이 일어나요. 그중의 한 마리는 다른 녀석에게 맞아 죽든가, 일부를 데리고 다른 곳으로 망명해야 해요. 2만 마리쯤 되는 일벌들은 오직 한 어미의 대가

212

족을 기르기 위해 일생을 독신으로 살면서 헌신하죠. 여기서도 공동생활이 힘을 발휘해요. 말벌과 개미, 흰개미와 그 밖의 군거하는 곤충들도 마찬가지입니다. 그러나 공동생활이 모두에게 행복을 주지는 않아요. 대다수 수천수만 마리는 불완전한 채로 성적 재능을 타고난 한 마리의 보조자로 살아갑니다. 도시를 이루고 사는 진흙꽃벌은 각자 모성을 지니고 있지만 꿀벌의 공동 사회에서는 오직 어미인 여왕벌 한 마리만 모성을 지니고 있거든요.

송충이는 성(性)이 없어요. 아니 그보다도 아직 성이 발달하지 않았다고 보는 게 맞을 거예요. 그러나 이 송충이도 성충이 되어 모성이 성숙해지면 개체의 특성인 경쟁심이 나타날 겁니다. 지금은 그토록 평화로운 이 곤충도 짝짓기 철이 이르면 수컷들이 암컷을 차지하기 위해 서로 싸울 것입니다. 다른 곤충들처럼요. 거의 성이 없다시피 한 애벌레는 아직 사랑의 본능에는 무관심합니다. 그리고 이것이 평화로운 공동생활을 하는 중요한 조건이 됩니다. 그러나 이것만으로는 충분하지 않아요. 공동체의 완전한 화합을 위해서는 모든 구성원 사이에 힘과 재능이 똑같이 분배되어야 합니다. 같은 둥지에 수백 수천 마리가 있더라도 서로 아무런 차이가 없어야 평화가 유지될 수 있을 테니까요.

송충이 때는 하나같이 크기와 힘이 균등합니다. 그리고 같은 옷을 입지요. 길쌈하는 재능도 똑같이 가지고 있고요. 모두가 같은 열성으로 둥지를 만들어요. 일을 쉬거나 또는 일해야 할 때 빈둥빈둥 돌아다니지 않아요. 이들의 사회에서는 누구 하나 더 잘하고 덜 잘하는 경우가 없어요. 평등한 사회이지요. 그러나 불행히도 애벌레의 세계입니다. 성충의 세계가 아니라는 말입니다.

파브르는 소나무행렬모충이 우리의 평등주의나 공산주의 이론의 허무함을 우리에게 보여 준다고 말해요. 애벌레들 사이에 있는 평등과 비슷한 것을 우리는 어디에서 볼 수 있을까요? 그런 평등한 사회는 어디서도 볼 수 없어요. 불평등이 우리의 몫입니다. 그런데 이것은 오히려 다행한 일이에요. 인간 사회는 서로 다른 것들이 협력함으로써 조화를 이루거든요. 다시 말해 만일 평등의 꿈이 실현된다면, 애벌레 사회처럼 단조로워질 것이라는 뜻이기도 합니다. 공산주의에 이르기 위해서는 가족을 없애야 할 것이고, 수고하지 않고도 얻을 수 있는 빵이 풍부히 있어야 하겠지요. 우리의 가족을 위해 매일의 빵을 얻기 위한 노력을 멈추면 우리가 더 행복해질까요? 더 큰 유익이 될까요? 우리에게는 생활에 어떤 가치를 주는 유일한 기쁨인 일과 가족이라는 이 세상의 두 가지 큰 기쁨을 잃게 되겠지요. 평등을 위해서 우리를 가치 있게 만드는 것들을 없애 버리는 셈입니다. 결국 하향 평등만 가능하겠네요.

이 송충이들은 먹이를 먹으러 갈 때 행렬을 이루어 나아가요. 송충이는 무능해서가 아니라 필요에 의해서 맹목적으로 따라가요. 첫째 녀석이 가는 대로 다른 녀석들도 모두 질서 정연하게 줄을 지어 빈 간격을 두지 않고 줄지어 가요. 송충이들은

214

마치 이어진 끈처럼 앞에 가는 녀석의 뒷부분에 머리를 대고 한 줄로 전진하죠. 행렬을 시작하는 애벌레가 제멋대로 굴곡을 그리면서 가도 그 뒤를 따르는 녀석들은 그대로 따라가요. 질서 있는 행렬입니다. 그래서 솔잎을 갉아 먹는 송충이에게 행렬모충이라는 이름이 붙은 것입니다. 이들은 왜 이렇게 붙어서 줄지어 행진하는 것일까요? 행렬모충들은 밤에 솔잎을 갉아 먹으러 가는데요. 식사를 마친 후 밤이 깊어져 기온이 내려가면 둥지로 돌아가야 해요. 이들은 깜깜한 밤에 근시의 시력에 의존해 이동합니다. 게다가 후각도 약해요. 시력과 후각을 빼고 나면 무엇에 의지하여 둥지로 돌아올 수 있을까요? 바로 길쌈한 끈입니다. 그 끈을 따라 행렬을 유지하면서 돌아와요. 행렬의 길이는 매우 다양해요. 파브르가 본 가장 긴 행렬은 12미터쯤 됩니다. 줄지어 있는 300마리가량의 애벌레 행렬에서 선두를 없애도 아무 일도 일어나지 않았어요. 행렬의 속도는 조금도 변하지 않았고 아무 일도 없었던 것처럼 행진이 계속되었지요.

　겨우내 송충이들은 밤에만 활동해요. 날씨가 좋은 낮에는 둥지의 둥근 지붕에 무더기로 겹겹이 쌓인 채 꼼짝도 하지 않아요. 12월과 1월의 창백한 햇볕을 받으며 야외에서 낮잠을 자는 시간에는 아무도 집을 떠나지 않습니다. 밤이 이슥해서 아홉 시쯤 되어서야 비로소 움직이기 시작해요. 어수선한 행렬로 근처에 있는 잔가지의 잎들을 갉아 먹으러 가는 거예요. 솔잎에 머물러 있는 시간은 길어요. 애벌레 때는 자정이 지나서 온도가 내려갈 때나 집으로 돌아가요. 행렬모충은 한겨울 가장 혹독하게 추운 몇 달 동안 가장 활발히 활동합니다. 그때 이들은 쉼 없이 길쌈을 해서 매일 밤 제 둥지에 새 천을 보태요. 날씨가 허락할 때마다 근처 잔가지들로 흩어지는 이들은 많이 먹어 몸을 살찌우고 제 실타래를 새것으로 갈아요.

어떤 날은 둥지 위에 애벌레가 한 마리도 없어요. 싱싱한 솔잎이 가득한 잔가지에도 전혀 보이지 않아요. 밤사이와 아침나절에 비가 왔기 때문입니다. 송충이가 날씨의 변화를 알았던 것일까요? 아니면 우연의 일치일까요? 파브르는 일기가 나쁜 날과 애벌레의 행렬의 관계를 기록해 보았어요. 기압계의 변동과 애벌레 떼의 행렬은 꽤 정확히 일치했어요. 이들은 돌풍이나 눈 등 기압 변화에 민감해요. 이것은 혹독한 겨울밤에 먹이를 먹는 그들의 생활 방식에 있어서는 아주 훌륭한 적성입니다. 그들은 외출하기에 위험한 날씨를 예감하는 것입니다. 나쁜 날씨에 대한 그들의 직감은 오래지 않아 파브르 가족들의 신뢰를 얻었어요. TV도 없던 당시 그들이 생생한 일기 예보를 해주었거든요. 그들은 어떤 기관으로 일기를 예측할까요? 등에 있는 작은 구멍들일까요? 파브르는 상당히 확신하면서도 추측인 이상 더는 모르겠다고 시인해요. 실험할 도구가 없으니 더 나은 수단을 가진 다른 사람들이 이 문제를 풀어 주었으면 좋겠다고 하죠. 그러면서 시골 사람들은 경험적으로 동물에서 얻은 예측을 많이 가지고 있다고 이야기해요.

이렇게 뛰어난 송충이지만 성충인 나방은 나는 것이 몹시

216

서툴러요. 기껏해야 2미터 정도 날아갈 뿐이죠. 그렇게 해서 소나무에 알을 낳아요. 사람의 키 높이 정도 위치에 말이지요. 그 높이에서는 나방의 알주머니들이 눈에 잘 띕니다. 만일 송충이를 죽이려면 그것을 따서 발로 으깨 버리면 됩니다. 파브르는 자기 집 울타리 안의 소나무 몇 그루에 대해서 이렇게 했어요. 땅에 끌리는 가지를 모두 잘라 침엽수 줄기를 2미터 높이까지 가지 없이 두면 된다고 제안해요. 그러면 나방이 나무에 알을 낳을 수 없다는 거예요.

하찮은 생명도 존중하는 파브르는 해충으로 불리는 곤충을 위해서도 이렇게 변호했어요. 곤충들은 야생에서 하나님이 처음부터 정해 주신 자기들의 먹이를 먹고 지내 왔는데, 어느 날 인간이 그 곤충의 먹이를 개량하여 농작물로 만들어 버려요. 그리고 그들의 터전을 밭으로 만들어 버려요. 야생풀보다 개량종이 훨씬 풍성한 수확을 내니 곤충도 그 개량종으로 날아가 함께 먹으려고 하겠지요. 그러나 이번에는 인간이 이 곤충을 약탈자로 여겨 죽이려고 합니다. 자기들에게 정해진 먹이를 먹으려 했을 뿐인데, 졸지에 해충이 된 거예요. 지금은 사람들이 농업 생산성과 품질을 높이기 위해 농약을 써서라도 이 해충들을 없애려는 시도를 하고 있어요. 자연의 먹이 사슬에 따른 천적을 이용해 이 곤충을 없애는 일이 쉽지 않기 때문입니다. 파브르는 오도 가도 못 하는 불쌍한 처지에 몰린 이 해충을 관찰하여 그들의 삶을 소개해요. 하나님이 내신 생명으로서의 아름다운 모습을 그려 냅니다.

　자연계의 모든 생물은 인간이 보살피고 돌보아야 할 대상입니다. 해충이라 불리는 이 곤충들과도 공존하여 살 수밖에 없어요. 이들이 우리 눈에는 해충으로 보이지만 생태계에서는 먹이 사슬의 중요한 고리로서 자연을 유지하는 데 큰 역할을 하는 생명입니다. 이들을 박멸한다고 장기적으로 우리에게 더 유익한 일이 아니라는 것이지요. 더 많은 연구가 필요하겠지만 함께 공존할 수 있는 지식과 지혜를 찾아야 할 것입니다. 하나님이 만드신 생명 중에서 필요 없는 생명은 하나도 없어요. 모든 생명은 존재 그 자체로 가치가 있습니다. 아무리 하찮아 보여도 생명으로서 각자가 해야 할 일이 있어요.

11. 개미와 매미 우화

모든 생명은 고달프게 일한다

👉 일(노동)은 생명의 중요한 특징입니다. 움직이지 못하는
식물부터 움직이는 동물까지 모든 생명체는 부지런히
일해요. 심지어 지구와 하늘의 천체들조차 만유인력의
법칙에 따라 쉬지 않고 일을 합니다. 여기에 무생물인
공기와 물과 암석(흙)은 태양 에너지, 지열이나 바닷물은
달의 중력에 의해 역시 쉬지 않고 일하고 있어요. 이 세상에
일하지 않는 존재는 없어 보입니다. 혹시 많고 많은 생명체
중에 일하지 않고 놀고먹기만 하는 생명이 있을까요?
생명은 일과 어떤 관계가 있을까요? 그런데 동물의 세계뿐
아니라 인간의 세계에서도 이 노동이 괴로운 일상이 되어
버렸어요. 모든 생명이 고달프게 일해요. 우리는 일 또는
노동을 어떻게 봐야 할까요?

'개미와 베짱이' 우화를 아나요? 베짱이는 "쓰익-쩍!" 하고 우는 소리가 베를 짤 때 내는 소리와 비슷하다 하여 붙여진 이름입니다. 많은 어린이 책에 실려 있는 이 우화는 우리가 잘 아는 고대 그리스의 이솝(아이소포스 Aisopos, BC 620?~BC 560?) 우화에 나오는 이야기예요. **16** 그런데 원래 이 이솝 우화에는 '개미와 베짱이'가 아니라 '개미와 매미' 이야기가 나옵니다. 그 내용은 다음과 같아요.

겨울이었습니다. 개미가 저장한 곡식이 젖어서 말리려고 그것을 펴 널고 있었습니다. 배고픈 매미가 찾아오더니 먹을 것을 달라고 해요. 개미가 "왜 너는 우리처럼 여름에 먹을 것을 모아 두지 않았니?"라고 묻자 매미는 이렇게 대답하죠. "노래 부르느라고 시간이 없었거든." 그러자 개미가 코웃음을 치며 말합니다. "여름에 노래했으니 겨울에는 춤이나 추렴."[35]

유럽에서 매미는 그리스 남부나 프랑스 남부와 같이 따뜻한 남쪽 지역에 사는 곤충입니다. 따라서 매미는 유럽의 북부 사람에게는 익숙하지 않은 곤충입니다. 그래서 프랑스의 우화 작가 라 퐁텐(Jean de La Fontaine, 1621~1695)은 자신의 우화집에서 이 우화를 소개할 때 매미로 소개는 하면서도 삽화에는 파리 사람들이 잘 모르는 매미 대신 잘 아는 베짱이(혹은 메뚜기)를

---

35   이솝, "게으름뱅이여, 개미한테 가보라(2)", 《이솝 우화집》, (유종호 옮김, 민음사, 2007), 160.

그려 넣었어요. 그 이후부터 '개미와 매미' 우화는 '개미와 베짱이'로 알려졌고, 우리나라에도 그렇게 소개되었어요. 파브르는 이 과정을 《곤충기》에 적은 뒤 옛 이솝 우화 그대로 매미로 고쳐서 설명해요.

사실 주인공이 매미든 베짱이든 이 우화는 겨울을 대비해 부지런히 음식을 모으는 개미와 따뜻한 계절 동안 게으르게 노래나 부르면서 시간을 보낸 매미(혹은 베짱이) 이야기입니다. 겨울이 오자 매미는 굶주림에 시달리다 개미에게 구걸을 하고 개미는 매미의 게으름을 비난하지요. 매미처럼 게으르지 말고 개미처럼 부지런하게 살자는 교훈을 주는 대표적인 우화입니다. 베짱이로 고쳐도 기본 내용은 똑같습니다. 하지만 파브르는 실제 매미가 어떤 곤충인가를 밝혀 (비록 이야기에 불과하지만) 느닷없이 게으름뱅이라는 오명을 얻은 매미의 명예를 회복시켜 주려고 해요. 아니 곤충 전체, 나아가 동물 전체에 대한 오해를 풀어 주려고 하지요. 이제 그 이야기를 들어 볼까요?

개미와 매미의 우화

개미는 현재 전 세계에서 개체 수가 가장 많은 동물로 1경에서 1,000경 마리 정도 사는 것으로 추정되고 있어요. 1경은 조(兆)의 만 배가 되는 수의 단위를 말하는데요. 우리가 셀 수 없을 정도로 엄청난 수라고 보면 돼요. 개미 전체의 무게를 합치면 인간 전체의 무게보다 훨씬 더 무겁다는 게 놀랍지 않나요? 쉴새 없이 움직이는 개미는 부지런한 곤충으로 잘 알려져 있어요. 개미의 부지런함과 여름에 미리 먹을 것을 준비하는 습성은 성경에도 기록돼 있을 정도입니다(잠 6:6-9, 30:25).

파브르는 이야기 속에 등장하는 많은 곤충의 모습이 실제와는 다른 점이 많아서 안타깝다는 이야기를 하고 있어요. 그이야기를 읽거나 듣는 사람들은 그 곤충을 이야기 속 모습 그대로 믿게 될 테니까요. 또 틀린 사실로부터 주어지는 교훈은 바른 교훈이 아니라고 보았어요. 그래서 아무리 이야기라 해도 바르게 묘사되지 않은 점에 대해서 곤충의 참모습을 알려 주고자 했어요. 그 대상 가운데 하나가 매미예요. 매미는 곤충 가운데 최고의 명성을 누리는 곤충이라 할 수 있어요. 필자가 어린 시절 곤충 채집을 할 때도 가장 인기 있는 곤충이 매미였어요. 요즘은 너무 흔해 그 명성을 잃어 가고 있긴 하지만요. 그래도 여전히 매미채로 매미를 잡는 일은 어린아이들의 큰 즐거움 중 하나일 것입니다. 그런데 이 매미가 어릴 때 누구나 읽는 우화 하나 때문에 노래만 부르는 게으른 곤충으로 낙인찍혀 버렸어요. 우리나라의 경우에는 매미 대신 베짱이로 번역되어 베짱이가 그 불명예를 안게 되었지요. 그 우화에서 매미(베짱이)는 북풍이 몰아치는 겨울 먹을 것이 없어서 이웃인 개미에게 달려가서 굶주림을 호소해요. 그러나 환영을 받기는커녕 개미의 조롱 섞인 짧은 대답을 듣게 됩니다. "당신은 노래를 부르고 있었잖아요! 좋아요! 그러니, 이제는 춤이나 추시지요."[36]

222

파브르는 이 말이 쐐기처럼 어린이들의 마음에 박혀 일생 매미(혹은 베짱이)에 대한 부정적인 인식을 안고 살게 된다고 말해요. 어린이들이 글을 읽기 시작할 때 이 이야기를 듣고 또 읽기를 반복하기 때문입니다. 하지만 여기에 묘사된 매미의 모습은 실제와는 완전히 다릅니다. 파브르는 매미의 습성을 조금이라도 안다면 이는 터무니없는 난센스라고까지 말합니다. 실제로 겨울에 모든 매미는 죽고 없습니다. 그런데도 이야기 속에서 매미는 추위가 닥쳐오면 굶주림으로 고통을 당하는 것으로 묘사되고 있어요. 또 나무의 수액만 빨아먹을 수 있는 매미는 개미의 식량을 먹을 수 없어요. 그런데도 매미가 개미에게 가서 그동안 모아 놓은 파리나 작은 벌레들을 좀 달라고 간청하다니요. 이야기 속에 나오는 이런 오류를 어떻게 봐야 할까요?

이 우화는 올리브나무와 매미의 고장인 그리스에서 온 것입니다. 저자가 이솝으로 알려져 있지만 사실 그가 저자인지는 확실하지 않습니다. 게다가 프랑스의 라 퐁텐 우화에서 이 이야기를 소개할 때는 이 매미의 삽화를 베짱이처럼 그렸고, 그것이 번역되어 우리나라에 소개될 때는 개미와 매미가 아니라 개미와 베짱이의 이야기가 되고 맙니다. 파브르에 따르면 프랑스 북쪽에는 매미가 살지 않아 매미를 본 적이 없는 라 퐁텐이 매미를 잘못 그렸을 가능성이 있습니다. 이에 우리나라 독자들

---

36   파브르, "매미와 개미의 우화", 《파브르 곤충기》, (이근배·안응렬 옮김, 올재, 5권, 제13장, 2022), 188. 이솝우화의 "여름에 노래했으니 겨울에는 춤이나 추렴"과 같은 의미입니다.

은 매미에 더해 이제 베짱이 혹은 메뚜기의 습성까지 오해하기에 이르렀어요. 결국 파브르는 매미 혹은 베짱이의 습성을 잘못 전달한 책임이 이솝에게 있는지 라 퐁텐에게 있는지 그 책임자 찾기를 포기하고 매미에 대한 진실을 소개하는 데로 눈길을 돌립니다.

놀고먹는 게으른 생명은 없다

이제 파브르는 우화에 등장한 곤충 매미의 명예를 회복시키려 합니다. 그는 매미가 시끄럽고 귀찮은 이웃이라는 것을 먼저 인정합니다. 여름만 되면 수백 마리의 매미가 파브르의 집 문 앞 큰 플라타너스 두 그루에 자리를 잡았다고 해요. 이들은 해가 뜰 때부터 질 때까지 귀가 먹먹해지도록 합창을 했답니다. 아무 생각도 할 수 없을 만큼 요란한 소리로요. 그래서 파브르는 이른 아침 글을 쓰지 않으면 그날은 아예 글을 쓸 수 없었다고 합니다. "아! 아주 조용했으면 하고 바라는 우리 집의 재앙인 신들린 곤충이여. 정신을 가다듬고 있는데 수백 마리가 요란스럽게 한꺼번에 귀에 대고 북을 치는 것은 진짜 형벌이다."[37] 지금 우리나라의 도시에서도 점점 매미 소리가 고역스러운 소음이 되고 있어요. 게다가 아파트 불빛과 자동차 불빛으

---

37   앞의 책, 192.

로 밤에도 그 소리는 그치지 않게 되었지요.

파브르의 관찰에 따르면 매미에 대한 우화 작가의 글은 지레짐작으로 상상해 낸 것이라는 것을 알 수 있습니다. 매미와 개미 사이에 서로 관계가 있는 것은 맞습니다. 다만 그 관계는 우리가 듣는 이야기와는 정반대입니다. 매미는 남의 도움을 받으며 살아가는 곤충이 아닙니다. 따라서 그 관계의 문제는 먹을 수 있는 것은 무엇이든지 먹고 또 자기들 창고로 갖다 넣는 욕심 많은 개미에게서 온다고 보는 것이 더 타당할 것입니다. 매미가 개미집 문전에 가서 배고파 죽겠다고 호소하는 일은 없으니까요. 오히려 정반대로 기근에 쫓긴 개미가 노래 부르고 있는 매미에게 애원합니다. 아니, 애원이 아니라 매미를 착취하고 뻔뻔스럽게 강탈하지요. 파브르는 당시까지 아직 알려지지 않은 이 개미의 강탈을 자세히 관찰해요.

여름 오후 더위에 숨이 막히는 시간 한 때의 개미가 목이 말라 이리저리 헤매고 있는 모습이 목격되었어요. 하지만 매미는 목마름과는 거리가 먼 곤충이에요. 뾰족하고 가는 긴 주둥이로 나무에 구멍 하나만 뚫으면 목을 축일 수 있으니까요. 나무의 줄기 안에는 잎에서 만들어진 포도당 같은 영양분이 지나다니는 체관과 그 안쪽에 뿌리의 물이 흐르는 물관이 있어요. 매미는 바깥 체관에 주둥이를 꽂아 영양분을 빨아 먹어요. 영양분이 들어 있는 물을 맛있게 마시면서 노래를 부르지요. 그러면 얼마 후 말벌, 파리, 집게벌레, 조롱박벌, 그리고 개미 등 목마른 곤충들이 몰려옵니다. 작은 곤충들은 매미가 뚫어 놓은 나무의 샘에 가까이 가기 위해 매미의 배 밑으로 기어들어요. 그러다 일부는 아예 매미를 쫓아내는 침략자들로 돌변하기도 합니다.

이 강도질을 가장 끈질기게 하는 곤충이 개미입니다. 개미들은 매미의 다리 끝을 잘근잘근 물어뜯거나 날개 끝을 잡아당기거나 등으로 기어오르거나 촉각을 건드려요. 과감한 개미들은 매미의 긴 주둥이를 뽑아내려고 안간힘을 쓰기도 하고요. 개미들에게 이토록 괴롭힘을 당해 더는 참을 수 없게 된 몸집이 큰 매미는 끝내 자신이 판 나무의 샘을 포기해 버려요. 매미는 개미 강도들에게 오줌을 한 번 찍 갈기고 날아가 버립니다. 그러면 개미가 그 샘을 차지하게 돼요.

그러니 자연에서 관찰한 개미와 매미의 관계는 우화와는 정반대입니다. 염치없이 귀찮게 구걸하는 곤충이 개미이고, 목마름을 호소하는 이들에게 기꺼이 나누어 주는 곤충이 매미입니다. 개미와 매미의 관계는 여기에서 한 걸음 더 나아갑니다. 몇 주 동안 화려한 옷을 입고 햇볕을 쬐면서 생의 환희를 노래하던 매미는 이제 지쳐서 나무에서 떨어져 죽습니다. 시체는 햇볕에 마르고 사람들의 발에 밟혀 으깨집니다. 늘 먹잇감을 찾아 부지런히 돌아다니는 개미가 그 시체를 발견하면 그들은 그 사체를 잘게 잘라 부스러기로 만들어 그들의 양식 창고로 옮겨 가요. 심지어 개미들은 아직 날개를 파닥거리며 죽어 가는 매미를 잡아당겨 능지처참하기도 해요. 죽어 가는 매미에게 개미 떼가 새까맣게 달라붙어 있는 것이지요. 이것이 두 곤충

사이의 진실입니다.

고대 그리스와 로마에서는 매미를 매우 존중했어요. 파브르는 고대 그리스의 음유시인 아나크레온(Anacreon, BC 570?~BC 480?)이 매미에게 바친 짧은 시를 소개합니다. "너는 거의 신들과 비슷하구나."[38] 이 시인이 매미를 이렇게 신격화한 이유는 무엇일까요? 매미가 흙에서 솟아났고, 고통을 느끼지 못하고, 피가 없는 살을 가지고 있다는 것 때문이었어요. 매미의 피는 붉은색이 아니라 거의 색깔이 없거든요. 그래서 이 시인은 피가 없다고 본 거예요. 파브르도 자신의 관찰을 바탕으로 '매미와 개미'라는 시를 써 《곤충기》에 실었어요.[39] 그는 이 시에서 매미는 결코 게으른 곤충이 아니라고 말함으로써 매미의 억울함을 풀어 주고 있어요.

고달픈 노동

개미와 매미 우화에서 원래의 매미 대신 나오는 우리나라의 베짱이도 매미와 마찬가지로 놀고먹는 게으른 곤충이 아니에요. 베짱이는 먹고살기 위해 부지런히 일하는 곤충입니다. 매미는 한가하게 나무에 매달려 노래나 부르는 것이 아니라 짧은 성충

---

38 앞의 책, 194.
39 앞의 책, 196-205.

기에 먹이 활동을 하면서 후손도 남겨야 하기에 부지런히 살다가 생을 마쳐요. 파브르는 이 우화 속 곤충의 습성을 관찰하고 우화의 내용을 바로잡는 한편, 한 걸음 더 나아가 곤충 세계에 '놀고먹는 곤충들'이 있는지를 논해요. 그가 내린 결론은 곤충의 세계에서 놀고먹는 게으른 곤충은 없다는 것입니다. 모든 곤충은 다 부지런히 일한다는 것이지요. 그런데 파브르가 관찰한 그들의 일은 즐겁다기보다는 괴롭고 고통스러운 것들이 많았어요.

식물과 동물의 세계에는 기생 생물들이 많이 있어요. '기생'(붙어살이, parasitism)의 어원은 '남의 것을 먹는'이라는 뜻의 그리스어 'parasitos'로 다른 생물의 식량이나 도움으로 살아간다는 의미입니다. 그래서 대체로 기생 생물은 '놀고먹는'다는 이미지가 강합니다. 기생 곤충은 남의 식량을 먹고 남이 기른 애벌레에 알을 낳아 자기 새끼를 기르는 곤충을 말해요. 그리고 자신의 노력 없이 남이 수고한 먹이를 뺏어 먹고 남이 지어 놓은 집을 차지하지요. 그러나 이런 기생 곤충들도 그 이미지와는 달리 놀고먹는 게으른 곤충은 아닙니다. 벌 중에서 소위 놀고먹는다는 기생벌이 남의 먹이 창고 속에 알을 낳으려고 기회를 엿봐요. 놀고먹는 곤충들은 부지런히 일하는 곤충들과 식량 쟁탈전도 벌이는데, 대여섯 마리의 소위 게으름뱅이들이 부지런히 일하는 곤충의 식량을 약탈하고 심지어 죽이기까지 해요. 그리고 여러 차례 언급했듯 다른 곤충의 애벌레(혹은 번데기)의 고치에 자신의 알을 낳아 그 애벌레를 자기 새끼의 먹이로 사용합니다. 기생 곤충들도 이렇게 저렇게 아주 부지런히 일해야 생존이 가능합니다. 하물며 기생 곤충조차도 고달프고 힘들게 일하지 결코 놀고먹지 않아요.

파브르는 모든 생명은 힘들게 노동을 하면서 산다고 해요. 그러면서 오히려 우리 인간을 돌아보자고 합니다. 곤충이 아니라 우리 인간이 더 놀고먹는 것은 아닌지 그렇게 살려고 하고 있지는 않은지 돌아보자는 거예요. 그리고 남의 수고를 약탈하고 탈취하는 데 인간만큼 능한 생명이 있는지를 묻습니다. 사실 곤충이 무자비하게 약탈하고 죽이고 잡아먹는다 할지라도 약탈과 착취의 대가인 인간에 비할 수 없으며, 그들은 그저 인간을 흉내 내고 있을 뿐이라고 말하면서요. 파브르는 곤충이 결코 인간만큼 잔인하거나 야비하지는 않다고 말합니다. 기생 곤충은 새끼를 키울 만한 수단을 가지고 있지 않아요. 스스로 식량을 마련할 도구를 갖고 있지도 않고 그 방법도 알지 못해요. 그래서 그들은 능력을 갖춘 다른 곤충의 먹이를 이용하는 거예요. 잔인한 먹이 쟁탈전에서 살아남기 위해 자기가 갖춘 능력의 범위 내에서 자신과 새끼들의 생존을 이어 갈 방법을 찾고 있는 것입니다. 몇천 마리의 꽃벌은 함께 살면서 이웃의 꿀통의 꿀을 훔치지 않고 죽어라 일하면서 살아가요. 그런데 침파리나 먹뎅벌은 다른 곤충의 양식을 먹고 삽니다. 먹뎅벌이 게을러서 그럴까요? 먹뎅벌이 게으름을 피운 탓에 시간이 지나면서 일할 수 있는 도구의 기능을 잃어버렸다는 주장이 있어요. 놀기를 좋아하고 새끼를 남의 집에 맡겨 두곤 했기 때문에 점점 일을 싫어하게 되었다는 것이지요. 도구를 사용하지 않아 점점 그 기능을 잃고, 결국 쓸모없는 기관이 되었다가 끝내 없어져 버렸다는 것입니다.

파브르는 곤충의 기생 습성이 게으른 버릇에서 생겼다는 이 주장에 동의하지 않아요. 사실 기생 곤충은 스스로 힘들게 살아가는 곤충보다 더 괴롭고 어려운 생활을 하고 있어요. 여름날 타는 듯한 더위 속에서 기생벌은 아주 부지런히 움직입니다. 바삐 왔다 갔다 하지만 대부분은 헛수고로 끝나지요. 빈집을 수백 번 드나들고 나서야 적당한 집을 찾아요. 자기 알을 남의 집에 넣기 위해 얼마나 험난한 고비를 넘기고 숱한 어려운 시간을 보내는지 모릅니다. 부지런한 꿀벌이 집을 짓고 꿀을 모으려고 수고하는 괴로움과 다를 것이 없어요. 때로는 기생벌의 괴로움이 더 클지도 몰라요. 남에게 의지함으로 인해서 자신의 알이 깨어나지 못할 가능성이 더 높기도 하고요. 남의 집을 가로채는 일은 결코 쉽지 않아요. 파브르는 새끼를 편히 기르면서 놀고먹는 기생 곤충이 되었다는 이야기는 잘못된 시각에서 나온 것이라 주장합니다. 자기 새끼들이 번성하는 것이 아니라 겨우 몇 마리 살아남거든요. 곤충의 세계에서는 놀고먹는 것이 더 괴로운 일이에요. 오히려 어느 곤충이든 예나 지금이나 일꾼으로서 자기 자신에게 맡겨진 일을 참을성 있게 감당하고, 또 그렇게 활동하는 것이야말로 모든 곤충이 세상에서 누릴 수 있는 가장 큰 기쁨일 수 있어요. 그것이 곧 생명, 나아가 전 창조물이 일하는 의미입니다. 곤충이든 인간이든 생명이라면 다 노동이 신성한 법칙이라 할 것입니다. 그런데 그 노동이 모두에게 괴로운 일이 되고 말았습니다. 모두 죽기까지 죽어라 일하고 있어요. 치열한 생존 경쟁 때문이지요.

파브르는 엄밀한 의미에서 모든 생물이 놀고먹는다고 말할 수도 있다고 말합니다. 남의 것 혹은 남이 만든 것을 먹는다는 의미에서 보면 말이죠. 그런 점에서 보면 인간이야말로 놀고먹는다는 점에 있어서는 둘째가라면 서러운 존재겠죠. 우리 인간은 젖소의 젖을 훔치고 꿀벌의 꿀을 빼앗아 먹어요. 그렇다고 인간을 게으름뱅이라고 할 수 있을까요? 그런 사람도 있겠지만 대부분은 그렇지 않아요. 오히려 대부분의 인간은 괴로울 정도로 힘겹게 일하면서 살아가죠. 모든 생물이 살아간다는 것은 먹이를 빼앗고 빼앗기는 과정이라 할 수 있어요. 물질이 이 생물 저 생물로 옮겨 다니면서 생명을 유지시켜 주기 때문입니다. 생물 세계에서는 서로가 손님도 되고 먹이가 되기도 해요. 그 과정 안에서 이 세상 모든 생명은 결코 게으름뱅이가 아니고 다 부지런하게 살아가고 있어요. 그런데 생존 경쟁 때문에 모든 생명은 부지런함을 넘어 지치도록 힘겹게 노동을 하면서 살아가고 있는 거랍니다.

이솝이나 라 퐁텐의 우화 '개미와 매미'를 들어 파브르가 말하고 싶었던 건 이 세상에 놀고먹는 생명은 없다는 사실이에요. 모든 생명은 부지런히 일한다는 거예요. 여름철의 인기 가수이면서 아름다운 매미는 주위의 모든 것을 즐겁게 해줍니다. 사실 관계를 따지자면 매미는 놀고먹는 곤충이 아닙니다. 오히려 여름 내내 노래하며 파낸 샘을 점령자 개미에게 빼앗기는 쪽이죠. 괴로워하는 개미에게 음식을 내어 주는 부지런한 일꾼이 매미입니다. 같은 우화의 메뚜기나 베짱이도 마찬가지입니다. 파브르는 매미의 위상을 높여 주는 데 마음을 썼지만, 사실 개미도 자연에서 하는 일이 어마어마해요. 땅을 파고 굴을 뚫어 땅속으로 공기가 드나들게 해 식물 뿌리가 숨을 쉬게 해주고 식물 열매를 널리 퍼뜨릴 수 있게 해주어요. 서양에서도 그랬지만 동양에서도 개미는 부지런하고 열심히 사는 곤충으로 이른바 '의로운 곤충'이라 불렸어요. 같은 이솝 우화의 '개미와 비둘기'에서는 비둘기가 물에 빠진 개미를 구해 주자, 이번에는 개미가 사냥꾼의 발을 물어 위기에 처한 비둘기를 구해 줘요.

파브르는 개미와 매미의 우화를 통해 우리에게 더 큰 교훈을 들려줍니다. 노동에서 예외인 생명은 하나도 없다는 것이지요. 하나님이 창조 때부터 명령하신 노동은 생명의 아름다운 특징이에요. 그래서 하나님이 만드신 세상의 모든 피조물은 부지런히 일해야 먹고살고 또 살아남을 수 있어요. 파브르도 1909년 《곤충기》 10권의 원고를 끝낸 후 이제 나이가 많아 더 이상 눈이 잘 보이지도 않게 되었는데도 "나 일터로 나아가리라"라 적고 죽을 때까지 곤충 관찰이라는 자신의 일을 하다 세상을 떠났어요. 생명은 일을 통해 그 아름다움이 드러나요. 하나님이 그렇게 만드셨으니까요.

그런데 파브르의 관찰은 이 노동의 아름다움에서 끝나지 않아요. 곤충의 세계에서 노동은 아름다움이라기보다 괴롭고 고통스러운 일이었어요. 많은 곤충들은 기생 곤충들에게 자신이 일한 결과물을 빼앗겨요. 죽어라 일해도 자신의 노동이 수포로 돌아가는 것이지요. 그렇다고 남의 것을 차지하는 기생 곤충도 편안한 삶을 사는 건 아니에요. 더 힘들고 괴로운 노동을 해야 겨우 생존할 수 있어요. 다들 쉼이 없는 고달픈 노동이지요. 안식은 오직 죽어서야 가능하게 되었어요. 그래서 우리 시대에는 일하지 않고 노는 것이 로망이 되었나 봅니다. 그러나 그것이 참 쉼과 안식이 될까요? 하나님이 내신 아름다운 노동이 왜 이렇게 고된 노역이 되었을까요?

3부

공존하는 생명

12. 생명의 순환
식물과 동물은 형제이다

☞ 흔히들 살아 있다, 즉 생명이 있다는 것을 움직이고
활동하는 것으로 이해해요. 그런 점에서 우리는 식물이
생명이라는 사실을 종종 잊어버리죠. 식물은 생명으로서
별로 존중을 못 받는다는 말이기도 합니다. 파브르는
당대에 천시받던 곤충과 함께 식물도 생명으로서의
위상을 찾아주고자 힘썼어요. 파브르는 식물과 동물은
형제(혹은 자매)라고 말합니다. 식물을 이해하기 위해서는
동물을 참고하는 것이 좋고, 마찬가지로 동물을 알려면
식물을 알아야 한다고 하지요. 그의《식물기》(혹은《식물
이야기》)는 비록 4,000여 쪽 분량에 권수만 무려 10권에
이르는《곤충기》의 방대함에는 미치지 못하지만, 하나님이
만드신 식물이라는 생명의 아름다움을 잘 그리고 있어요.[40]
파브르는 왜 식물과 동물이 형제라고 말했을까요?

---

40 파브르,《파브르 식물 이야기》, (추둘란 풀어씀, 사계절, 2011). 이 책을 읽
   어 보세요.

동물과 식물의 몸

동물의 몸은 단백질과 지방에 더해 각종 유기물과 무기물로 이루어져 있어요. 식물은 태양 빛의 에너지를 이용해 공기 중의 이산화탄소와 뿌리에서 흡수한 물로 포도당(당분)을 합성해요. 식물의 몸은 이 포도당을 기초로 한 셀룰로스(섬유질)와 그 밖에 뿌리에서 흡수한 각종 유기물과 무기물을 더해 만들어진 단백질과 지질 등으로 이루어져 있는데요. 식물의 잎에서 태양의 빛을 이용한 포도당 합성을 광합성(photosynthesis)이라고 불러요. 빛[광(光)]을 이용해 합성했다는 말이에요. 이렇게 합성된 포도당이 서로 연결하여 셀룰로스와 같은 식물의 몸을 이룹니다. 그뿐만 아니라 쌀, 밀, 옥수수, 감자와 같은 씨앗을 위한 에너지 저장체인 탄수화물(녹말)을 만들어요. 인간과 동물은 이 식물의 탄수화물을 식량으로 사용합니다. 그리고 식물은 땅속에서 뿌리를 통해 각종 영양소를 흡수하여 몸과 꽃과 씨앗을 위한 단백질이나 지질 등을 만들어 내요. 그리고 인간과 동물들이 이 식물을 먹고 살아가요. 그리고 이 식물을 먹고 사는 동물들을 먹이로 삼는 육식 동물들도 있어요. 식물과 동물 양쪽을 다 먹는 동물들도 있고요. 인간이 그 대표적인 예입니다.

이렇게 식물을 직접 혹은 간접적으로 먹고 살아가는 동물들이 죽으면 곤충이나 미생물들이 그 사체를 분해하여 그 분해물을 땅과 공기로 되돌려 놓습니다. 그러면 이번에는 그 분해된 영양분을 식물이 먹고 자라 다시 동물들에게 먹을 것을 제공해요. 이렇게 자연은 거대한 먹이의 연결 고리를 이루고 있는데 이를 먹이 사슬이라고 불러요. 이 먹이 사슬과 땅, 물, 공기 등 무생물 세계까지 포함하여 모든 자연이 함께 연결되어 공존하는 하나의 세계를 우리는 생태계라 부릅니다.

식물과 동물, 특히 식물과 곤충은 어떻게 공존할까요? 파브르는 이들이 여러 가지 방법으로 공존하는 모습을 관찰해요. 가장 대표적인 공존은 곤충이 동물의 배설물이나 동식물의 사체를 분해하여 영양분을 식물에게 제공하고, 식물은 광합성 등을 통해 이를 다시 곤충의 먹이로 만들어 제공하는 것입니다. 그리고 벌들이 식물이 만든 꿀을 먹으면서 수분을 도와주는 것도 공존입니다. 그러나 이들 사이에 치열한 생존 경쟁(투쟁)도 목격됩니다. 곤충을 잡아먹는 식물도 있긴 하지만 대체로 곤충이 식물을 먹습니다. 조금 먹을 때는 별문제가 없지만, 정도를 넘어설 정도로 먹으면 식물은 죽고 말지요. 그래서 움직이지 못하는 식물은 방어 물질인 독을 만들어 곤충이 먹지 못하게 막아요. 식물과 곤충의 이런 싸움도 생태계 전체로 보면 해를 끼치는 일이 아니에요. 곤충마다 각자 먹는 식물이 정해져 있어 특정 식물이 멸종할 가능성은 높지 않기 때문입니다. 오히려 특정 식물이 지나치게 번성하는 것을 막아 모든 생물이 골고루 번성하게 조절해 주는 역할을 해요.

238

식물의 온실가스 감축

책을 만드는 재료는 종이입니다. 종이는 식물의 세포를 구성하는 섬유질 물질입니다. 과학에서는 이를 라틴어 셀룰라(cellula)를 사용하여 셀룰로스(cellulose)라고 이름 붙였어요. 작은 방을 뜻하는 이 셀라 혹은 셀룰라에서 우리가 잘 아는 세포(셀, cell)라는 말도 생겼고요. 종이뿐 아니라 솜이나 직물로 사용하는 삼(삼베)도 셀룰로스 섬유 다발입니다. 식물의 세포 속에서 만들어진 물질 중에서 가장 걸작품은 녹말(혹은 전분)이라는 탄수화물입니다. 이 녹말은 포도당(당분)이 모여 있는 물질로서 냄새도 맛도 없습니다. 그럼에도 방어 효과를 더 높이기 위해 식물은 종류에 따라 이 녹말에 각종 쓴 물질이나 독을 넣기도 해요. 지금 우리가 먹는 곡물들은 품종 개량을 통해 이런 독 성분을 거의 없앤 것들입니다. 독 성분을 제거하니 인간뿐 아니라 곤충이나 미생물들도 쉽게 먹을 수 있게 되었어요. 그러나 외부 공격에는 취약하게 되어 버렸죠. 그래서 곡물은 이제 인간이 농약을 통해 보호해 주지 않으면 살아남기 어렵게 되었어요.

사람들은 쌀, 밀, 옥수수, 감자 등 곡물에 물을 넣어 가열하거나 여러 방법으로 익혀 먹어요. 감자에는 벌레가 갉아 먹는 것을 막기 위해 솔라닌이라는 독이 들어 있는데, 열을 가하여 조리하면 이 독이 없어지고 또 맛도 좋아져요. 무슨 변화가 일어났을까요? 열이 감자 속에 있는 독을 파괴했을 뿐 아니라 녹말의 일부를 깨트려 당분으로 바꾸었기 때문입니다. 밤에는 독이 들어 있지 않아 곤충들이 즐겨 갉아 먹어요. 하지만 파브르는 밤을 어리석은 식물이라 비난하지 말자고 제안해요. 모두가 감자처럼 독을 품고 있다면 독을 제거하는 방법을 모르는 곤충들은 무엇을 먹고 살겠느냐고 하면서요.

식물은 인간들이 사용하는 요리법을 사용하지 않아요. 사용할 수도 없지요. 그 대신 식물은 다른 방법을 알고 있어요. 보리에 물을 주면 싹이 트는데, 이를 손으로 만져 보면 아주 연해요. 손가락으로 누르면 단맛이 나는 젖 같은 즙이 나오지요. 어린 식물에게 젖처럼 주기 위해 녹말이 당분으로 분해된 것입니다. 식물의 저장 식품인 이 녹말은 광합성을 통해 만들어져요. 태양 에너지로 온실가스라 불리는 이산화탄소와 물을 결합하여 포도당을 만들고 이 당을 연결하여 녹말을 만든 것이지요. 생명의 에너지원이 된 것이에요. 기체인 온실가스가 고체의 먹을 것으로 바뀐 것입니다. 이를 탄소 순환이라 불러요. 공기 중의 이산화탄소가 식물에 의해 녹말이 되고, 동물은 이 녹말을 먹고 에너지를 얻은 다음 다시 이산화탄소로 공기 중에 내보내기 때문입니다. 오늘날 온실가스로 인한 기후위기가 큰 문제가 되고 있지요. 식물은 공기 중의 이 온실가스를 없애는 데 큰 역할을 해요. 온실가스 감축을 위해서는 숲을 파괴하는 대신에 숲을 더 잘 가꾸어야 합니다.

식물은 낱알, 뿌리, 줄기 등 다양한 형태로 이 녹말을 저장해요. 녹말은 수많은 작은 입자 형태로 세포 안에 축적돼 있어요. 그리고 식물은 눈이 싹틀 때 녹말이 당분으로 바뀌어 영양분이 됩니다. 또 이 당분으로 세포가 형성되고 셀룰로스 섬유와 도관도 만들어져요. 광합성의 당분이 녹말이 되고 그다음 셀룰로스나 목재가 됩니다. 많은 식물은 녹말에 독을 섞어요. 인간은 쪄서 독을 제거하지만, 식물은 그럴 필요가 없어요. 필요한 시기가 되면 녹말의 유독 물질은 전혀 해롭지 않은 것으로 바뀌어 영양분이 되는 것입니다. 독을 식품으로 바꾸는 일은 식물에게는 아무것도 아닙니다. 동물에게는 독이 되는 것이 식물에게는 독이 아닐 수도 있어요. 꽤 많은 식물이 동물을 죽이거나 해를 끼치는 무서운 물질을 체내에 지니고 있어요. 그럼에도 식물은 해를 입지 않아요.

　　탄소의 순환에는 단세포식물도 큰 역할을 해요. 지구상에서 온실가스 감축을 하는 광합성의 상당 부분을 이 단세포식물이 하고 있어요. 바닷물 속의 단세포식물인 식물성 플랑크톤들이 대표적입니다. 단세포생물이 작기 때문에 약할 것이라 생각하면 큰 오산입니다. 이 생물은 강인한 생명력을 갖고 있으며, 커다란 식물에게는 치명적일 조건 아래에서도 잘 번식해요. 이 작은 생명은 자연의 어떤 곳이든 빈터로 버려두지 않고 다 살아요. 깊은 바닷물 속, 황무지, 뜨거운 물 속, 딱히 가리지 않고 어느 곳에나 살고 있어요. 이 단세포식물은 동물이나 식물의 사체의 구성 요소를 바꾸어 다시 생명체들이 사용할 수 있게 해주기도 해요. 단세포식물은 썩은 나무의 버섯이나 썩은 과일에 피는 곰팡이 등 모든 부패한 물질에서도 생깁니다. 그래서 파브르는 생명체를 겉모습으로 판단해서는 안 된다고 말해요.

가장 작은 단세포식물조차 가장 중요한 역할을 맡고 있기 때문이지요. 이 식물은 맹렬하게 증식해서 죽은 물질에 들어가 그것을 생명의 순환 속으로 되돌리는 역할을 합니다.

땅 위에 넘어진 나무의 유해는 뒤를 잇는 식물을 위해 가루가 되어야 하지요. 이를 위해 소매를 걷어붙이고 열심히 작업에 나서는 게 바로 단세포식물들입니다. 이끼, 곰팡이, 버섯, 그 밖의 지의식물(균류와 조류의 공생체)들이 사체에 달라붙어요. 그러고는 사체를 분해하는 곤충과 공기의 도움을 받아 죽은 나무를 부식토로 만들지요. 그렇게 해서 죽은 나무는 마침내 영양분이 가득한 흙으로 만들어집니다. 그러면 그 흙 위에 다시 생명이 생기고 새로운 식물이 자라나요. 얼핏 보기에 하찮아 보이는 이 단세포식물들이 없었다면 죽은 나무는 그저 죽음에서 끝나고 생명의 순환은 불가능했을 것입니다.

죽은 물질을 빨리 생물의 흐름 속으로 되돌려 보내는 것이 자연의 위생 법칙입니다. 이 세상 전체의 위생이 여기에 달려 있어요. 이 법칙을 실행하기 위해 곤충과 단세포식물이 존재하고 그들이 부지런히 일을 합니다. 파브르는 이들을 "하나님으로부터 위임받은 자들"이라 부릅니다.[41] 사람들은 자기들의 좁은 시야로 사물을 바라보고, 음식물이 부패하면 이 단세포식물들을 탓하며 쓸모없는 존재라고 욕하기 바쁩니다. 왜 이런 것

---

41 파브르, "단세포식물", 《식물기》, (정석형 옮김, 두레, 제9장, 2011), 123-125. 아래 인용문들도 이 안에 들어 있어요.

들이 있어 내 먹을 것을 썩게 하느냐고요. 그러나 파브르는 "하나님이 곰팡이를 만들었을 때 이 최하등의 단세포식물은 잼을 못 쓰게 만듦으로써 엄마에게 욕을 얻어먹을 것을 각오하면서도 자기들이 맡은 위대한 사명을 완수했다"고 기록합니다. 그들이 죽음의 성분을 생명의 성분으로 바꾸는 사명을 다했다는 말입니다. 그러면서 또 이런 말을 덧붙입니다. "창조의 섭리를 규명할 만큼 우리들의 눈이 뜨여 있을까? 인간에게는 보잘것 없는 동물과 식물일지라도 하나님의 눈으로 볼 때 소중한 것이라면 누가 그것을 감히 소멸시킬 수 있을 것인가?" 현미경으로 들여다보면 이 단세포식물인 곰팡이들은 나무숲처럼 보여요. 세포라는 단 한 가지의 요소만으로 곰팡이는 얼마나 다양한 방식으로 자기를 우아하게 단장하는지 몰라요.

자연의 정화 작업은 몹시 힘들고 고된 일입니다. 따라서 단세포성 식물이 언제나 죽은 자와 산 자를 잘 식별하고 있다고는 말할 수 없어요. 그것이 일하는 모습은 그저 '투쟁'이라고 할 수밖에 없어요. 투쟁이 격렬해지면 상대를 가리지 않지요. 살아 있는 식물도 공격해요. 그래서 이들은 각종 병을 일으키기도 하지요. 또 우리의 곡물만 노리는 단세포식물도 있어요. 곡물에 병을 일으키는 것이지요. 인간이라고 해서 이들의 공격으로부터 자유로울 수 있을까요? 아닙니다. 인간도 생태계 안에서는 같은 공격을 받는 생명입니다. 먹는 자와 먹히는 자의 무자비한 투쟁에서는 인간도 예외가 될 수 없어요. 인간이 겪는 수많은 비참한 질병의 고통이 그것을 가르쳐 주지요.

화학 공장인 나무

우리나라는 전 세계에서 숲의 비중이 가장 높은 나라 중 하나입니다. 그 비중이 약 68퍼센트로 세계에서 네 번째로 높아요. 산이 많아서 그렇겠지요? 그런데 몇십 년 전만 해도 우리나라 산들은 연료나 목재를 위해 나무를 마구 벌목하여 대부분 민둥산이었어요. 그 이후 인공조림을 통해 숲이 다시 조성된 것입니다. 전 세계에서 이렇게 숲을 복원한 경우는 우리나라가 유일해요. 우리나라에는 '산림법'이 있어 나무를 단 한 그루도 함부로 베어 내지 못하게 되어 있어요. 다만 이렇게 인공적으로 숲을 복원하는 과정에서 우리나라의 생태계를 일정 부분 고려하지 못했어요. 앞으로는 우리나라의 환경과 생태계에 맞는 나무의 수종으로 숲이 복원되면 좋겠어요. 향후 나무를 조림할 때는 이 점이 잘 고려되어야겠지요. 그러지 않고 나무의 경제성이나 조림의 편리성만 고려하면 생태계가 원활한 순환을 하지 못하고 전염병 등에도 아주 취약하게 되니까요.

나무는 가장 오래 사는 생물입니다. 나무는 나이테로 그 나이를 알 수 있어요. 현재 활동 중인 나이테는 가장 바깥층입니다. 그러니 나무의 바깥은 젊음이며 노동의 현장이지요. 나무의 안쪽은 늙음과 안식입니다. 목재도 두 부분으로 구분돼요. 나무는 중심부를 사용하지 않으나 인간은 이 부분을 아주 중요하게 사용하지요. 파브르는 나무를 보면서 청춘이 모든 장점을 독차지하는 것은 아니며 노인에게도 매우 존경할 만한 점

244

이 있다고 말했어요. 중심부의 늙은 완재는 결이 치밀하고 단단하며 색상이 풍부해서 목재로서 뛰어나거든요. 나무는 젊어 있는 동시에 늙어 있고, 죽은 동시에 살아 있는 생명입니다. 세상에는 수천 년 된 나무들이 있어요. 파브르는 3천 년이나 되는 나무 이야기를 하면서 성경의 인물들을 언급해요. 3천 년이면 삼손의 활동 시기입니다. 더 오래된 나무는 홍수를 만났던 구약 성경의 노아와 동시대를 산 생명이라고 볼 수 있겠네요.

나무의 외피의 세포층은 식물에서 약품이 제조되고 보관되는 제약 공장 구실을 해요. 즉 화학 공장이지요. 식물은 그 종류에 따라 다른 특수한 물질을 만들어 내서 의학 등에 다양하게 사용됩니다. 육계나무의 외피에는 방향제인 계피(시나몬)가 들어 있어요. 키나나무는 말라리아의 특효약인 키니네(퀴닌, quinine)를 만들고요. 버드나무 껍질에는 아스피린의 원료가 들어 있어요.

나무의 물관은 뿌리가 땅에서 빨아올린 물과 무기 양분을 빨아올리는 역할을 해요. 체관은 잎에서 만든 영양분을 다른 곳으로 보내는 관입니다. 식물의 혈관이라 할 수 있어요. 그래서 체관에는 대개 젖과 같은 액이 차 있어요. 식물은 그 종류마다 독특한 성질의 체관액을 갖고 있지요. 무화과나무, 양귀비, 민들레 등의 체관액은 우유처럼 흰색이고, 애기똥풀 체관액은 붉은빛을 띤 황색입니다. 이 체관액 중에 무서운 독극물을 포함하고 있는 것도 있어요. 무화과나무의 체관액은 혓바닥에 아픔을 느끼게 해요. 양귀비의 체관액에는 마약 성분이 들어 있어요. 마약은 적은 양으로 사람을 죽음에 이르게까지 할 수 있는 무서운 약이기에 재배를 금지하고 있지요. 이런 체관액들은 독을 다루는 솜씨가 뛰어난 식물이 자신을 보호하기 위해 만든 것이에요. 대부분의 체관액은 유독성이지만 적절히 사용하면 경우에 따라서 약이나 좋은 건강식품도 된답니다. 이처럼 나무는 흙과 공기 속에서 취한 별로 특별할 것도 없는 물과 온실가스와 소량의 양분을 사용해서 자기가 필요한 대로 먹을 것과 각종 화학 약품을 만들어 내요.

나무에 사는 곤충들

나무나 숲은 휴식과 편안함을 줍니다. 숲의 영어 단어 forest는, for + rest, 즉 휴식을 위한 곳이란 의미입니다. 휴식의 한자 휴(休)는 사람 + 나무, 사람이 나무에 기대어 있는 것으로 이 역시 비슷한 의미를 가지고 있어요. 곤충에게도 나무는 아주 중요해요. 물론 나무의 잎이나 수액을 먹이로 먹는 곤충도 있지만 중요한 거주지이기도 하거든요.

파브르는 자기 집 근처의 나무딸기에 사는 곤충들이 얼마나 많은지 조사하여 표로 만들어 보았어요.[42] 그곳에는 꿀을 모

----

42   파브르, "나무딸기에 사는 주민들", 《파브르 곤충기》, (이근배·안응렬 옮김, 올재, 2권, 제13장, 2022), 489.

으는 가위벌 5종과 꿀벌 4종이 살고 있었어요. 진흙벌(장수말벌) 등 사냥하는 벌들도 7종 살고 있었고요. 또 기생하는 막시류 8종과 초시류, 가뢰 등이 나무에서 같이 지내고 있었어요. 파브르는 곤충을 관찰하기 어려운 계절에는 이 나무딸기를 찾아다니는 일을 오랫동안 해왔어요. 이렇게 하여 나무딸기에 둥지를 틀어 살고 있는 곤충이 30여 종이나 된다는 사실을 밝혀냈지요.

이 작은 거주지에 사는 30여 종의 곤충들의 습성은 아주 다양합니다. 좋은 도구를 가진 재주 좋은 곤충은 나무딸기 속을 50센티미터나 파고들어 가 구멍을 만들고 그 구멍을 여러 층으로 나누어 애벌레의 집으로 씁니다. 어떤 녀석들은 다른 곤충이 만들어 놓은 헌 집을 사용하기도 해요. 그들은 지저분한 바닥을 청소하고 흙덩어리와 잔돌을 물고 와 침으로 반죽하여 세로로 칸을 만들어요. 변변한 도구 없이 직접 굴을 파는 벌은 방을 좁게 파 공간을 절약해요. 이 일이 얼마나 힘든지 모릅니다. 열심히 일해도 몇 주일이나 걸릴 정도니까요. 그러니 이들이 굴을 좁게 파는 것은 당연한 일입니다. 가진 도구나 재주가 다 달라도 이들은 이 나무에 주거지를 마련해요. 자신이 스스로 둥지를 파는 곤충들이나 버린 둥지를 사용하는 곤충들이나 모두가 또 기생 곤충을 가지고 있어요. 이들이 제3의 나무딸기 주민을 이룹니다. 여기에 속한 기생벌들은 둥지도 파지 않고 음식도 저장하지 않아요. 이들이 남의 집에 알을 낳으면 부화한 이 애벌레는 집주인의 음식이나 애벌레를 먹고 자라요. 이처럼 나무는 무척 많은 생명의 고향이 되지요. 숲에 들어가 나무들과 나무 속의 이런 생명들을 관찰해 보고 싶지 않나요?

식물도 사회를 이루고 산다

생명의 특징 중 하나는 사회를 이루어 함께 살아가는 것입니다. 함께 살아가는 모습은 고등 생물뿐 아니라 꿀벌이나 개미와 같은 곤충에게서도 볼 수 있어요. 파브르는 나무와 같은 식물도 사실은 하나의 생물이 아니라 집합적인 생물, 즉 개체 생물들이 서로 연결된 사회라 해요. 개체들이 모두 긴밀하게 연결되어 서로 도우면서 한 몸처럼 전체의 행복을 위해서 일하는 것입니다. 가장 유사한 형태가 바다의 산호입니다. 산호는 폴립이라 불리는 개체들이 서로 연결되어 한 몸을 이루고 살아가는 동물이에요. 우리 말로 수수꽃다리로 불리는 나무인 라일락 가지에는 수많은 눈이 달려 있어요. 이 눈이 가지에서 돋아나서 또 하나의 가지가 되어 성장해요. 눈은 산호의 폴립처럼 한 개체이면서 식물 둥지의 한 주민입니다. 봄이 되어 가지로 성장할 때까지는 공동체가 양육해요. 그해에 자란 가지들의 잎들이 노동을 맡지요. 그들이 가족의 부양을 담당하는 거예요.

　나무의 한가로운 모습을 보고 아무것도 하지 않는다고 생각하면 오산입니다. 움직임은 없지만 뿌리를 통해 땅속에서 물과 양분을 빨아들이고, 잎을 통해 공기 속에서 원료를 흡수하여 가지의 잎으로 보내요. 잎은 이 두 경로를 통해 흡수한 원료를 혼합하고 배합해서 햇빛의 에너지로 눈의 영양분을 만들어요. 그 많은 어린 것들에게 먹을 것과 입을 것을 공급해서 겨울을 탈 없이 보내게 하는 것은 여간 힘든 일이 아닙니다. 성실한 가지들은 정말 부지런히 일해요. 그리고 이듬해는 휴식하지요. 은퇴하는 거예요. 이번에는 그해에 싹튼 가지들이 성장해 다음 세대의 눈이 가지가 되어 그 역할을 대신할 것입니다. 나무는 이와 같이 뒤를 이어 거듭 쌓이는 여러 세대에 의해 이루어져요. 같은 가지의 눈은 모두 형제입니다. 얼핏 보면 땅속의 수분, 신선한 공기, 태양의 빛을 다 공평하게 받을 것처럼 보입니다. 그러나 실은 이들 사이에도 강자와 약자가 있어요. 어떤 눈은 훌륭하게 새싹을 틔우지만 어떤 눈은 가까스로 빈약한 잎을 펼치고, 어떤 눈은 숫제 말라 죽기도 해요. 나무의 눈들도 세상의 불평등을 피할 수는 없어요.

야생식물과 농작물

식물은 전부터 내려오는 습관을 강하게 고집해요. 식물의 습관을 조금이라도 바꾸는 것은 사실상 거의 불가능해요. 그런데 식물 중에는 그 변화가 지나치게 크지 않는 한, 인간이 새로 길들이는 습관에 따르는 종들이 있기는 해요. 우리가 지금 먹고 있는 곡물과 야채, 과일나무가 그런 식물에 속해요. 배나무가 옛날부터 우리를 위해 맛있고 커다란 과실을 맺어 왔을까요? 무는 처음부터 우리를 위해 맛있고 두툼한 뿌리를 가지고 있었고, 배추는 처음부터 우리 마음에 드는 하얗고 깨끗한 잎을 겹겹이 가지고 있었을까요? 쌀, 밀, 호박, 당근, 포도, 감자 등 이 모두가 처음부터 인간을 위해서 일해 왔을까요? 전혀 그렇지 않아요. 파브르는 성경에 나오는 노아를 취하게 한 당시의 포도가 지금과 같았을지 질문해요(창 9:20-27). 우리는 모든 식용식물이 처음부터 오늘날 우리가 보고 있는 모습으로 있었다고 생각해요. 그러나 이런 생각은 오해입니다. 식물은 사람의 입장이나 이익 같은 것에는 전혀 관심이 없어요. 식물은 자기 자신을 위해 살아가는 생명이지 인간을 위해 살아가지 않습니다. 노동하고 손질하고 개량하면서 식물의 능력을 이용하는 것은 우리 인간의 일입니다. 야생식물은 원래 우리에게는 형편없는 식품이었어요. 그중 일부가 인간의 노력과 기술과 노동을 거쳐 비로소 지금의 농작물의 모습을 나타낸 것이지요.

야생식물이 식용식물인 농작물로 바뀐 것은 우리 인간의 생존을 위한 최고의 수단인 노동 덕분입니다. 인간이 에덴동산을 떠난 뒤부터 생존을 위한 이 노동이 시작되었어요. 그 이후 인간은 무수한 야생식물 중에서 인간의 개량을 받아들일 수 있는 성질이 유순한 식물을 찾아내려고 노력했어요. 대개의 식물은 사람이 아무리 손짓을 해도 완강하게 거절하고 자기들의 습관을 바꾸지 않아요. 설령 일부 개량되었다 해도 항상 쉬지 않고 돌보지 않으면 원래의 야생으로 돌아가 버려요. 개량된 그

상태가 계속되리라고 마음을 놓을 수 없는 것이지요. 식물은 언제나 인간에 의해 길들여진 것을 후회하면서 기회만 있으면 본래의 상태로 돌아가려고 하니까요.

이렇게 우리가 먹는 식용식물은 언제든지 원래의 야생으로 돌아가려는 습성이 있어요. 인간의 노력과 농업기술에 의해 만들어진 그들은 자연에서 일탈한 것이지요. 그래서 늘 야생으로 다시 돌아가려고 하는 거예요. 오랜 재배로 길들여진 성격을 유지하고 계속 식품으로 있게 하기 위해서는 인간의 끊임없는 노력이 필요해요.

파브르 이전 프랑스의 농학자 빌모랑(Louis de Vilmorin, 1816~1860)은 당근에 대해 이런 실험을 했어요. 야생 당근은 1년생 식물입니다. 당근 뿌리의 굵기는 연필 정도로 가늘고요. 1832년 빌모랑은 야생 당근의 씨를 영양이 아주 풍부한 밭에 뿌렸어요. 아주 잘 자랐지요. 그러나 당근 뿌리는 호리호리한 야생 그대로였어요. 인간에게 필요한 것과 식물에게 필요한 것이 달랐지요. 야생 당근은 기름진 땅이라 해서 뿌리를 통통하게 할 이유가 없었어요. 뿌리의 기능은 양분을 빨아올려 줄기에 양분을 공급하는 것이지 과식을 해서 뚱뚱해지는 것이 아니기 때문이지요. 그런데 고구마와 같은 덩이뿌리(괴근)는 씨앗 대신 다음 해에 눈을 싹트게 하기 위해 두툼한 뿌리에 영양분을 저장해요. 그리고 야생 당근은 1년을 살고 죽은 뒤에 눈을 남기지 않아요. 빌모랑은 두 가지 방법으로 당근이 고구마처럼 덩이 뿌리가 되어 눈을 남기도록 시도했어요. 첫째, 추위가 와서 씨를 맺을 시간적 여유가 없도록 늦게 파종했어요. 둘째, 꽃을 피우거나 씨를 맺지 못하도록 새싹이 나올 때마다 잘라 버렸어요. 늦게 4월에 파종하거나 싹을 잘라 버린 실험은 실패해요. 당근의 뿌리는 여전히 가늘었어요.

그런데 더 늦게 6월 말 파종한 것 중 대여섯 그루가 직경 1.3센티미터의 덩이뿌리를 만들었어요. 야생 당근이 씨를 맺는 데는 8개월이 걸리는데, 고작 4개월만에 생긴 덩이뿌리는 아주 질 낮은 당근 정도였어요. 그렇지만 원래는 1년밖에 살지 못하던 당근이 열매를 맺기 전에는 죽지 않으려고 2년을 사는 방법을 개발한 것이지요. 식물은 한 해에 다 성장할 수 없는 상황을 만나면 후손을 남겨야 한다는 본능에 따라 습관을 바꿔요. 그리하여 이듬해까지 살아남아 성장할 수 있도록 식량을 비축해서 힘을 기르게 된 거였어요. 이 대여섯 그루의 덩이뿌리를 겨울이 지나 이듬해 봄에 이식했어요. 그러자 그 덩이뿌리들이 자라 씨를 맺었지요. 그다음에 그 씨를 뿌렸더니 덩이뿌리를 갖는 당근을 많이 얻을 수 있었어요. 그중 20퍼센트 정도는 양질의 당근이었고요. 그렇게 매년 반복하여 7년 뒤인 1839년에 파종했을 때는 거의 우량한 당근만 얻었다고 해요. 야생 당근이 7년 만에 지금 우리가 보는 채소로서의 당근이 된 것입니다.

당근은 수많은 식물 중에서 운 좋게 사람의 말을 잘 들어 개량된 식물입니다. 모든 식물이 그렇게 순순히 인간의 필요에 맞게 순종하여 개량되는 것은 아닙니다. 그러니 식물을 우리 인간에게 유용하도록 만들기 위해서는 또 한 해 한 해 개량을 거듭해 가며 끈길진 수고를 해야만 했지요. 게다가 개량된 종은 치열한 생존 경쟁의 장인 자연에서 살아남기가 쉽지 않고, 다시 야생으로 돌아가려는 습성을 보여요. 이런 성향을 막고 개량된 상태로 후세에 전하기 위해서는 노력을 계속해야 하죠. 또 독성이 있는 야생종에서 독성이 없이 우리가 먹을 수 있는 식품으로 개량되는 과정에는 아마도 수 세대에 걸친 노력이 있었을 겁니다. 그리고 지금 우리는 조상들의 수고로 이룬 이 식품들을 먹으며 살고 있어요. 오늘날 우리가 먹고 있는 식품들은 여전히 생태계 차원에서 보면 해결해야 할 점들이 많이 있어요. 대체로 생존 경쟁에서 스스로 살아가기에 취약한 것들이니까요. 이번에는 우리의 수고로 후세들이 먹고살아 갈 먹거리를 만들어 주는 것이 우리의 사명이겠네요.

평등한 생명, 모든 생명은 단세포에서 시작한다

식물이든 동물이든 모든 생물은 기본적으로 1개의 세포로부터 출발합니다. 동물은 정자와 난자가 결합하여 만든 1개의 수정란 세포에서 출발합니다. 식물도 같은 원리로 1개의 세포인 씨로부터 출발해요. 그렇지만 결과는 다 다릅니다. 단세포식물과 단세포동물에서 참나무와 거대한 동물까지 너무나 다양해요. 생물학적으로는 인간도 1개의 세포에서 시작한다는 점이 동일합니다.

식물의 다양성도 놀라워요. 식물의 기본 기관은 아주 작은 세포입니다. 사람은 하루 일과를 마치면 쉬지만 세포는 24시간 계속 일하여 24시간 만에 수백만 개의 새로운 세포를 만들어 내요. 식물이 세포를 만드는 속도는 눈이 어지러울 정도입니다. 성장기 강낭콩의 잎 한 장 한 장은 1시간에 적어도 2천 개의 세포를 만들어요. 호박은 하루에 1킬로그램 이상 무게가 늘기도 해요. 식물은 결코 가만히 있는 생명이 아닙니다. 가만히 있으면 생명이 아니지요.

아주 작은 수라도 자꾸 제곱해 나가면 눈 덩어리처럼 불어나요. 이 수학의 데이터를 나무의 가지치기 법칙에 적용해 보면 어떻게 될까요? 하나의 가지는 10, 15, 20이라는 식으로 눈을 틔우는데, 적게 잡아 한 해 2개의 눈을 틔운다고 가정해 보죠. 다음 해에는 두 개, 3년째는 2^2=4개, 4년째는 2^3=8개, 5년째는 2^4=16개. 이렇게 늘어 갑니다. 그러면 한 세기가 지나기도 전에 이 나무는 지구 전체를 덮어 버릴 것입니다. 이렇게 간단히 계산해 봐도 나무의 번식은 강력한 제약에 의해 적당한 정도로 유지되어야 한다는 결론에 도달합니다. 가장 간단한 해결책은 죽음입니다. 죽음은 삶과 협력해서 생물의 균형을 꾀하고, 늙고 쇠약함을 젊음과 활력으로 대체해요. 많은 눈이 생겨나지만 살아남는 것은 극소수입니다. 이처럼 작은 세포 하나가 거대한 나무를 만드는 생명 현상은 아주 놀랍습니다.

생태계 전체의 먹이사슬을 보면 식물이 최초의 희생자가

254

됩니다. 그리고 동물과 인간에게까지 도달한 그 먹이의 순환은 다시 식물로 돌아와 계속 되풀이됩니다. 자연은 자연의 물질에서 영양을 취하고, 끊임없이 생겨나는 생명은 끊임없는 죽음에서 생겨납니다. 그러나 생물 세계의 이 거대한 먹이사슬에서 먹는 생명은 극소수입니다. 먹히는 생명이 대다수이지요. 이것이 지금의 자연의 모습입니다. 자연은 한 생명을 유지하기 위해 많은 생명을 만들어 내지만 그중에 죽어 가는 생명도 많습니다. 식물의 경우 소수의 눈만이 살아남아요. 하지만 살아남은 눈도 송충이에게 먹히거나 추위에 얼어 죽습니다. 이것으로 끝이 아닙니다. 다음에는 동족이나 형제와의 비정한 생존 경쟁에서 싸워 이겨야 합니다. 파브르는 다음과 같이 말해요.

"윤리에 의해 고상해진 인간, 지성에 의해서가 아니라 마음에 의해 위대해진 인간만이 전 생물계에서 불우한 이웃을 동정하고 약한 이웃을 도울 줄 안다. 그것이 우리들의 최대의 장점이며 하나님이 인정하는 숭고한 특전이다. 그 밖에는 어느 곳에서나 투쟁은 무자비하게 이루어진다. 약자는 죽어야 한다. 눈을 틔운 장소가 나빠서 때가 돌아왔을 때 자신의 수액을 만들지 못하고 햇볕을 쬐지 못하는 눈은 불행하다. 이 불쌍한 눈은 굶주리고 다른 자에게 압박받아 식물공동체에서 도태된다."[43]

---

43 파브르, "줄기의 모양(1)", 《식물기》, (정석형 옮김, 두레, 제13장, 2011), 185-186.

생명은 하나의 거대한 공동체입니다. 여기에는 식물도 인간도 다 포함되지요. 성경은 이 세상을 하나님이 만드셨다고 합니다. 모든 생명은 하나님 한 분이 만드셨기에 공통점들이 많습니다. 예를 들어 식물이든 동물이든 인간이든 모두 세포 1개로 출발하지요. 파브르가 식물은 동물과 형제라고 한 이유도 이 때문입니다. 모든 생명은 하나님 한 분이 만드셨기에 한 공동체라 할 수 있어요. 이 공동체를 잘 돌보라는 명령을 우리 인간에게 주셨기에 그 책임은 우리에게 있어요. 생태신학이라는 신학 분야가 등장했어요. 생태학을 신학적 주제로 가져온 것이지요. 이제 생태계는 우리 신앙인들도 중요하게 생각해야 할 주제가 되었어요. 이 문제에 지속적으로 관심을 갖는 신앙인들이 신학뿐 아니라 과학 분야에서도 많이 나오면 좋겠어요.

13. 채식과 육식

내가 먹는 것이 나다

☞ 파브르는 미미한 곤충도 소중한 생명이라고 하면서 곤충이 먹는 먹이 이야기를 시작합니다. 그러면서 프랑스의 미식가인 브리야 사바랭(Jean-Anthelme Brillat-Savarin, 1755~1826)이 《미식 예찬》에서 한 유명한 말을 덧붙이지요. "당신이 어떤 음식을 먹는지 말해 달라. 그러면 당신이 어떤 사람인지 말해 주겠다." 무엇을 먹는지가 그 사람이 어떤 사람인지를 말해 준다는 것입니다. 잘 알려진 '내가 먹는 것이 나다'(I am what I eat)와 같은 의미의 말이지요. 내가 무엇을 먹느냐가 내가 어떤 사람인지를 말해 준다는 말입니다. 파브르는 이 말이 곤충과 모든 동물 세계에도 해당된다고 주장해요. 무엇을 먹는가가 그 동물 혹은 그 동물의 생활을 말해 준다는 것이지요. 곤충은 자기 종의 번성을 위해 다른 생명을 먹는 동시에 또 다른 동물의 풍성한 먹이의 원천이 되기도 합니다. 파브르는 메뚜기와 같은 곤충들이 번성하기 위해서 쏟아붓는 노력 가운데 가장 큰 역할은 다른 동물의 먹이로서 희생되는 것이라고 말해요. 이 곤충의 역할과 함께 채식과 육식을 하는 곤충을 살펴보면서 생명 활동에서 먹는 것이 얼마나 중요한지 알아볼까요? 그리고 그 먹는 것으로 이루어진 생명체의 몸을 생각해 봐요.

먹을 것의 원천인 곤충

메뚜기 떼가 아프리카나 아시아 지역을 휩쓸어 큰 피해를 입혔다는 뉴스를 들어 본 적이 있지요? **17** 메뚜기는 일반적으로 평판이 나빠요. 아프리카나 아시아에서 농작물을 먹어 치우는 무서운 약탈자로 취급되지요. 성경에도 메뚜기 떼는 그런 존재로 많이 등장해요. 사람들은 이런 재난을 일으키는 메뚜기와 같은 곤충들은 쓸모없는 생명이니 박멸해야 한다고 말해요. 그러나 인간은 결코 곤충을 박멸할 수 없어요. 그 증가 속도가 상상을 초월할 정도로 빠르니까요.

그러나 파브르는 메뚜기들이 해를 끼치는 것보다는 오히려 유익을 끼치는 점이 더 많다고 말해요. 만일 농작물을 먹어 치운다고 비난을 받는 메뚜기가 사라지면 우리에게 어떤 결과가 닥쳐올지 생각해 보자고 하면서요. 새나 닭들은 식물의 씨앗을 찾아 먹지만 그에 못지않게 메뚜기를 좋아해요. 지금은 닭을 대규모의 양계장에서 사육하여 키우니 이런 말이 낯설게 들릴 거예요. 그러나 사실 메뚜기류 덕분에 수많은 새와 가금류가 살아가요. 파브르가 박새를 사냥해서 모이주머니의 내용물을 살펴보았더니 메뚜기가 가장 많았고, 그다음 바구미, 그리고 각종 곤충과 식물의 씨앗과 열매들이 들어 있었어요.

철새들이나 다른 동물들도 마찬가지입니다. 모두가 메뚜기를 즐겨 먹어요. 파브르는 가을 여행 중의 철새들에게 메뚜기는 성경에 나오는 만나와 같은 먹이라고 비유했어요. 그만큼

258

많은 새가 좋아하는 먹이라는 말이지요. 다른 많은 동물도 메뚜기를 좋아해요. 특히 파충류가 그렇지요. 물고기도 운이 좋아서 메뚜기들을 만나게 되면 맛있게 먹어요. 낙타들도 메뚜기를 좋아하고요. 이 작은 먹이의 수많은 소비자를 생각하면 메뚜기류가 주는 유익은 분명해요.

사람도 메뚜기를 먹을 수 있어요. 파브르 시대 사람들은 메뚜기를 볶거나 삶아서 가루로 만들어 우유에 섞거나 밀가루와 함께 반죽해서 굽거나 익혀 먹었지요. 이에 파브르는 이렇게 말해요. "하나님의 은총으로 메뚜기가 사람에게 식량으로 주어졌다."[44] 이 말은 두 가지 방식을 포함해요. 사람이 메뚜기를 직접 먹는 것과 간접적으로 먹는 것입니다. 먼저, 닭이나 칠면조, 그 밖의 새나 동물을 통해 간접적으로 먹는 것입니다. 직접 먹는 것은 어떨까요? 파브르는 성경에 나오는 인물을 예로 듭니다. 낙타털로 된 옷을 입은 세례자 요한 말이지요. 헤롯 시대에 그는 예수님이 오신 기쁜 소식을 미리 알리고 회개의 세례를 베풀었어요. 성경에는 그가 광야에서 메뚜기와 석청(들꿀)을 먹고 살았다고 기록돼 있어요. 파브르는 세례자 요한이 먹은 석청은 들꿀인 진흙가위벌의 꿀일 것이라 추정해요. 꽤 먹을 만하다는 말을 덧붙이면서요. 그리고 파브르도 메뚜기를 잡아 저녁 식사 때 가족들과 함께 먹어 봅니다. 버터와 소금으로

---

44   파브르, "메뚜기들, 그놈들의 역할-소리내는 기관", 《파브르 곤충기》, (이근배·안응렬 옮김, 올재, 6권, 제15장, 2022), 533.

튀겼어요. 다들 매미 요리보다는 낫다는 반응을 보였지요. 필자도 어릴 때 논에서 잡은 메뚜기를 어머니가 프라이팬에 볶아 주셔서 먹었던 기억이 있어요. 1980년 이전에 유년 시절을 보낸 많은 사람이 이와 비슷한 경험을 해보았을 것입니다.

메뚜기 떼는 대개 곡식을 가꾸지 않는 황야의 풀을 갉아먹고 자라요. 번식한 뒤에는 자기 자신을 식량으로 만들어서 많은 소비자에게 넘겨주는 희생을 하고요. 이 소비자들의 제일선에 새가 있고, 새에게서 다른 동물이나 사람으로 이어집니다. 그런데 인간이 메뚜기 떼가 사는 황야를 점점 침범해 들어가는 바람에 이제 먹고살 곳을 잃은 메뚜기 떼가 인간의 경작지로 들어와서 농작물에 피해를 입히게 된 것입니다. 원래부터 메뚜기가 해충이라 그런 것이 아니에요. 인간이 그들의 영역을 침범했기 때문입니다. 결국 인간이 메뚜기를 해충으로 만들고 있는 셈이지요. 동물의 세계에서는 먹을 것을 얻는 것보다 더 시급한 일은 없어요. 전 세계의 동물들은 매일 엄청나게 먹어 댑니다. 엄청나게 많은 식재료가 필요하다는 말이지요. 그래서 어떤 곤충이 해충이라고 쉽사리 말하기에 앞서 식물에서 인간까지 이어지는 먹을 것의 연결 고리인 먹이 사슬을 잘 이해하고 판단한 뒤에 이야기해야 합니다. 메뚜기 떼처럼 당장 우리 농작물에 피해를 준다고 박멸하려 하면 결국 그 피해가 돌고 돌아 우리에게 돌아오게 되니까요. 메뚜기뿐 아니라 많은 곤충은 이렇게 생태계 먹이 사슬의 먹이로서의 역할을 하고 있어요.

채식 곤충들

사람은 식물이든 동물이든 먹을 수 있는 것은 다 먹어요. 생물 중에서 인간만이 다양한 요리법을 개발했어요. 식사에 따르는 의식과 예법도요. 음식은 아름다운 그릇에 담기고 꽃으로 식탁이 장식되고 식사 시간에는 음악이 흐르기도 해요. 그러나 식재료를 살펴보면 식물과 동물들입니다. 다 생명체이거나 그 생명체가 만든 것들이지요. 동물에게는 인간과 같은 이런 식사법이 없어요. 그들은 먹는 자체로 충분해요. 살기 위해 먹으니까요.

식물을 먹는 곤충들은 엄격하게 정해진 식재료 이외에는 먹지 않아요. 이들은 자신의 먹이인 식물이나 열매만 평생 이용할 뿐이지요. 딴 음식은 거들떠보지도 않아요. 곤충 각자가 자기의 식물을 가지고 있어요. 바꿔 말하면 각 식물은 그의 단골 곤충을 가지고 있는 것이지요. 그 관계는 정확하여 많은 경우 곤충은 그가 먹는 식물에 의해서 또는 식물은 그것을 먹는 곤충에 의해서 결정됩니다. 만약 누가 긴목잎벌레를 알고 있다면 그가 먹어 치우는 식물은 다 백합이라 부를 수 있어요. 모르는 식물일지라도 이 곤충이 먹으면 백합입니다. 외국에서 들어온 낯선 식물이라도 마찬가지예요. 긴목잎벌레가 어떻게 백합을 정확히 구별하는지 자세히는 몰라도 그가 먹는 식물이면 그 꽃은 백합입니다. 다른 곤충들도 그렇습니다.

채식을 하는 곤충들은 인간과 어떤 식으로든 얽혀 있어요. 인간에게 유익을 주기도 하고 해를 끼치기도 하지요. 아름다운 비단을 만드는 누에는 양잠을 통해 인간에게 유익을 줍니다. 게다가 누에는 뽕잎 이외의 다른 푸른 잎은 다 싫어해요. 인간이 먹는 식물과 부딪히는 일이 없지요. 인간에게 그저 유익한 곤충인 셈이에요. 그런데 많은 채식 곤충은 그렇지 않아요. 배추밭이 나비의 애벌레에 의해 망가지면 그 주인공은 흰줄나비라는 것을 알게 됩니다. 농부들은 어떻게든 밭을 망치는 이 곤충을 죽여 없애려고 해요. 많은 채식 곤충이 인간의 채소나 곡물을 먹으려다 해충으로 몰려 죽음으로 내몰리지요.

식물성 음식은 동물성 음식보다 더 많은 조건을 필요로 해요. 동물성 음식은 대체로 지방과 단백질이라는 공통 영양분으로 이루어져 있어요. 그래서 육식은 종류를 별로 가리지 않아요. 다 그런 것은 아니지만 많은 육식성 곤충은 비교적 아무 곤충이든 잘 먹어요. 그러나 식물은 그 성분과 맛 등이 다소 복잡해요. 그러므로 채식 곤충들은 자기들이 먹는 식물을 바꾸지 않아요. 콩바구미는 완두, 금빛참바구미는 인목 열매, 점바구미는 작은 엉겅퀴의 파란 열매, 개암나무바구미는 개암나무의 열매만 먹어요. 파브르가 다른 식물을 갖고 이리저리 먹는 실험을 시도해 보면 곤충들은 별로 반응을 보이지 않아요. 채식 곤충들은 다른 식물을 먹는 것은 위태롭고 혁신적인 일이라 거부하지요.

파브르는 채식 곤충의 음식과 관련하여 에피소드 하나를 소개해요. 어느 날 동네에 갑자기 늦서리가 와서 뽕잎들이 다 시들어 버렸어요. 누에를 키우는 농부들에게 큰일이 난 것이

262

지요. 누에가 부화했는데 식량이 모자라게 되었으니까요. 사람들이 파브르에게 몰려와 눈물을 흘리며 도와 달라고 애원해요. 다들 누에를 키워야 생계를 이어 갈 수 있는 가난한 사람들이었으니까요. 파브르는 고민하다가 뽕나무 대신 뽕나무 이웃 과에 속하는 느릅나무, 팽나무, 쐐기풀, 쐐기풀과의 잡초 등을 잘게 썰어서 누에에게 주어 보았어요. 그러나 아무런 효과가 없었어요. 다른 채식 먹이를 거부한 갓 난 누에들은 마지막 한 마리까지 다 굶어 죽었어요. 이 실패 때문에 파브르는 자신의 명성에 손상을 입었어요. 곤충을 그렇게 오랫동안 연구하고도 그것 하나 해결하지 못하느냐는 비난을 받았지요. 파브르는 이것이 자신의 실수 때문인지 자문해요. 결국 그는 자신의 실수가 아니라 뽕나무잎만 고집하는 누에의 실수라 결론 내리죠.

파브르는 자신의 사육장에서 여러 채식 곤충들의 애벌레에게 땅 위에서 썩어 가는 나뭇잎들, 개암나무, 벚나무, 마로니에, 느릅나무, 명자나무, 그리고 그 밖의 나뭇잎으로 양식을 만들어 먹여 봅니다. 경단 모양으로 만들어 똥금풍뎅이 애벌레에게 먹여 보니 배설물 경단을 먹는 곤충 애벌레는 예상과는 달리 그걸 먹었어요. 이 애벌레는 나뭇잎으로 만든 경단을 먹고 성충이 됩니다. 반대로 나뭇잎을 먹는 애벌레는 배설물 경단을 먹을까요? 장미를 먹는 금빛잔꽃무지 애벌레에게 노새의 배설물을 주었더니 즐겨 먹어 치웠어요. 그리고 규칙적인 탈바꿈을 했지요. 금빛잔꽃무지는 잎 대신 배설물을 먹었고, 금풍뎅이는 배설물 대신 잎을 먹은 것입니다. 그러나 사실 자연 속에서 금풍뎅이는 다른 먹이를 먹지 않아요. 파브르의 인공 사육장에서만 가능한 일이었어요. 자연 속에 사는 각 종들은 생태계의 창고 속에서 자기 먹을 몫을 갖고 있기 때문입니다. 먹을 것을 자유롭게 선택할 수 없는 제한적인 인공 사육장과는 다르지요.

구주탈박각시나방은 애벌레 때 감자 잎을 먹어요. 파브르는 이 애벌레를 감자가 속한 다른 가지과 식물들로 키워 봅니다. 먼저 사리풀, 흰독말풀, 담배의 잎은 거절해요. 이런 식물들의 강력한 독인 알칼로이드 때문일까 생각하여 그보다는 약한 솔라닌이 함유된 토마토, 가지, 까마종이 잎을 주었는데도 거절해요. 그런데 뉴질랜드 원산인 까마종이의 일종인 솔라눔 라시니아툼, 배풍 등의 독풀은 감자처럼 잘 먹었어요. 어떻게 설명해야 할까요? 솔라닌으로 맛을 낸 음식을 필요로 하는 탈박각시 애벌레는 왜 같은 가지류 중 어떤 종은 게걸스럽게 먹어 대면서 다른 종은 거절할까요? 여기에는 솔라닌이 많고 저기에는 적기 때문일까요? 파브르는 잘 모르겠다고 시인해요. 다만 채식 곤충 애벌레의 음식 취향이 꽤 까다롭다는 정도만 알수 있을 뿐이라고 말하지요.

버들박각시나방의 아름다운 애벌레는 아릿한 맛이 나는 등대풀을 잘 먹어요. 상추, 후추, 십자화과, 미나리아재비 따위는 맛이 없다는 듯 고개를 돌려 버려요. 또 어떤 이름 모르는 곤충의 애벌레는 개나 이리를 죽이는 맹독성 마전을 먹어요. 특별히 만들어진 소화관을 갖고 있지 않다면 먹자마자 죽었을

264

것입니다. 또 무엇이든 먹는 채식 곤충도 있어요. 메뚜기가 그렇지요.

나무를 먹고 해치는 곤충들도 많아요. 하늘소가 그렇지요. 하늘소는 뿔 달린 소와 비슷하게 긴 더듬이를 가진 딱정벌레입니다. 우리나라에도 300여 종이 살고 있어요. 버드나무하늘소 애벌레는 썩은 소나무 뿌리에서만 살고 있어요. 꼬마하늘소 애벌레는 산사나무, 인목, 살구나무, 협죽도에 살아요. 모두 장미과 또는 관목들입니다. 이들은 약한 청산 냄새가 나는 목질이에요. 깨다시꿀벌나방이나 자벌레나방은 관목의 대부분을 해칩니다. 라일락, 느릅나무, 플라타너스와 같은 나무들에 굴을 파지요. 백두산긴하늘소는 검은 포플러를 해치며, 다른 흰 포플러는 건드리지 않아요. 별하늘소는 느릅나무가 단골입니다. 기와무늬하늘소는 시든 벚나무에 살아요. 떡갈나무하늘소는 떡갈나무나 때로는 호랑가시나무에 애벌레를 키우지요. 딴 나무들은 모두가 애벌레의 목숨을 앗아가요.

우리나라에 사는 하늘소 중 가장 큰 장수하늘소는 현재 멸종위기종과 천연기념물로 지정되어 보호를 받고 있어요. 우리나라 곤충 중 가장 큰 곤충입니다. 이 하늘소는 참나무에 사는 곤충입니다. 이 하늘소의 애벌레는 나무 안에서 3년을 살아요. 이 긴 기간 동안 나무 안에서 무엇을 하며 시간을 보낼까요? 참나무 깊숙한 곳을 헤매고 파내면서 길을 내는 데 열중하지요. 제가 판 길이 곧 자신의 먹이입니다. 이 녀석이 하는 일은 낮이나 밤이나 그저 어느 때고 갉아 먹는 것뿐입니다. 애벌레는 청각이 나쁩니다. 먹을 것을 찾아 나설 필요가 없어요. 제집을 먹고 살기 때문입니다. 즉 자기에게 집을 제공하는 나무를 먹고 사는 것입니다. 이 애벌레는 청각도 후각도 없습니다. 미각도 별로일 거예요. 3년 동안 변함없이 참나무만 먹은 데다, 다른 것은 아무것도 없기 때문입니다. 세게 찌르면 소스라치는 것으로 봐서 촉각은 있어요. 하늘소의 애벌레의 감각을 종합 평가해 보면 미각과 촉각으로 요약되는데, 두 가지가 다 매우 둔해 보여요. 파브르는 다른 세 종의 하늘소도 관찰했어요. 그중 하나는 검은 포플러를, 또 하나는 떡갈나무를, 셋째 것은 마른 벚나무를 먹어요. 왜 서로 다른 나무를 먹을까요? 파브르는 그 원인을 알 수 없다고 말했어요.

육식 곤충들

많은 곤충은 육식을 해요. 막시류의 벌들은 육식을 좋아해요. 그 일종인 나나니나 호리병벌은 하루살이 애벌레만 사냥해요. 조롱박벌이나 구멍벌은 직시류의 벌들을 먹고요. 노래기벌은 쌍시류의 벌을 먹어요. 대모벌은 거미 전문입니다. 먹고 있는 음식에 의해서 자연적으로 군이 분류될 수 있을 정도지요. 파브르는 이 미각적 습관으로 분류하면 구강 기관이나 촉각 등 곤충학 연구에 도움이 될 것으로 생각했어요. 그는 곤충의 각 종이 어떤 음식을 먹고 살아 가는지 알기 위해 무수히 많은 땅

266

굴 속 곤충들의 식량 창고를 뒤져 보았어요.

파브르는 육식 곤충의 먹이를 관찰하고 나서 두 부류로 구분해요. 특정 먹이만 먹는 곤충들과 이것저것 먹는 곤충들입니다. 예를 들어 노래기벌은 꿀벌만 먹고, 홍배조롱박벌은 여치붙이의 암컷만, 노랑날개조롱박벌은 귀뚜라미만 먹어요. 그에 반해 자신의 크기에 맞는 갖가지 사냥감들을 먹는 곤충들도 있어요. 흑노래기벌은 눈바구미붙이를 선호하지만 경우에 따라 비슷한 크기의 다른 바구미붙이들을 사냥해요. 비단벌레사냥 노래기벌은 모든 종류의 비단벌레를 먹고요. 왕관노래기벌은 여러 종류의 꼬마꽃벌종들을 사냥해요. 그렇게 파브르는 무수한 관찰 사실을 나열해요. 그러면서 이 지루한 리스트를 더 이상 열거하지 않아도 일반적 특징은 뚜렷하게 나타난다고 말하지요. 각 육식 곤충들은 저마다 특징적인 기호를 가지고 있다는 거예요.

어떤 육식 곤충에게는 언제나 같은 사냥감 먹이가 필요해요. 홍배조롱박벌의 새끼는 여치붙이만 먹어요. 이것은 그들의 조상에게도 또 그들의 후손에게도 정해진 먹이입니다. 그들은 이 습성을 바꾸게 하는 어떠한 유혹에도 넘어가지 않아요. 사마귀사냥구멍벌은 그가 좋아하는 항라사마귀 대신 메뚜기를 주면 거들떠보지도 않아요. 대신 이 사마귀와는 색깔도 다른 거지사마귀를 주면 주저하지 않고 먹지요. 흑노래기벌은 자신의 먹이인 바구미붙이 대신 다른 종류의 노래기벌이 좋아하는 비단벌레를 주면 안 먹어요. 여러 종류의 애벌레에 색칠을 해도 자신의 먹이를 찾아내지요. 그들은 그의 사냥 먹이와 다른 것은 거부해요. 이렇게 각 곤충은 자기들이 대대로 먹어 왔던 것만 먹어요. 곤충은 어떻게 자신의 먹이의 속과 종을 구분할까요? 색채일까요? 아닙니다. 형태도 아닙니다. 맛 좋고 영양가 있는 음식으로서 귀뚜라미의 살과 여치붙이의 살이 어떤 점에서 다른지, 또 그것을 어떻게 분간하는지 우리가 알기는 어려워요. 하지만 이 음식을 먹어 왔던 조롱박벌은 잘 구분해요. 각자가 철저하게 그들의 전통 음식은 먹고 다른 음식들은 거절해요. 고리대모벌의 요리인 거미가 등에를 먹는 코벌에게는 독이 되거나, 적어도 건강에 안 좋은 음식인 것같이 말이지요.

식물성 곤충에서의 음식 바꾸기 실험에 실패한 파브르는 육식 곤충들의 먹이 바꾸기 실험도 시도했어요. 파리를 먹는 놈을 메뚜기를 먹는 놈으로 바꾸려 시도했지요. 코벌의 애벌레가 그 대상이었어요. 쌍시류 파리 대신 메뚜기 종류인 실베짱이를 코벌에게 주고 관찰 일지에 기록했어요. 파브르의 실험에 의하면 식물은 독성 등 속이 다르면 성질이 달라 초식 곤충에게 먹이를 바꾸기가 어려웠어요. 반면 육식 곤충의 경우 지방이나 단백질 등 영양소가 공통적이어서 바꿀 가능성이 있었어요. 그러나 그 일도 파브르의 실험실 안에서만 가능했지요. 자연에서 육식 곤충의 어미들은 오직 한 종류만을 자식의 먹이로 사냥해요. 왜 그럴까요? 파브르는 본능적으로 그렇게 한다고 보았어요.

동물은 어릴 때 육식을 한다

꿀은 식물의 꽃에서 얻어지기 때문에 식물성이라 할 수 있어요. 곡물의 녹말이 분해되어 얻어지는 최종 단당류 분자가 포도당인데 꿀은 이 포도당과 과일 속 단당류인 과당의 혼합물이에요. 곡물과 과일의 단맛이 합쳐진 것이라 할 수 있지요. 곤충 중에는 꿀을 좋아하는 곤충들이 많이 있어요.

막시류 벌들은 꿀을 좋아해요. 파브르는 그 종 중 하나인 꿀벌사냥노래기벌이 꿀벌을 사냥하여 꿀벌의 꿀 묻은 입을 핥는 장면을 목격했어요. 꿀벌을 마비시키는 것이 아니라 목 아래를 찔러 죽였어요. 그러고는 죽은 꿀벌을 놓아주지 않고 배와 배를 댄 채 다리로 눌러요. 특히 목을 누르지요. 그러면 꿀이 모이주머니에서 입으로 올라와요. 바로 이때 방울방울 스며 나오는 시체의 꿀을 핥아먹어요. 노래기벌은 죽은 꿀벌의 깊게 늘어진 혀를 제 입속으로 게걸스럽게 들여보내고 또 들여보내요. 그리고 다시 목과 가슴을 쑤시고 꿀 자루를 제 배의 압착기 밑에 다시 넣어요. 꿀이 흘러나오면 곧장 핥아먹고 또 핥아먹어요. 잔인한 이 꿀 식사를 때로는 반 시간 이상까지도 계속해요. 한 노래기벌은 보통 여섯 마리 꿀벌을 이렇게 죽여서 꿀벌의 몸속에 모아 둔 꿀을 도둑질했어요. 이상한 것은 이 막시류 암컷 사냥벌은 꽃 위에서 부지런히 일하여 거기에서 평화롭게 이미 달콤한 꿀을 빨아 먹었어요. 수컷들은 찌르는 침을 가지고 있지 않기 때문에 꽃의 꿀 외에 다른 것을 먹지 못해요. 그런데 암컷들은 꽃에서 꿀을 먹으면서도 또 꿀벌을 죽여 그 몸속의 꿀을 먹어요. 왜 그럴까요?

암컷 노래기벌은 몸속의 꿀을 다 빨아 먹은 꿀벌을 땅속의 둥지로 가져가서 꿀벌 위에 알을 낳아요. 그리고 알이 부화하여 애벌레가 먹이를 먹으면 어미는 틈틈이 먹이를 보충해 줍니다. 파브르는 애벌레가 어미처럼 꿀벌의 꿀을 먹는지 확인하려고 실험했어요. 노래기벌의 애벌레에게 꿀이나 꿀을 바른 꿀벌 시체를 주어 보았어요. 그런데 이 애벌레들은 파브르가 준 꿀이 든 음식은 안 먹고 결국 굶어 죽었어요. 다른 막시류 애벌레들도 마찬가지였어요. 이 육식 애벌레는 꿀이나 꿀이 들어 있으면 안 먹어요. 꿀로 인해서 죽습니다.

이 관찰로부터 어떤 결론을 낼 수 있을까요? 동물은 태어나 맨 처음 어릴 때는 육식을 한다는 것입니다. 동물은 처음 제 알 속의 흰자로 영양을 취해요. 알은 단백질과 지방으로 이루어져 있지요. 육류와 성분이 같아요. 알의 이 흰자가 성경에 나오는 것을 아나요? 욥기에 나오니 한번 찾아보세요(욥 6:6). 가장 고등 동물인 포유류의 어릴 때 식사법도 이와 비슷해요. 포유류 새끼는 알의 흰자와 이성질체(분자식은 같고 구조만 다른 화합물)인 카세인이 풍부한 모유를 먹고 자라요. 역시 육류의 성분입니다. 곡식을 먹는 새도 새끼 때는 어린 애벌레들을 먹어요. 가장 작은 동물도 갓 난 새끼들은 동물성 먹이를 먹지요. 동물의 새끼들은 아주 어릴 때는 동물성 먹이의 살로 자신의 살을 만들고, 그 먹이의 피로 자신의 피를 만드는 방식으로 영양을 섭

취해요. 나이가 차서 위가 튼튼해지면 더 힘든 화학으로 영양분을 만드는 식물성 먹이를 먹는 것입니다. 꿀을 먹고 사는 곤충인 벌도 애벌레 때는 육식의 즙을 먹고, 자라고 나서는 원래의 꿀을 먹게 되는 것입니다. 어릴 때는 식물성 먹이인 꿀을 먹으면 죽고 말아요.

따라서 처음에는 육식 사냥감, 그다음에는 꿀이라는 육식 애벌레들의 이중 식사법이 동물들의 일반적인 식사 원리를 증명하고 있는 것이지요. 이 모든 연구 끝에 파브르는 노래기벌의 모성애를 언급해요. 파브르는 처음에 꿀벌의 시체에서 꿀을 마지막 한 방울까지 빨아먹는 어미 노래기벌의 잔인한 식사법을 목격하고는 그에게 암살자, 강도, 악당 등 나쁜 형용사들을 붙였어요. 그런데 애벌레가 꿀을 먹으면 죽는다는 사실을 알고 나서는 태도를 바꿉니다. "무식은 언제나 말투가 상스럽다. 알지 못하는 사람은 단정적인 말투를 쓰고 악의 있는 해석을 한다. 사실에 의해서 눈을 뜨게 된 나는 노래기벌에게 공개적으로 용서를 빌고 내 경의를 돌려준다."[45] 어미 노래기벌은 잡은 꿀벌의 위에(먹이 주머니) 꿀이 조금도 남아 있지 않게 하는 수고를 수차례 거듭한 거였어요. 꿀을 먹으면 죽는 자기 새끼를 보호하기 위해 꿀벌에게 한 방울의 꿀도 남아 있지 않게 하려고 핥고 또 핥았던 것이지요.

---

45   파브르, "꿀벌사냥노래기벌", 《파브르 곤충기》, (이근배·안응렬 옮김, 올재, 4권, 제11장, 2022), 533.

그리하여 파브르는 노래기벌의 원래의 위상을 되찾아 줍니다. 잘 알지도 못하면서 잔인하다고 비난했던 일에 대해 사과하고 오히려 그 곤충의 모성에 감탄하고 그를 칭찬해요. 꿀은 애벌레에게 해로운 것입니다. 어미는 자신이 맛있게 먹는 꿀이 어린 것들에게는 해롭다는 것을 어떻게 알까요? 파브르는 그 이유는 알 수 없다고 말합니다. 이유야 어떻든 꿀벌에게서 미리 꿀을 게워 내게 해야 하는데, 먹이를 갈기갈기 찢지 않은 상태에서 게워 내도록 해야 해요. 애벌레에게 주는 먹이는 신선해야 하니까요. 그런데 마비시키는 정도로는 꿀벌이 꿀을 게우지 않으려 하겠지요. 그래서 죽이는 것입니다. 다만 최대한 신선도를 유지하기 위해 신경 중추인 목을 찌르지요. 아주 좁은 구멍 그 한 점을 찌릅니다. 달콤한 꿀과 곤충과의 관계에서 우리는 이런 사실을 배우게 됩니다.

- -

꿀벌의 애벌레가 꿀(식물성 음식)을 먹는 이유

그런데 여전히 의문이 남아요. 다른 곤충들은 동물성 식사법을 가지고 있는데 왜 꿀벌과(科) 곤충들은 알에서 나오면서부터 식물성 식사법(꿀)을 가지고 있을까요? 파브르는, 막시류가 애벌레 때 육식을 하고 성충이 되면 꿀을 먹는 반면, 꿀벌은 애벌레 때부터 꿀을 먹는 문제에 대한 당시의 이론을 소개해요. 꿀벌이 어릴 때부터 꿀을 먹게 되면서 가장 고도의 본능인 사회

272

생활까지 할 수 있게 되었다는 이론이지요. "꿀벌과(科) 곤충은 (…) 알에서 나오면서부터 얻기가 불확실한 사냥 식량에서 완전히 해방되었다. 그 녀석은 애벌레의 양식인 꿀을 발견했다. 영구적으로 사냥을 포기하고 전적으로 농부가 된 곤충은 포식 곤충과는 다른 육체적 정신적 번영을 누린다. 그래서 사냥을 하는 벌들은 고독 속에 외따로 떨어져서 일하는데 꿀벌은 본능의 가장 높은 단계인 사회를 만들었다."[46]

파브르는 벌의 꿀에 대한 이 설명이 명료하고, 논리적으로 사실인 듯해 보여도 자신은 이 이론을 따르지 않겠다고 말해요. 대신 곤충에 따라 원래부터 채식과 육식 두 가지 식사법이 따로 있었다는 입장을 취하지요. 어쩌면 극도로 무식한 입장이지만요. 파브르는 곤충의 세계를 어느 하나의 이론으로 설명하기에는 너무나 다양하다고 생각했어요. 그래서 그냥 다양한 모습 그대로를 받아들여요. 파브르의 《곤충기》에는 꿀벌에 대한 관찰 기록은 없어요. 앞서 이야기했듯 아마도 꿀벌이 이전부터 많이 연구되어 왔기 때문인 것 같아요. 그래서 파브르는 꿀벌의 애벌레가 식물성 꿀을 먹는 이유에 대해서는 아무런 언급도 하지 않아요. 그런데 오늘날 연구 결과에 따르면 꿀벌의 애벌레도 막 부화해서는 일벌들이 만드는 로열젤리 등 다른 음식을 먹는다고 해요. 이 안에는 몸을 이루는 단백질 등 육식성 영양분이 들

46   파브르, "꿀벌사냥노래기벌", 《파브르 곤충기》, (이근배·안응렬 옮김, 올재, 4권, 제11장, 2022), 532-533.

어 있답니다. 꿀벌도 어릴 때는 육식성 성분이 든 음식을 먹는 다니 결국은 파브르의 관찰과 같은 결론에 이른 셈이지요.

우리 시대 음식 문화도 많이 바뀌고 있어요. 모임이나 단체 식사 때 자연스럽게 각자의 다양한 음식 취향을 물어 그에 맞춰 주는 경향이 생겼어요. 육식과 채식을 넘어 그 분류도 훨씬 더 다양해졌어요. 달걀, 우유, 꿀 등 동물에게서 유래된 음식을 전혀 먹지 않고 채식만 하는 비건, 식물의 생명까지도 존중하여 과일과 견과류만 먹는 프루테리언 등이 그것입니다. 최근 들어 우리의 식사에서 육식의 재료를 가축 대신 곤충으로 하자는 주장이 있어요. 실제로 그런 식품을 만들어 팔기도 하고요. 식물성 단백질로 이루어진 콩을 재료 삼아 고기처럼 만든 식품들도 있고요. 곤충에 대한 선입견만 벗어나면 가축 사육의 각종 문제를 다소 줄일 수 있는 좋은 방안이라 생각해요. 생명에 대한 이해나 동물에 대한 각종 연구 결과들이 나오면서 우리가 먹는 음식 문화도 많이 바뀌어 가고 있어요.

파브르는 생명은 대단한 예술가라고 말해요. 그는 곤충이 알에서 부화하여 화려한 날갯짓을 하는 것을 예로 들어요. 옛날 로마의 박물학자 플리니우스(Gaius Plinius, 23~79)는 그의 《박물지》에서 이렇게 말했어요. "거의 아무것도 아닌 이토록 작은 곤충들 안에 어떻게 이런 힘과 이런 지혜와 풀 수 없는 완전함이 들어 있는가!"[47] 파브르도 그의 말을 그대로 반복해요. "포도밭의 메뚜기가 우리에게 보여 준 그 아주 작은 깊은 구석에

274

어떻게 이런 힘과 이런 지혜와 풀 수 없는 완전함이 들어 있는가!" 그러면서 생명은 물리적인 힘과 화학적 힘이 아니라고 주장해요. 그것들로는 생명의 유기적 특성을 설명할 수 없기 때문이지요. 따라서 생명은 물질 자체나 물리적인 화학적 힘에서 솟아나지 않습니다. 생명은 물질 그 이상이기 때문이지요. 이는 생명을 물질의 시각으로 보는 현대의 생명관과는 큰 차이가 있습니다. 우리가 먹는 식물과 동물은 단순한 물질이 아닌 생명입니다.

---

47 파브르, "메뚜기, 마지막 허물벗기",《파브르 곤충기》, (이근배·안응렬 옮김, 올재, 6권, 제17장, 2022), 567.

14. 거미줄의 수학

거미줄이 불결한가

☞ 필자가 사는 곳은 서울 바깥에 있는 작은 규모의
공동주택이에요. 주변에 산과 골짜기가 있어서인지 집
둘레로 거미들이 수시로 거미줄을 치지요. 벌레들을 잡기
위해 거미집을 짓는 거예요. 벌레가 많은 곳이다 보니
벌레를 대신 잡아 주는 거미가 고맙기까지 해요. 그런데도
틈틈이 거미줄을 걷어 내는데, 그럴 때마다 거미들에게
미안한 마음이 들더군요. 미국 유학 시절, 오래된 아파트에
나타나는 작은 생쥐를 보고 <톰과 제리>라는 만화
영화의 귀여운 제리를 떠올렸던 기억도 납니다. 이왕
함께 살아야 하는 동물이라면 친근함을 가지고 대하라는
메시지를 주는 것 같았어요. 마찬가지로 거미집을 볼 때도
<샬롯의 거미>라는 영화가 떠올랐어요. 그저 이들에게
친근함을 가지고 같이 살아야 하나 생각하곤 해요. 사실
거미줄을 가만 보고 있으면 그 안에 수학적 도형이 보이고
아름다움이 느껴져요. 이를 면밀히 관찰한 파브르를 따라
거미와 거미집을 살펴보려고 해요. 거미줄은 걷어 내
버려야 할 불결한 것일까요?

거미는 유익한 동물이다

거미는 다리가 여덟 개로 곤충은 아닙니다. 그리고 머리, 가슴, 배로 나누어진 곤충과 달리 거미는 머리와 배 둘로 나누어져요. 거미는 곤충보다 더 큰 분류인 절지동물이라 불러요. 절지동물에서 거미와 곤충이 갈라지는 것이지요. 거미는 날개가 없지만 거미줄을 이용해 날아갈 수 있어요. 낙하산처럼 거미줄을 타고 날아가는 것이지요. 거미는 송곳니로 먹이의 몸에 독을 주입하여 그 체액을 빨아먹고 살아요. 먹이는 주로 곤충입니다. 곤충 중에서도 파리, 모기, 나방, 바퀴벌레 등 해충들도 잡아먹어 '살아 있는 살충제'라 불리기도 해요. 인간에게 유익한 동물이지요. 우리나라에는 약 600종의 거미가 살고 있답니다.

그런데도 우리는 흔히 거미가 징그럽고 해로운 동물이라고 생각해요. 생김새도 별로인 데다가 거미줄이나 치면서 집을 더럽히는 것처럼 보이니까요. 그래서 거미를 보면 쫓아내거나 잡아 죽이려 하고 거미줄은 걷어 내 버리지요. 성경에도 이 거미줄이 나와요(욥 8:14). 이렇게 사람들이 싫어하고 하찮게 여기는 거미와 거미줄에 대해 파브르는 거미의 거미줄 치는 솜씨, 사냥할 때의 꾀, 모성애, 그리고 비극적인 사랑 등 흥미로운 거미의 습성을 관찰하여 소개해요. 그러고는 우리가 가까이할 동물이라는 결론을 내리지요. 그는 거미가 그물을 만드는 장면을 자세히 관찰했어요. 그러면서 거미줄로 친 거미집을 멋진 그물이라 말해요. 파브르의 작업을 보면 과학은 무에서 출발하여 끈기 있는 관찰을 통해 마침내 발견의 기쁨을 누리게 되는 일임을 알게 되지요. 과학이 그렇게 어려운 것이 아님을 알게 되고요.

거미에게는 독이 있는데, 이 때문에 거미를 부정적으로 보게 되는 것 같아요. 독이 있다는 이유로 거미를 무서워하고 싫어하는 것이지요. <반지의 제왕>에는 거대한 거미가 프로도에게 독을 주입하고 거미줄을 감아 죽이려는 장면이 나와요. 거미가 두 개의 이빨로 붙잡힌 먹이를 물어 독을 주입하여 죽이는 것은 사실입니다. 그러나 파브르는 거미가 독으로 파리를 죽이는 것은 사람을 해치는 것과는 무관하다 항변해요. 그물에 걸려 붙잡힌 곤충은 거미의 독으로 즉석에서 죽지만 사람에게는 아무런 해가 없거든요. 거미의 독은 사람이 모기에 물렸을 때의 부작용만도 못해요. 우리나라에 사는 거미들의 독은 사람에게는 전혀 해롭지 않답니다. 그러니 거미를 무서워할 필요가 없어요.

- -

거미줄로 그물 만들기

자, 이제 우리에게 유익한 거미가 거미줄로 짓는 거미집을 살펴볼까요? [18] 파브르는 거미들이 만드는 거미집을 그물이라 말해요. 사람이 물고기나 새를 잡기 위해 그물을 만드는 것에 비유한 것이지요. 파브르는 인내심을 가지고 잘 관찰해서 완성

278

된 거미의 그물의 중요한 특징을 밝힌다면 그것이 사람의 그물보다 뛰어나다는 것을 알 수 있을 것이라고 말해요. 거미줄을 관찰하고 난 파브르는 그 기하학적 아름다움과 정교함에 감탄한 나머지 이렇게 부르짖었어요. "파리 몇 마리 잡으려고 이런 극치의 기술을 발휘하다니."[48] 파브르는 거미줄로 집을 짓는 6종의 거미를 관찰해요. 그들 거미의 솜씨는 나이와 상관없어요. 나이 든 거미라 해서 실력이 더 늘어 훨씬 뛰어난 솜씨를 발휘하는 것은 아니라는 말이에요. 다만 젊은 거미들은 대낮에도 햇볕을 받으면서 일하고 늙은 거미들은 밤중이 아니면 일을 안 하는 정도의 차이가 있어요.

거미는 먼저 거미줄을 칠 구획에 기초공사를 해요. 나무의 이 가지에서 저 가지로 바쁘게 돌아다니지요. 뒷다리로 비질을 하는 식으로 실주머니(출사돌기)로부터 나오는 실을 차례차례 가지에 걸어요. 여러 가닥의 줄을 가지 끝에 고정하는 이 예비 작업은 종합 계획이 없는 듯 무질서해 보여요. 그러나 나뭇가지들의 모양이 무질서한 탓에 그렇게 보이는 것일 뿐, 사실 무질서하다고 말하기는 어려워요. 이런 일의 숙련공인 거미는 이 장소의 전체 구조를 잘 판단하고 알맞은 건물의 기초를 세우는 것이지요. 그물을 설치할 튼튼한 틀을 짜고 있는 것입니다. 거미는 매일 저녁 밑에서 꼭대기까지 이 뼈대를 보완해요.

48   파브르, "큰거미, 거미줄 치는 방법",《파브르 곤충기》, (이근배·안응렬 옮김, 올재, 9권, 제6장, 2022), 71.

이 뼈대가 완성되면 그다음 진짜 그물의 최초 기둥이 만들어져요. 그 한가운데에는 두꺼운 명주 천으로 만들어진 큰 흰 점이 있어요. 파브르는 어느 경우나 이 흰 점이 꼭 있다고 말해요. 이 흰 점이 그물의 중심 표적이 됩니다. 거미는 이 중심 표적으로부터 가장자리까지 쉴 새 없이 왔다 갔다 하면서 실을 연결해요. 왼쪽에서 오른쪽으로, 위에서 아래로 내려온 후 항상 중심 표적으로 돌아가요. 그때마다 방사형 선이 한 줄씩 생기지요. 몇 줄의 방사형 선을 어떤 한 방향으로 치고 나면 반대 방향에 또 몇 개를 치려고 달려가요. 거미는 이렇게 그물의 평형을 유지하면서 집을 지어요. 만일 방사형 선을 한쪽에서만 계속 친다면 균형을 잃고 비뚤어지겠지요. 그래서 반대편으로 가서 방사형 선을 치면서 그물 전체의 평형을 유지해요. 방사형 선을 치는 이 실들은 항상 방사형 선 길이보다 길어요. 중심 표적으로 돌아오면 거미는 실을 팽팽히 잡아당겨 고정한 뒤 남은 부분은 중앙 표적에 모아요. 그러면 표적은 점점 커지겠지요? 나중에 보면 흡사 수레바퀴와 같아요. 거미는 이 중앙 표적을 어떻게 할까요?

방사형 선의 수는 거미의 종류에 따라 다릅니다. 파브르에 의하면 가시큰거미는 21개, 띠무늬큰거미는 32개, 비단큰거미는 42개를 만든다고 해요. 이 숫자는 항상 똑같지는 않지만 그 오차가 아주 작아요. 거미집의 방사형 선을 보고 있으면 거미가 무질서 속에 질서를 만들어 내고 있음을 알게 됩니다. 거미는 별로 심사숙고하지도 않고, 계측 기계도 쓰지 않고, 하나

280

의 원을 여러 개의 부채꼴로 동등하게 나누는 작업을 해내요. 거미가 방사형 선으로 나눈 각도는 시각적으로 비슷해 보여요. 물론 수학적으로 정밀하다고까지 말할 수는 없지만요. 방사형 선 걸치기가 끝나면 이제부터 거미는 한 방사형 선에서 다른 방사형 선을 거쳐 빙글빙글 돌며 나선을 연결하기 시작해요. 그러고는 맨 마지막으로 테두리 아래에서 끝을 내지요. 한 둘레와 다음 둘레의 간격은 1센티미터 정도예요. 전체적으로는 나선으로 보이지만 곡선은 아니에요. 방사형 선 사이 사이를 직선으로 연결한 다각형이지요. 지금까지 친 거미줄은 집의 버팀목입니다.

이제부터가 본격적으로 먹이를 잡는 그물입니다. 보조 나선을 치는 것이지요. 거미는 뒷다리의 바깥다리로 실주머니 안에서 실을 빼내어 안다리로 건네줘요. 안다리의 우아한 몸짓으로 실은 방사형 선을 가로질러요. 그물을 짤 때 양쪽 발을 다 사용하고, 오른쪽 방향으로 일하다가 또 왼쪽 방향으로 일하는 모습에서 추측하건대 거미는 양손잡이입니다. 거미는 쉬지 않고 빙글빙글 돌고 또 돌면서 중심부로 가까이 가며 각 방사형 선에 실을 계속 붙여요. 30분에서 1시간 동안 나선을 도는 일에 집중하지요. 비단큰거미는 50회 정도, 띠무늬큰거미와 가시큰거미는 30회 정도 나선을 돕니다. 이렇게 해서 작업을 끝내요. 그리고 마지막으로 남는 실이 뭉쳐 있는 중심 표적 덩어리를 먹어요. 집을 짓고 나서 남은 실을 다시 자기 몸속의 실 주머니에 넣어 재사용하는 것이지요. 낭비를 하지 않는 것이지요.

그물을 짜는 도중 먹이가 그물에 걸리면 가서 먹이를 묶어 두고 그물 만드는 일을 계속해요. 벌레들이 많은 여름에는 매일 밤 사냥이 이루어지기 때문에 거의 매일 밤 찢어진 그물을 걷어낸 다음 새로 그물을 만들어요. 다만 기초공사로 만든 뼈대는 남겨 두지요. 물론 이전에 사용했던 찢어진 그물은 버리지 않고 뭉쳐서 먹어 버려요. 거미가 실을 아주 아껴서 사용한다는 걸 알 수 있어요. 낡은 그물 재료들은 위 속에서 녹아 새실의 재료로 사용됩니다.

파브르는 거미가 왜 찢어진 그물을 수리하지 않고 다시 만들까 하는 의문을 품어요. 사람들은 헝겊으로 낡은 옷을 기워 입는데 거미에게는 그런 지혜나 능력이 없는 것인지 질문을 던집니다. 당시 거미집을 직접 관찰하지 않는 사람들은 선입견을 가지고 거미에게는 찢어진 그물을 수리하는 지혜가 있다고 말했어요. 파브르는 과연 그런지 확인하고자 실험을 해요. 밤에 가위를 가지고 그물 한복판을 원반 모양으로 잘라 구멍을 냅니다. 거미는 그다지 두려워하는 빛도 없이 파브르가 하는 일을 보고 있더니 가위로 자르는 일을 마치자 찢어진 곳으로 와서 찢어진 원반에 두 가닥의 줄을 가로질러 연결한 다음 그저 사냥에만 열중하며 움직이지 않았어요. 파브르는 사냥 후 거미가 두 가닥 줄에 더해 다시 이리저리 줄을 연결하여 수리할 것을 기대했어요. 구멍 난 옷에 헝겊을 대서 기우듯이 말입니다. 그런데 수리할 기미가 보이지 않았어요. 이를 본 파브르는 거미는 결코 수선하지 못한다고 판단해요. 겉으로 보기에 거미들은 멋진 그물을 만드는 지혜를 가진 듯하지만 뚫린 구멍을 수리하려는 간단한 생각도 못 한다는 것이지요. 거미가 그물을 만드는 것은 본능입니다. 그러니 구멍 난 거미줄을 원래대로 수리하는 일은 못 하는 것이지요. 그래서 찢어진 그물을 고치는 대신 다 걷고 새로 만들어요. 이 관찰을 통해 파브르는 거미줄을 관찰하는 것은 예부터 전해 오는 그릇된 선입견을 바로잡는 데 큰 도움이 된다고 말해요. 선입견으로 세상을 보지 말자는 것이지요.

왜 먹잇감은 거미줄에 걸려 떨어지지 않을까요? 거미는 왜 거미줄에 걸리지 않을까요? 우리의 머리나 얼굴에 거미줄이 걸리면 접착력이 있어 붙는 것을 느낍니다. 파브르는 거미줄을 잘라 돋보기와 현미경으로 관찰해요. 거미줄은 여러 올이 합쳐져 꼬여 있었어요. 그래서 올이 풀어졌다 꼬이면서 줄이 늘어났다가 다시 줄어드는 탄력을 보인 것이었어요. 그리고 이 실 가운데가 비어 있었어요. 이 비어 있는 관에 고무처럼 끈끈한 액이 차 있는데, 바로 이 끈적끈적한 액이 나와 먹잇감을 접착시킨 거죠. 그러나 거미는 끈끈한 줄에 걸리지 않고 그물을 자유롭게 지나다녀요. 왜 그럴까요? 먼저 그물 중앙의 방석과 같은 줄에는 속이 비어 있지 않아서 끈끈한 액이 없어. 거미는 이 자리에서 먹이가 걸리기를 기다리는 것입니다. 그리고 뼈대를 이루는 줄들은 꼬인 줄이 아니고, 가운데 비어 있는 구멍이 없어 탄력이나 끈끈한 액이 없기 때문에 거미가 자유롭게 다닐 수 있어요. 거미는 끈끈한 액이 없는 줄만 타고 다녀요. 파브르가 두 달간 관찰한 붉은십자거미는 매일 30미터의 실을 뽑아서 그물을 만들었고 두 달 동안 1킬로미터 이상의 실을 뽑아내었어요. 파브르는 거미가 중앙이 비어 있는 실을 어떻게 1킬로미터 이상 뽑고, 또 여러 가닥으로 꼬고, 그 비어 있는 관으로 끈끈한 액체를 흘리는지 이해하기가 어렵지만, 관찰해 보니 그와 같은 결과가 나왔다고 기록했어요.

어떤 거미는 낮에도 그물 위에 있지만 다른 거미는 그물에서 약간 떨어진 나무떨기에 머뭅니다. 그런데 이렇게 떨어져 있는 거미도 먹잇감이 걸리면 즉시 달려와 먹이를 묶어요. 먹이가 줄에 걸렸는지 어떻게 알까요? 거미는 지독한 근시라서 그물에 있을 때라도 거미줄이 흔들리지 않으면 알아채지 못해요. 그러면 거미줄에서 떨어진 거미는 먹이가 걸린 것을 어떻게 알고 달려올까요? 파브르는 거미줄 중심에 있는 한 오라기 실이 거미가 머무는 나무떨기까지 연결되어 있음을 발견해요. 그리고 이 줄은 거미 뒷다리에 닿아 있어요. 이 줄의 길이는 거미 종류에 따라 50센티미터에서 2~3미터 정도 됩니다. 이 실의 움직임으로 먹이가 걸린 것을 알아차리는 거예요. 사람이 낚시할 때 낚싯대의 흔들림으로 물고기가 미끼를 문 것을 알아채는 것과 비슷하다 할 것입니다. 거미는 진동이 가장 잘 전달되는 거미줄 중심에 줄을 연결한 것입니다. 즉, 이 줄이 통신선인 셈이지요.

거미는 그 많은 거미줄 중에서 자기의 것을 어떻게 알까요? 재산의 소유 문제입니다. 파브르는 두 마리 호랑거미의 거

284

미줄을 바꿔치기 해보았어요. 그런데 두 마리 다 자기 그물인 양 바뀐 그물 위에서 먹이 사냥을 계속했어요. 또한 파브르는 서로 종류가 다른 호랑거미와 붉은십자거미의 거미줄을 서로 바꿔치기 했어요. 종류가 다른 거미의 거미집은 형태가 서로 다릅니다. 그런데 두 마리 거미는 아무 일 없다는 듯이 바뀐 그물을 자기 그물인 양 사용하고 먹이 사냥을 했어요. 그래서 거미들은 가끔 다른 거미집을 자기 집으로 알고 갔다가 잡혀 먹히기도 해요. 다른 종의 거미뿐 아니라 같은 종의 거미 사이에도 이런 생존 경쟁이 일어나요. 파브르가 호랑거미 한 마리를 다른 그물에 올려놓자 두 호랑거미가 다툰 끝에 승자가 그물을 차지하고 패자는 먹혀 버렸어요. 파브르는 이런 거미들을 악당으로 취급하지는 말자고 해요. 인간도 마찬가지니까요.

거미줄의 수학

거미줄로 이루어진 거미집은 거미의 뛰어난 재능의 결과물입니다. 거미집의 방사형 선들은 눈으로 보기에 그 각도가 서로 같아요. 방사형 선의 개수는 거미의 종류에 따라 대체로 일정해요. 언뜻 보기에 거미는 질서와 규칙 없이 제멋대로 집을 짓는 것 같으나 그 결과물은 우리가 자와 컴퍼스를 가지고 그린 것처럼 정교하고 아름다워요. 방사형 선 사이를 연결한 나선들은 서로 평행하며 그물 한가운데로 가까워질수록 서로 더 촘촘해요.

기하학의 대수 나선을 이루고 있는 것입니다. 대수 나선은 바깥에서 중심에 가까워지면, 중심에 도달하지는 못한 채 무한히 많은 수의 선을 그립니다. 거미집은 대수 나선의 이 무한 회전의 법칙을 따르고 있다고 할 수 있습니다. 나선의 회전은 중심에 가까워질수록 점점 간격이 좁아져요. 그러다가 어느 거리가 되면 갑자기 회전을 멈춥니다. 거미는 이 나선의 법칙을 잘 알고 있는 듯 일해요. 이 나선은 이를 수학적으로 규명한 스위스의 수학자 베르누이(Jacob Bernoulli, 1654~1705)의 이름을 따 베르누이 나선이라 불러요. **19** 파브르는 베르누이가 자신의 묘비에 이 나선을 새겨 넣은 이야기를 《곤충기》에 기록했어요.[49]

거미줄에서 보듯 이 신기한 대수 나선은 수학자들이 만들어 낸 개념이 아닙니다. 거미줄에만 있는 것도 아닙니다. 동물의 집의 건축에서 널리 사용되는 설계도입니다. 이 나선은 조개나 고동 껍질의 층계에 나타나요. 고대 동물로 알려진 암몬조개에도 잘 나타나 있어요. 암몬조개의 화석은 아주 아름다운 이 대수 나선을 보여 주지요. 앵무조개도 이 나선을 충실하게 간직하고 있어요. 그 밖의 여러 조개들도 이 나선을 사용해요. 뿔고동과 소라 역시 이 대수 나선을 사용하고요. 이 연약하고 하찮은 동물의 어디에서 이런 지식이 나왔을까요? 거미는 대수 나선을 어떻게 알고 사용할까요?

---

49 파브르, "큰거미, 그물의 기하학", 《파브르 곤충기》, (이근배·안응렬 옮김, 올재, 9권, 제10장, 2022), 107.

모든 거미가 거미줄을 치지 않는다

앞에서 타란툴라의 모성애를 소개했었지요? 파브르가 살았던 지방의 거미 중에서 가장 몸집이 큰 거미는 검은배타란툴라였어요. 우리나라에는 이 독거미가 없지요. 타란툴라와 같은 땅거미는 거미줄이 없어요. 거미라 해서 다 거미줄로 집을 짓지는 않는다는 것을 알 수 있지요. 타란툴라가 먹이와의 싸움에서 사용할 수 있는 것은 대담성과 두 개의 독이빨입니다. 타란툴라가 벌과 싸우면 언제나 이기고 순식간에 적을 죽여요. 벌이 타란툴라에게 물린 즉시 죽는 이유는 독이 세서라기보다 무는 위치가 정확히 급소이기 때문이에요.

거미의 본능은 일률적이지 않고 다양해요. 타란툴라는 거미줄이 아닌 자갈밭에 집을 지어요. 땅굴을 파는 것이지요. 타란툴라는 명주를 짜는 거미만큼 실을 가지고 있지 않기 때문에 인색해요. 기껏 거미줄로 구멍 출입구만 덮어 흙이 떨어지는 것을 막는 정도입니다. 성충이 되어 집을 갖게 되면 좀처럼 외출을 하지 않아요. 성미는 아주 고약하고요. 이웃을 먹이로 생각해요. 태연히 상대를 먹어 치웁니다. 그리고 같이 두면 서로 잡아먹지요. 또한 언제나 밤에만 일하죠. 처음 지은 집이 파괴되었을 때는 고쳐서 살거나 다시 집을 짓지 못해 떠돌아다니다가 근처에 있는 남의 집을 침입해요. 그러다가 잡아먹히기도 하고요. 파브르는 곤충이나 거미는 융통성이 없다고 말해요. 어쨌든 거미라 해서 모두 다 거미줄로 집을 짓는 것은 아닙니다.

거미줄로 날아가기

파브르는 거미가 부화하여 집을 떠날 때의 장면을 바람에 날려가는 식물의 씨앗과 비교해요. 민들레 씨앗처럼 바람에 날려 날아간다는 것이지요. 그 덕택으로 많은 가족이 순식간에 널리 퍼져서 서로 경쟁하거나 해를 끼치지 않고 각자 살아갈 곳을 찾아요. 비단 주머니 같은 호랑거미의 알주머니를 열면 세상에서 제일 푹신한 이불과 요가 펼쳐져 있어요. 마치 어미 거미의 사랑을 느끼게 해주듯이 말입니다. 여기에 수백 개의 알에서 깨어난 수백 마리의 새끼 거미가 들어 있어요. 이 거미 새끼들은 한 이불 속에서 함께 자라던 정든 형제들을 떠나 먼 여행길에 올라요. 서로 경쟁하지 않아도 될 곳을 찾아 독립된 삶을 살아가야 하기 때문입니다. 이 새끼 거미들은 알주머니가 매달린 꽃이나 나무의 꼭대기로 올라가 자기 몸속의 실주머니에서 거미줄을 뽑아내어 바람에 날리는 그 줄을 타고 멀리멀리 날아가는 것입니다. 그 줄이 날아가다가 어디에 붙으면 바로 그곳이 이제 자기가 살아갈 터전이 되는 것입니다.

타란툴라의 새끼들은 3월이 다 가고 어느 화창한 날 가장 따스한 아침 시간에 여행을 떠나기 시작해요. 나뭇가지 같은 높은 곳으로 기어 올라가 자신이 만든 실에 매달려 날아가요. 이 실은 거미를 매달고 바람에 날아가요. 바람의 방향이 맞으면 아주 멀리 날아갑니다. 1~2주 동안 그날의 기온과 일조량에 따라 출발하는 무리의 수가 달라요. 땅에 사는 이 거미는 새끼

288

일 때 단 한 번 나무 위로 올라가는 본능이 나타나요. 이 본능은 몇 시간 후면 사라지고 다시 일생 땅 위에만 삽니다. 어릴 때 갑작스럽게 나타나는 나무 오르기 본능은 그렇게 순식간에 사라집니다.

거미줄로 집을 짓는 거미들도 마찬가지입니다. 띠무늬큰거미는 노랑, 검정, 은빛을 띤 회색의 띠로 아름답게 꾸민 거미입니다. 알주머니는 과일 배 모양의 매우 아름다운 작은 명주 주머니입니다. 포근한 털 뭉치로 이루어진 알주머니 속에는 500여 개의 알이 들어 있어요. 이 알들에서 부화한 새끼 거미들 모두는 다 곡예사입니다. 십자동거미나 왕관큰거미도 마찬가지입니다. 새끼들은 꽃줄기의 꼭대기까지 기어올라요. 꽃줄기 끝에서 한 마리씩 실에 매달려 출발하지요. 그리고 갑자기 공중으로 날아오르다 순식간에 시야에서 사라져 버립니다.

흰살받이게거미는 외양이 갑각류 게를 닮았어요. 이 게거미 새끼들이 집단 이주하는 모습은 장관입니다. 이 거미에게는 거미줄을 치는 재능이 없어요. 그저 꽃 속에 매복하고 있다가 다가오는 먹이의 목덜미를 교묘하게 공격하여 죽여요. 게거미는 꿀벌 사냥에 열을 올립니다. 꿀벌이 꿀을 모으려고 조용히 다가오면 꽃그늘에 몸을 숨기고 있던 거미가 갑자기 목덜미를 물어 죽인 뒤 피를 빨아먹어요. 파브르는 꿀벌이 신성한 노동의 기쁨을 즐기고 있을 때 이런 살인자에게 도살당하는 모습을 보고 격분해요. 왜 근면한 꿀벌이 빈둥거리는 게거미를 먹여 살려야 하는지, 왜 부지런하게 사는 자가 파렴치한 녀석들을 번영시키려고 희생되어야 하는지 분개하죠. 파브르는 자연의 대조화 속에 이런 가증스러운 부조화가 섞여 있어 머리를 어지럽게 한다고 표현해요. 더군다나 이런 흡혈귀가 자기 자식을 위해서는 모범적인 모성애를 보여 준다니 아주 어처구니없다고 해요. 그럼에도 파브르는 이유를 다 알 수 없지만 있는 그대로를 받아들이자고 말해요.

대다수 거미의 배는 엄청나게 커요. 그 안에는 명주실 창고가 들어 있기 때문입니다. 그들은 명주실을 가지고 가는 실을 짜서 둥지를 만들어요. 자식들을 따뜻하게 감싸 주는 것이지요. 흥분을 가라앉힌 파브르는 부지런한 꿀벌을 죽이면서 살아가는 이 게거미도 정말 아름다운 창조물이라고 칭찬해요. 피부는 명주보다도 단정하며, 어떤 거미는 유백색을 어떤 거미는 노란색을 띱니다. 높은 곳을 좋아하는 게거미는 자신이 늘 사냥터로 사용하는 식물의 덩굴을 알주머니의 부지로 택해요. 명주로 집을 만들고 그 속에 알을 낳은 뒤 흰색 명주 뚜껑으로 주머니를 닫아요. 맨 마지막에는 실 몇 오라기로 둥지 위에 얇은 막을 치지요. 이것은 침실의 천장이 되며 나뭇잎의 구부러진 끝에 마련된 어미 거미의 침실 칸막이가 됩니다. 적을 방비하는 본부이자 새끼 거미들이 둥지를 떠날 때까지 어미 거미가 엎드려 망보는 곳이기도 해요. 알을 낳고 명주실을 다 소비한 탓에 삐쩍 말라 버린 어미 거미가 지금은 알주머니를 지키려고 살고 있어요. 아무리 방해를 해도 어떻게든 알주머니를 지키려해요. 타란툴라도 게거미처럼 자신의 알을 지키려고 애를 써

290

요. 둘 다 자식에게 헌신적이에요. 그런데 둘 다 자기 새끼와 남의 새끼를 구분하지 못해요. 그런 점에서 그들에게 엄밀한 의미의 모성애라는 단어를 붙여 주기는 어렵습니다. 파브르는 그들의 그런 헌신은 거의 기계적인 충동이며 진정한 애정은 아니라고 말해요. 게거미의 알주머니도 조심스럽게 바꿔치기를 하면 자신의 알주머니를 지키는 것처럼 남의 알주머니도 잘 지켜요. 5월 말 게거미는 산란이 끝나요. 어미 거미는 둥지의 천장에 배를 깔고 엎드려 밤이나 낮이나 경비 초소를 떠나지 않아요. 파브르는 이 어미에게 먹이로 꿀벌을 줘 보지만 그렇게 좋아하던 꿀벌은 이제 소용없어요. 주변에 꿀벌이 있어도 자기 자리를 떠나지 않지요. 어미는 오직 모성애 때문에 살고 있어요. 그것은 칭찬받을 일이지만 실속은 없어요. 자기 자신은 날이 갈수록 쇠약해지며, 주름은 더 깊어 가요. 바짝 말라 가는 어미는 죽기 전 무엇을 기다리고 있을까요? 게거미의 알주머니는 결코 찢어지는 일이 없어요. 섬유질은 너무 두껍고 끈적거려서 안에 갇혀 있는 작고 나약한 새끼 거미가 아무리 잡아당기고 찔러도 끄떡없어요. 명주 천장 밑에서 참다못해 발을 구르는 어린 새끼들의 기척을 느끼면 그제야 어미가 알주머니의 구멍을 뚫어 줍니다. 어미가 쇠약한 몸을 지탱하며 5~6주간의 긴 삶에 집착한 것은 최후의 이빨의 힘으로 새끼들이 나올 구멍을 열어 주기 위해서입니다. 이 의무가 끝나면 그녀는 둥지에 늘어져서 조용히 죽음을 기다리다 바싹 마른 시체로 변하고 말아요. 7월이 되면 새끼 거미들은 밖으로 기어 나와요. 그리고 나뭇가지 끝으로 재빨리 올라가서 실을 엮어 집단 이동을 시작하지요.

거미와 천적 대모벌

거미의 가장 무서운 천적은 대모벌입니다. 대모벌은 말벌의 하위 종류로 거미를 사냥하는 벌입니다. 거미를 찾아 땅 위를 이리저리 날아다니는 벌이 대모벌입니다. 거미의 천적이니 거미와 대모벌이 대결하면 당연히 대모벌이 이깁니다. 대모벌은 거미만 가지고 애벌레를 키워요. 벌이 찌르는 침을 가지고 있다면 거미는 거미줄과 독이 발린 이빨 두 개가 있어요. 거미는 도살자이고 대모벌은 마취의 대가입니다. 여건상으로는 거미가 이길 것 같지만 언제나 대모벌이 이겨요. 대모벌이 어떤 전략을 사용하기에 이길까요?

고리대모벌은 늠름한 자세와 거침없는 호전적 위풍을 가지고 있어요. 이 벌은 검은배타란툴라를 사냥해요. 어리호박벌이나 띠호박벌 따위를 단번에 죽이는 타란툴라가 대모벌에게는 지고 말아요. 파브르는 대모벌이 단 일격으로 타란툴라 가슴의 신경계를 찌르는 모습을 관찰해요. 대모벌은 거미 집으로 들어가 거미를 공격하지는 않아요. 그러면 오히려 자신이 물려 죽을 수 있으니까요. 둥지 속에 있을 때 공격하다가는 생명을 빼앗길 위험이 있어요. 이 대모벌은 이 사실을 잘 알

292

고 있지요. 그래서 그런 무리한 짓을 하지는 않아요. 그리고 벌은 거미가 집 밖에 나오면 무기력해진다는 것을 잘 알고 있어요. 따라서 벌의 모든 전술은 거미를 집 밖으로 끌어내는 것입니다. 파브르는 대모벌과 타란툴라의 싸움을 몇 주일 동안 담장 밑에서 관찰했어요. 대모벌은 계속 거미집 근처에 왔다가 거미가 몸을 좀 꺼내면 달아나요. 이런 짓을 반복하다 어느 순간 갑자기 거미 다리를 낚아채 집에서 끌어내어 공격해요. 언제나 대모벌의 승리였어요. 그전까지는 마치 거미가 대모벌을 사냥하는 것처럼 언제나 대모벌이 후퇴해요. 이 사냥에서 대모벌의 교활함과 거미의 우매함을 볼 수 있어요. 왜 거미는 적이 다가올 때 출입구로 몸을 내미는 것일까요? 굴속에 가만히 있으면 되는데 말이지요. 그렇게 승리한 대모벌은 마취된 거미를 거미의 집에 다시 넣고 자신의 알을 붙인 후, 집 입구를 대충 막고 떠나 버려요.

《곤충기》에는 이런 내용이 나와요. 파브르가 밤늦게까지 거미를 관찰하고 집에 돌아가면 자지 않고 기다리던 식구들이 파브르에게 질문을 던지는 거예요. "오늘은 거미가 무엇을 하고 있었나요? 그물을 다 만들었나요? 밤나방도 잡았고요?"[50] 온 가족이 파브르와 함께 거미 관찰에 관심을 보이는 장면입

---

50   파브르, "큰거미들, 나의 이웃",《파브르 곤충기》, (이근배·안응렬 옮김, 올재, 9권, 제7장, 2022), 81.

니다. 파브르는 8월 어느 축제 날을 이렇게 기록해요. 집 근처에서 불꽃놀이가 벌어져 불꽃과 굉음들이 가득했는데도 거미는 이 소란스러운 밤하늘 아래서도 자기 일에만 열중하고 아랑곳도 하지 않았다고요. 그는 집 만드는 거미의 모습을 아주 자세히 설명해요. 종류에 따라 줄의 개수, 그물 만드는 데 걸리는 시간, 그물 만드는 시간 등을 상세히 적어 두었어요. 마치 공사장의 서기처럼 말입니다. 파브르는 하나님이 만든 세상의 서기 자격이 충분히 있는 것 같아요. 특히 거미나 곤충과 같이 작은 동물들의 세계에서 말이지요. 성경에는 동물과 식물에 대해서 아주 잘 알았던 인물이 한 명 등장해요. 바로 솔로몬입니다(왕상 4:33, 34). 솔로몬이 적었다는 잠언에 보면 그의 이런 지식들이 잘 나타나 있어요. 자신의 지식을 잘 활용하여 지혜의 말씀을 남긴 것이지요.

거미는 종류에 따라 다양한 집을 짓습니다. 늑대거미나 깡충거미는 집을 짓지 않아요. 무당거미는 3층 구조의 거미줄을 만들어요. 말꼬마거미는 불규칙한 거미줄을 만들고요. 둥그런 모양, 접시 모양, 깔때기 모양, 굴뚝 모양의 거미줄도 있어요. 우리 눈으로 얼핏 보면 거미줄이 지저분해 보이지만 거미줄은 수학적인 아름다움을 보여 줍니다. 그 안에 같은 각도로 분할한 부채꼴과 베르누이 나선이라 불리는 대수 나선이 들어 있어요. 이 구조에 수학의 대칭 구조나 비례 관계 등이 주는 아름다움이 담겨 있는 것이지요. 거미의 이런 수학적 능력은 어디서 나온 것일까요? 수학은 하나님이 창조에 사용하신 중요한 수

단 중 하나입니다. 그 수단을 이 거미에게도 주신 것이지요.

　　오늘날에는 이 거미줄로 방탄복을 만드는 기술을 연구하고 있어요. 아주 가늘고 가벼우면서 튼튼한 거미줄로 옷을 만들려는 것이지요. 그리고 거미줄에 먹잇감이 붙는 원리나 재료를 이용해서 스파이더맨처럼 벽에 척척 붙는 접착 재료도 개발하려고 해요. 이를 위해서는 거미를 대량으로 사육해야 하는데 거미는 누에와 달리 육식이라 쉽지 않을 듯해요. 그래서 거미줄의 재료를 잘 연구하여 인공적으로 합성하려는 시도를 하고 있어요. 거미는 우리의 선입견과 달리 결코 불결한 생명이 아니에요. 당연히 거미줄도 불결하다고 볼 수 없고요. 거미나 곤충과 같은 생명이 살지 않는 곳이 과연 깨끗한 곳일까요? 거대한 생태계의 생명들을 보면서 우리는 깨끗함과 더러움의 개념을 다시 생각해 볼 필요가 있을 것 같아요.

15. 배설물 청소부
우리나라에 소똥구리가 다시 살 수 있을까

☞ 소똥구리(쇠똥구리 혹은 말똥구리)라는 곤충을 아나요?
소똥이나 말똥을 둥근 경단(구슬)으로 만들어 굴리는
곤충입니다. 파브르는 그의 《곤충기》 10권 중 제1권에서
제일 먼저 소똥구리를 다루고 5권에서도 길게 다룹니다.
파브르는 이 곤충을 40여 년간 관찰했다고 해요. 어째서
이 소똥구리를 그렇게 오랫동안 관찰했을까요? 당시에는
소똥구리에 대해 여러 선입견이 존재했어요. 동료끼리
협력하여 소똥을 굴린다는 등 신성시하는 경향도 있었지요.
파브르는 그것을 바로잡으려 했어요. 곤충을 무시하는
당시 풍조를 고치려 한 파브르는 한편으로 곤충을 인간적
시각으로 보려는 왜곡된 관점도 비판해요. 생명을 있는
그대로 보자는 것이지요. 파브르를 따라 자연의 청소부
소똥구리의 세계로 들어가 볼까요?

소똥구리는 딱정벌레의 일종입니다. 딱정벌레는 곤충의 거의 40퍼센트를 차지할 정도로 개체 수가 많은 종입니다. 우리가 잘 아는 무당벌레, 풍뎅이, 방개 등이 다 이 딱정벌레들입니다. 그중 우리나라에서 소똥이나 말똥을 굴리는 소똥구리는 3종입니다. 소똥구리, 긴다리소똥구리, 왕소똥구리인데, 1971년 이후 우리나라에서는 자취를 감춰 지금까지 발견하지 못하고 있는 곤충이기도 해요. 2017년에는 멸종위기종으로 지정되었고요. 신사임당의 그림에도 소똥구리가 등장하는 것으로 봐서 옛날에는 우리나라에도 흔했던 것 같아요. 2019년 환경부와 국립생태원이 몽골에서 도입한 소똥구리 200마리는 자연 방목한 말의 똥으로 사육되어 번식 중에 있어요.

소똥구리는 가축의 배설물을 먹이로 삼아 이를 분해하는 역할을 합니다. 생태계의 분해자로서 물질 순환을 돕고 온실가스를 감소시키지요. 그렇게 하여 토양에 영양물질을 제공함으로써 토양을 기름지게 합니다. 더러운 것을 깨끗한 것으로 바꾸는 것이지요. 자연은 더럽고 냄새나는 썩은 퇴비에서 아름다운 꽃과 탐스러운 알곡과 과일을 내게 해요. 더러움과 깨끗함이 연결되어 순환하는 것이지요. 그러면 자연에서 추한 것과 아름다운 것, 그리고 깨끗한 것과 더러운 것은 무엇일까요? 더러운 똥을 깨끗하게 만들기 위해 똥 속을 뒹구는 소똥구리는 깨끗한가요, 더러운가요? 그런데 생태계의 청소부로 살아가는 이 소똥구리는, 이제 축산물의 배설물을 먹이로 사용하지 못하게 되어 멸종위기에 처했어요. 가축을 기계적으로 사육하여 방목이 감소되고, 풀이 아닌 사료를 먹이며, 구충제 및 항생제를 사용하기 때문이지요. 위생적이고 청결한 가축 사육이 오히려 자연을 깨끗하게 만드는 곤충을 죽이는 것입니다. 가축의 배설물은 이제 자연적으로 복원을 할 수 없어 인위적으로 처리해야 하는 형편이지요. 항생제 등이 들어 있는 지금의 소똥이나 말똥은 소똥구리가 더 이상 먹을 수 없고요. 어떻게 하여야 모든 것이 정상화될까요?

오스트레일리아의 소 방목 역사에서 소똥구리가 큰 역할을 했다는 보고가 있어요. 오스트레일리아에서는 소똥 때문에 파리와 기생충이 번식하여 비위생적인 데다가 똥을 처리하는 데 어려움을 겪고 있었어요. 그곳에는 소똥을 먹는 곤충이 없기 때문이었어요. 그런데 아프리카에서 소똥구리를 도입함으로써 자연의 분해자가 생겨 소 방목이 가능하게 되었고, 지금은 깨끗한 환경에서 질 좋은 소고기를 많이 공급할 수 있게 되었다고 해요. 생태계를 통한 해결책을 찾은 것입니다.

신성한 소똥구리

소똥구리는 더러운 일을 하는데도 불구하고 매우 명예로운 위치를 차지해 왔어요. 고대 이집트인들은 둥근 경단을 굴리는 소똥구리의 모습을 보고 이 곤충들을 신성시했어요. 태양을 숭배하는 이들은 소똥구리의 똥 경단을 태양으로 본 것이지요.

땅에 묻은 경단에서 새로운 곤충이 태어나는 모습을 태양이 사라졌다 다시 떠오르는 모습에 비유하여 소똥구리가 태양을 굴린다고 본 것입니다. 소똥구리가 만물은 불변한다는 사실과 영혼을 숭배하는 그들의 믿음을 그대로 보여 주기 때문입니다. 소똥은 인간의 죽은 육체를 상징하는데, 그 속에서 새로운 생명이 태어나는 것을 본 거예요. 그것도 죽음의 상징인 땅속에서 재탄생하는 것을 본 것입니다.

옛날 이집트인들은 소똥구리가 소똥 경단을 태양이 움직이는 동쪽에서 서쪽 방향으로 굴리며 간다고 이야기했어요. 소똥구리는 그 후 달의 공전 주기인 28일 동안 경단을 땅속에 파묻어 두는데 이때 생명이 들어간다고 믿었어요. 29일째 되는 날에 소똥구리가 땅에 묻어 둔 경단을 꺼내 나일강에 던지면 그 경단 속에서 새 생명 한 마리가 나왔답니다.[51]

파브르는 점성술이 가미된 이 고대 이야기 속에 어느 정도 진리가 있다고 보았어요. 파브르의 관찰에 의하면 애벌레는 4~5주 동안 완전히 자라요. 약 28일 정도입니다. 소똥구리가 고치를 깨고 나오는 데 있어 물의 개입은 과학의 영역에 속하는 사실입니다. 나일강으로 특정된 물 말입니다. 이집트 사람들은 애벌레와 소똥구리가 같은 동물인지 몰랐어요. 28일간은 번데기 상태에 해당해요. 파브르의 관찰에 따르면 이 기간

51 파브르, "왕쇠똥구리, 번데기-해방", 《파브르 곤충기》, (이근배·안응렬 옮김, 올재, 5권, 제5장, 2022), 78.

이 늘 똑같은 건 아니었지만 그 범위는 맞았어요. 가장 긴 기간은 33일, 가장 짧은 기간은 21일, 평균은 28일, 즉 4주였거든요. 이 곤충은 한 태음월(보름달에서 보름달까지 기간)이 걸려서 생명을 얻습니다. 경단을 물속에 넣어 깨뜨림으로써 곤충이 나오게 하는 것은 어미가 아니고 비(구름)였어요. 소나기나 비가 오면 땅에 물이 스며듭니다. 그러면 경단 속 고치가 말랑말랑해져 곤충이 다리를 움직이고 등을 밀면서 자유롭게 됩니다. 이집트 점성가들의 대변자인 호루스(고대 이집트 신, 피라미드 고분 벽화에 매의 머리를 가진 그림)는 신성한 곤충의 탄생에 나일강의 물을 개입시켰는데 이는 사실 빗물입니다.

소똥구리를 숭배하는 이 이집트의 전통이 이어져 근대의 박물학자들은 소똥구리를 '성(聖, saint) 소똥구리'라고 부르며 기렸어요. 로마 가톨릭에서 성인을 부르듯 말입니다. 그와 동시에 소똥구리에 대한 미신이나 근본적인 오류도 보존되어 파브르 시대까지 내려왔지요. 이 곤충을 미화한 각종 이야기가 섞인 채 말입니다. 파브르는 자신의 관찰 결과를 말하면서 이 곤충을 있는 그대로 볼 것을 주장해요. 그중 수천 년간의 오류인 그 경단 속에는 알이 들어 있지 않고 그 경단에서 새끼가 태어나는 것이 아니라고 말해요. 경단은 알과 애벌레가 들어 있는 집이 아니라는 것입니다. 그것은 이 곤충이 땅에 파묻어서 지하에서 조용히 먹기 위해 혼잡한 곳으로부터 멀리 굴려 가기 위한 식량이었어요. 파브르 자신도 이 사실을 《곤충기》 1권을 쓸 때만 해도 몰랐다가 5권을 쓸 때가 되어서야 알게 됩니다.

300

소똥구리들이 서로 협력한다?

이토록 신성시되었던 소똥구리의 습성에 대한 오류는 무엇이었을까요? 파브르 시대 가장 권위 있는 저서들이 반복적으로 소똥구리에 관해서 과장한 오류는 무엇이었을까요? 소똥구리는 소똥이나 말똥을 자르는 다양한 연장을 종류별로 가지고 있어요. 그 연장으로 섬유질이나 이물질들을 집어냅니다. 그렇게 하여 만든 경단을 굴려 가파른 언덕을 오르다가 굴러떨어져 버리면 다시 굴려 올리고, 그러기를 열 번, 스무 번 반복하는 장면을 관찰하게 됩니다. 재미있는 장면은 두 마리가 함께 똥 경단을 굴리는 것입니다. [20] 이전 기록들은 이 장면에 대해 서로 협력하여 함께 먹이를 굴린다고 보았어요. 파브르는 관찰을 통해 이 기록이 맞는지 확인해요. 그와 동시에 암수가 함께 굴려 가정을 꾸리려는 것이 아닌가 하는 생각도 해봅니다. 그러나 후자의 경우 해부를 해보고서야 그 가설이 맞지 않다는 것을 알게 됩니다. 두 마리가 경단을 굴리는 경우 대부분 같은 성(性)이었다는 결과를 얻었거든요. 그리고 두 마리가 서로 협력하여 경단을 굴린다는 주장도 포기하고 말아요. 사실은 도와주겠다고 붙어서 틈만 생기면 훔치려 한다는 걸 알았기 때문이에요. 그러니까 소똥구리는 남이 만든 것을 날치기하려는 것이었어요. 협력할 것이라는 인간의 편견이 무너지는 것을 관측한 것이지요. 더 대담한 녀석은 폭력을 휘둘러 강탈해 가요. 이런 광경이 항상 목격되었어요. 열심히 양심적으로 일해 힘써 경단을 굴리고 있는 소똥구리에게 난데없이 한 녀석이 날아와 내려 앉으면 결투가 시작됩니다. 이 결투에서 대개는 도둑이 이깁니다. 그러면 싸움에서 진 주인은 다시 소똥으로 돌아가 경단을 만들어 굴립니다. 가끔 도둑이 훔친 경단을 제3의 소똥구리가 다시 강탈하지요. 파브르는 이럴 때 속이 후련해진다고 적고 있어요.

파브르는 소똥구리들 사이의 약탈이 하나의 습성으로 굳어 버렸다고 적습니다. 그러면서 소똥구리가 경단을 굴리다가 구멍에 빠지면 다른 소똥구리들을 데려다 협력하여 경단을 꺼낸다는 이전 사람[에밀 블랑샤르(Émile Blanchard, 1819~1900)]의 기록이 틀렸다고 반박해요. 또 다른 기록자[일리거(Johann Karl Wilhelm Illiger, 1775~1813)]는 한 발 더 나아가 소똥구리가 경단을 구멍에 빠뜨리자 다른 세 마리가 도와 경단을 꺼낸 뒤 주인에게 돌려주고 돌아갔다는 기록을 했는데 파브르는 이 또한 오류라고 판단했어요. 파브르의 관찰에 따르면 소똥구리에게는 그런 일이 있을 수가 없어요. 소똥구리들이 경단을 함께 굴리거나 힘을 합쳐 구멍에서 경단을 꺼내는 장면은 흔히 관찰되기에 이를 두고 소똥구리는 공동 작업을 하고 어려운 일을 함께 처리한다고 인간의 시각으로 평가한 것이지요. 파브르는 오랜 시간에 걸쳐 가능한 한 정확하게 관찰하려고 무척 노력했어요. 또 의도적으로 소똥구리가 도움을 필요로 할 만한 곤경에 처하게도 해보았어요. 하지만 소똥구리는 어느 경우에도 도움을 청하려는 시도를 하지 않았어요. 그저 노상 강도질을 하거나 약

302

탈당하는 소똥구리만 목격될 따름이었지요. 파브르는 여러 마리의 소똥구리가 구멍에서 경단을 꺼냈을 경우 쟁탈전이 한바탕 벌어지는 모습을 관찰함으로써 그간 불완전한 관찰로 소똥구리들을 남을 돕는 선량한 동료로 둔갑시킨 잘못을 지적해요. 파브르는 여러 해의 관찰을 통해 모성애가 개입되거나 벌 또는 개미처럼 사회생활을 하는 종류를 제외하면 대부분의 곤충은 자신의 일 외에는 아무 관심이 없다는 사실을 밝혀냈지요. 소똥구리가 자연의 청소부로서 부지런한 것은 사실이지만, 소똥구리를 미화하여 인간의 위선을 가리려는 태도는 옳지 않다는 것입니다. 아마 파브르는 인간의 협력 뒤에 숨은 위선을 비판하고 싶었는지도 모르겠어요.

둥근 경단

왕소똥구리는 게걸스럽게 먹는 곤충입니다. 이들은 몸집에 비해 엄청나게 많은 양의 먹을 것을 필요로 해요. 먹어도 먹어도 먹을 것이 더 필요해요. 그래서 자연스럽게 탈취가 일어나는 것이지요. 소똥구리는 힘으로 경단을 빼앗는 일에 아주 익숙해요. 경단을 직접 빚기보다는 동족의 것을 강탈하는 것이 더 쉽다고 생각하여 약탈하려 하고 그러면서 싸움이 벌어집니다. 경단의 소유주는 제 경단 꼭대기에 버티고 앉아서 기어오르려고 하는 침략자에게 대항해요. 이 싸움은 주인에게 유리하지 않아요. 도둑은 빼앗은 물건을 가지고 도망치고, 빼앗긴 녀석은 똥무더기로 가 다시 새 경단을 만듭니다. 곤경에 처해 있는 동료에게 와서 함께 경단을 굴려 준다는 주장은 이런 싸움 장면을 보고 추정해서 만들었을 것입니다. 강도를 도움을 주는 협력자로 본 것입니다. 왕소똥구리는 대부분 격렬한 약탈자입니다. 파브르의 사육장에는 먹을 것이 많이 있었어요. 그런데도 싸움이 자주 일어났지요. 마치 먹을 것이 모자라기라도 한 것처럼 경단을 가지고 맹렬하게 주먹질을 하며 다투었어요. 확실히 여기서 경단의 필요는 문제가 되지 않아요. 도둑이 전리품을 몇 번 굴리다가 내버리는 일이 여러 번 있는 것으로 보아 그 사실을 알 수 있어요. 약탈하는 즐거움 때문에 약탈하는 것이었어요. 파브르는 앞에서 언급한 프랑스의 우화 작가 라 퐁텐의 말을 인용해요. "두 가지 이득을 취할 것이 있다. 우선 제 재산을 얻는 것이고, 그다음에는 남을 불행하게 만드는 것이다."[52]

소똥구리들은 서로 강탈하는 이 성향을 알고 있기 때문에 함께 있는 녀석들을 피해 신속히 멀리 가서 은밀한 곳에 틀어박혀 장만한 음식을 먹습니다. 소똥구리는 햇볕을 좋아해서 밝은 대낮에 일을 하지만 동족들의 성격을 잘 알기 때문에 재빨리 해야 해요. 배설물 덩어리를 가지고 빨리 가려면 운반이 용이해야 해요. 가장 쉽게 옮기는 방법은 동그랗게 만드는 것입

52 파브르, "왕쇠똥구리, 그 환약",《파브르 곤충기》, (이근배·안응렬 옮김, 올
    재, 5권, 제1장, 2022), 31.

니다. 구슬이나 공처럼 굴릴 수 있으니까요. 밝은 대낮에 일하며 똥을 먹고 사는 유럽소똥구리와 꼬마소똥구리도 같은 역학 원리를 따라서 모두가 가장 굴리기 좋은 구형의 경단을 만들어요. 그런데 어두운 곳에서 똥을 가지고 일하는 다른 종들은 이렇게 하지 않아요. 그들의 똥 더미는 조잡해요. 동족의 눈에 띄지 않는 밤이니 빨리 굴려 갈 필요가 없기 때문이지요. 소똥구리들이라 해도 다 습성이 다릅니다. 하나의 원리로 설명할 수가 없어요.

왕소똥구리를 탐욕스럽게 많이 먹는 곤충이라고 했지요? 파브르는 어느 날 야외에서 이 곤충이 얼마나 많이 먹는지 관찰했어요. 어느 한 녀석이 아침 8시부터 저녁 8시까지 같은 지점에서 꼼짝하지 않고 12시간 동안 계속해서 먹는 것을 보았지요. 그런데 파브르가 더 이상 관찰하기 어려운 저녁 여덟 시에도 식욕이 여전히 줄지 않은 것 같았어요. 이튿날 가 보니 전날 먹고 있었던 푸짐한 덩어리는 다 없어지고 부스러기만 남아 있었어요. 이 소똥구리의 또 다른 특징은 엄청나게 빠른 소화력입니다. 곤충의 앞쪽에서는 계속 먹어 삼키고 있는데, 뒤쪽에서는 계속해서 자양분이 빠져나간 검은 끈 모양의 배설물이 밖으로 밀려 나옵니다. 왕소똥구리는 먹을 때만 배설해요. 그만큼 소화 작용이 빠른 것이지요. 식사 시작부터 끝까지 조금도 멈추지 않고 계속 나오는 배설물 끈이 수북이 쌓이는데, 마르기 전에는 쉽게 펼 수 있습니다. 파브르의 관찰에 따르면 매 분 3~4밀리미터 길이의 배설물이 새로 생겼고, 열두 시간 동안 길이가 2.88미터에 이르렀다고 해요. 파브르가 램프를 켜고 마지막 길이를 재는 동안 약 3미터에 이르는 똥으로 된 끈이 끊어지지 않고 계속해서 이어졌어요. 끈의 길이와 지름을 통해 용적을 계산해 보았더니 12시간 동안 한 번의 식사에서 소똥구리는 거의 식량의 부피만큼 소화했어요. 이런 높은 소화력으로 소나 말의 배설물들을 처리하는 것이지요. 배설물을 이토록 빨리 위생적으로 처리하는 소똥구리는 진정 자연의 청소부입니다.

소똥구리의 서양 배 모양의 경단(병배)

소똥구리의 부화에 관한 이전 기록은 다음과 같아요. 소똥구리가 배설물 경단 속에 알을 낳고 소똥을 굴리다가 적당히 동그래진 그것을 땅속에 파묻으면 시간이 지나 부화한다는 것이었어요. 파브르는 이를 확인하기 위해 굴러가는 경단을 수백 개 열어 보았어요. 하지만 굴러가는 경단 속에서 알을 발견한 적이 결코 없다면서 이전 기록이 틀렸다고 말해요. 그에 대한 또 다른 증거로 경단을 훔치는 일이 비일비재하다는 점을 들어요. 소똥구리가 남의 자식이 되는 알까지 훔칠 리가 없다는 것이지요. 현장 조사를 위해 애벌레가 들어 있는 경단을 찾으려 하고, 실험도 하려 했으나 실패했어요. 시간이 많이 흘러 《곤충기》 5권에 가서야 관찰을 통해 그 의문을 해결하게 돼요. 자신의 먹이로서의 경단과 알을 위한 경단은 모양과 만드는 과정에서 차원이 달랐어요. 이 둘은 서로 다른 경단이었지요. 후자는 너무 잘 만들어져 있었어요. 소똥구리의 알을 낳고 부화하여 먹을 먹이를 넣은 경단은 서양 배 혹은 병이나 표주박처럼 생겼어요. 식량이 마르지 않고 또 부화를 잘할 수 있도록 만든 것이었어요. 파브르는 이를 병 모양의 배를 닮았다 해서 '병배'라 불렀어요.

이 병배를 발견한 이야기는 《곤충기》 5권에 나옵니다. "아비뇽 근처에 있는 앙글레 고원에서 관찰을 시작한 지 40년 가까이 흘러 마침내 애벌레가 사는 집을 찾은 것이다. 나는 전에 애벌레의 집을 얻으려고 헛되이 시도하던 일을 말했다."[53] 그러면서 이 발견이 40년이나 걸린 이유를 말해요. 시골에 오랫동안 머물러 있어야 하고, 해가 쨍쨍 내리쬐는 가운데서 가축 떼와 가까이 지내야 하는 데다, 이 일을 하려면 엄청난 참을성이 있어야 하는데 그것이 그리 만만치 않았다는 것입니다. 그리고 관찰을 하려면 엄청나게 많은 소똥구리의 먹이(소나 말이나 양의 배설물)가 필요했는데, 그 일이 시골로 옮기고 나서야 가능해졌기 때문이라고 말했어요. 박하사탕을 얻기 위해 똥을 주워다 준 이웃 아이들의 도움으로 가능했다는 이야기도 덧붙이지요. 파브르는 어린 목동들의 도움을 많이 받았다고도 해요. 그들은 첫새벽부터 밤늦게까지 풀밭에 머물며 양 떼의 배설물 주위로 몰리는 소똥구리가 하는 일들을 알려 주었어요.

53   파브르, "머리말", 《파브르 곤충기》, (이근배·안응렬 옮김, 올재, 5권, 2022), 19-20.

어느 날 어린 목동이 소똥구리 땅속 집에서 발견한 예쁜 서양 배 모양의 물건들을 파브르에게 가져다주었어요. 단단하고 곡선이 매우 예술적이었어요. 그런데 놀랍게도 그 안에 알이나 애벌레가 들어 있었어요. 그동안 살폈던 구형의 경단에 알이 들어 있지 않고, 병배에 생명이 들어 있었어요. 현장을 찾아간 파브르는 굴속에서 다른 병배를 발견해요. 파브르는 그 순간에 고고학자가 파라오 무덤에서 유물을 발견한 것보다 더 큰 감격을 누렸다고 적고 있어요.

"동굴이 열리고, 입을 벌린 지하 굴의 뜨뜻한 습기 속에서 나는 훌륭한 병배 하나가 길게 누워 있는 것을 본다. 그렇다. 소똥구리의 모성의 작품이 이렇게 처음으로 드러난 것은 내게 오래 기억으로 남을 것이다. 이집트의 유서 깊은 유물들을 발굴하는 고고학자인 내가 파라오의 어떤 지하실에서 에메랄드로 조각한 죽은 이들의 신성한 곤충을 파냈다 하더라도 내 감격이 이보다 더 강하지는 않았을 것이다. 아! 갑자기 빛나는 진리의 거룩한 기쁨, 너희와 비교할 만한 다른 기쁨이 있느냐? 목동은 기뻐서 어쩔 줄을 몰랐다. 그는 내 미소를 보고 웃고, 내 행복을 보고 기뻐했다."[54]

파브르가 본 소똥구리의 이 병배는 이전 책들이 묘사한 공 모양이 아니었어요. 그동안 파브르는 이전의 대가들을 믿고 둥

---

54 파브르, "왕쇠똥구리, 병배", 《파브르 곤충기》, (이근배·안응렬 옮김, 올재, 5권, 제2장, 2022), 38.

근 경단을 다 뒤졌으나 알이나 애벌레를 발견하지 못했거든요. 파브르도 경단을 알의 먹이로 제공한다는 이전의 기록을 믿었던 일을 공개적으로 사과해요.[55] 그러고 나서 그 병배를 자세히 관찰하지요. 그것은 달걀 모양에 길쭉하고 흰 빛깔을 띠었어요. 제일 큰 것들은 길이가 45밀리미터에 너비가 35밀리미터, 제일 작은 것들은 길이가 35밀리미터에 너비가 28밀리미터였지요. 매끈한 표면은 붉은 흙을 얇게 발라 정성스럽게 다듬어져 있었어요. 처음에는 진흙처럼 말랑말랑하다가 이내 말라 단단한 껍질이 되는데 이는 방어용 덮개입니다. 안의 음식이 마르지 않도록 보호하지요. 안에 있는 알이나 애벌레는 이 세상과 분리된 채 아주 조용한 가운데 식량을 먹을 수 있습니다. 그동안 소똥구리가 굴렸던 경단은 건초 부스러기가 잔뜩 들어 있는 거친 빵입니다. 성충들에게는 그 정도 먹이도 충분하지요. 그러나 자기 새끼에게는 영양이 풍부하고 소화가 잘되는 고운 먹이가 필요해요. 영양분이 많은 즙이 잔뜩 스며 있는 음식 말입니다. 갓 나온 애벌레의 연약한 위에 적당한 음식입니다. 병배를 조심스럽게 한 꺼풀씩 벗겨 갑니다. 불룩한 중앙 속에는 알이 없어요. 병배의 좁아진 맨 끝의 목 속에 알이 있었고요. 알과 방의 벽면 사이에는 약간의 빈 공간이 있어요. 그러니 음식은 병배의 아래쪽에 불룩한 구형 형태로 되어 있습니다. 음식이 껍질에 의해 마르지 않도록 보호되어 마르지 않기는 하지

55   앞의 책, 40.

만, 가장 큰 부피에도 가장 작은 표면적을 가지는 구형 형태로 만들어짐으로써 마르는 것을 최소화하는 것입니다. 소똥구리는 증발의 법칙과 기하학의 법칙을 완전히 아는 것처럼 행동해요. 알은 목 부분에 있습니다. 생명은 공기가 필요해요. 새알들의 껍질에는 수없이 많은 기공이 뚫려 있어요. 소똥구리의 병배는 달걀에 비교할 수 있어요. 얇은 벽을 통해 공기가 드나들 수 있게 되어 있지요. 알은 표면에 아주 가까운 부화실에 놓여 있어요. 그곳은 공기와 열이 쉽게 드나들 수 있어요. 까다로운 기술과 재간을 가진 소똥구리임을 보여 줍니다.

6, 7월 뜨거운 계절에 알은 부화합니다. 산란 후 해가 뜨겁게 내리쬘 때는 5~6일 만에 부화하기도 해요. 보통 온도에서는 12일 만에 부화하고요. 애벌레는 자기 독방 아래쪽 병배의 볼록한 부분을 공략해요. 얇은 천장 쪽을 공략하면 위험해지는데 다행히도 그렇게 하지는 않아요. 어떻게 천장 쪽이 아닌 아래쪽을 공격할까요? 파브르는 까다로운 먹는 기술인 본능의 목소리에 복종하는 것이라고 답해요. 파브르가 인위적으로 구멍을 뚫자 애벌레는 자신의 똥으로 구멍을 막아요. 먹이가 아니라 똥으로요. 이 접착제를 가지고 깨진 항아리를 수리하는 것이지요, 끝까지 부드러운 빵을 먹기 위해서입니다. 붙이풍뎅이들, 쇠똥풍뎅이 등 병배에 구멍을 파는 녀석들이나 기생식물인 은화식물이 병배의 틈을 벌리면 이렇게 접착제를 내어 수리해요. 이 병배를 공격하는 침략자들의 수가 많으면 애벌레는 죽고 맙니다.

310

다양한 소똥구리 습성들

그런데 왕소똥구리를 일반화해서 다른 종의 소똥구리도 같은 습성을 가지고 있을 것이라고 생각해서는 안 됩니다. 조직이 비슷하다고 해서 본능이 같은 건 아니니까요. 파브르가 사는 지방의 다른 소똥구리인 넓은 목 소똥구리도 둥근 경단을 만들어요. 그러나 그들 사이에서는 빼앗고 빼앗기는 싸움이 없어요. 경단을 옮겨서 땅굴 속으로 가져가는데도 말입니다. 어미가 3~4주 동안 땅속에서 일을 하면 경단은 사라지고 병배 2개가 만들어져요. 왕소똥구리는 꼭 병배 1개를 만드는데, 넓은목 소똥구리는 2개를 만듭니다. 병배는 왕소똥구리 것보다 더 우아하고 날씬해요. 파브르는 만일 두 소똥구리가 공통된 기원에서 나왔다면, 이 두 종류의 이런 차이가 어떻게 나타나는 것인지 모르겠다고 말해요.

그 지역에는 유럽소똥구리도 많았어요. 몸집은 왕소똥구리보다 훨씬 작아요. 습관도 같고, 이용하는 장소도 같고, 6, 7월에 집을 짓는 것까지도 같습니다. 파브르는 유럽소똥구리와 왕소똥구리가 함께 먹는 것을 자주 보았어요. 그렇지만 유럽소똥구리의 수가 압도적으로 많았어요. 그런데 유럽소똥구리는 꼭 동그란 덩어리를 고집하지는 않아요. 그 자리에서 먹기 때문이지요. 무더기가 마음에 들면 언제까지나 그곳에 머뭅니다. 그리고 어미는 그 무더기에서 애벌레를 위해 필요한 먹이를 둥그렇게 만들어요. 그런 다음 그것을 땅굴 속에 굴려 가지고 가요. 그 후 병배 모양이 아닌 달걀 모양으로 만들어 그 속 위쪽에 알을 낳습니다. 서로 모양은 다르지만 알과 애벌레가 요구하는 중요한 조건들에는 순응해요.

그런데 병배나 달걀 모양의 알집을 그렇게 정성스럽게 만든 어미는 그 후에는 이후로 이 알에 대해 완전히 무관심해져요. 파브르가 의도적으로 알을 낳기 전 이 병배나 계란 모양의 덩어리를 밖으로 들어내면 어미는 다시 열심히 땅굴 속으로 옮겨요. 파브르가 양심의 가책을 느낄 정도로 이틀에 네 번이나 그 일을 반복해도 어미는 감동할 만한 참을성을 가지고 다시 굴속으로 가져가요. 그런데 알을 낳고 나면 완전히 달라져요. 파브르는 어미가 알을 낳고 나자 알이 들어 있는 그 병배를 밖으로 가지고 나와 보았어요. 이전과 동일한 실험이지요. 15분만 밖에 있으면 말라 버리고 그 속의 알은 죽어 버릴 것입니다. 이때야말로 어미가 그 병배를 땅굴 속으로 옮겨야 할 순간입니다. 알이 들어 있기 때문이지요. 그런데 어미는 아무것도 하지 않아요. 아직 알이 들어 있지 않던 그 전날에는 어미에게 그토록 귀중했던 물건이지만 이제 무관심의 대상이 되고 말았어요. 알을 낳기 전에는 병배에 열성적이던 어미가 알을 낳은 뒤에는 무관심해진 것입니다. 본능은 이렇게 행동해요.

본능과 환경, 아르헨티나의 소똥구리와의 비교

312

파브르의 어린 시절 꿈은 온 세상을 돌아다니면서 다양한 생명을 살피는 것이었어요. 그러나 그는 일생 대부분을 집과 자신의 동네 안에 갇혀 가난하게 살았어요. 파브르는 이 삶을 불평하지 않고 살았어요. 오히려 일생을 살면서 지식을 거두어들이는 데는 먼 곳으로의 탐험 여행이 필요 없다는 것을 고백해요. 작은 울타리 안의 땅에서 느긋한 대여행모험을 수없이 하고 또 할 수 있었다고 해요. 자신이 살고 있는 고장, 자신의 집 울타리 안의 곤충들 이야기만 자세히 하려 해도 한 평생이 모자랄 것이라고요.

　환경이나 풍토가 달라지면 같은 곤충들의 근본적인 본능이 어떤 모양으로 달라지는지 파악하는 것은 중요한 일입니다. 파브르는 아르헨티나의 수도회 수사 쥐딜리앙(후안 쥐딜리앙 마레, Frère Judulian Marie, 1871~1928, 아르헨티나 곤충학자)과의 교류를 통해 그 지식을 얻을 수 있었어요. 두 사람은 다른 환경의 관찰 결과를 서로 나누었지요. 파브르의 고장인 세리냥의 소똥구리 씀씨와 아르헨티나 평원 팜파스(Pampas)의 소똥구리 씀씨를 비교할 수 있게 된 거예요. 아르헨티나의 소똥구리도 똥을 다루고 달걀 모양의 경단을 빚는 등 파브르가 관찰한 것과 유사한 씀씨를 발휘했어요. 프랑스에서 참된 것이 아르헨티나에서 거짓일 수는 없겠지요? 어떻게 두 지역의 곤충이 같은 재주를 배웠을까요? 파브르는 아르헨티나로부터 특기할 만한 다른 관찰 결과를 아무것도 받지 못했어요. 그렇지만 곤충들이 아무리 멀리 떨어져 있더라도 같은 씀씨를 볼 수 있다는 중요한 지식을 얻게 되었어요.

"세상의 다른 끝에 있는, 우리네 메마른 잔디와는 너무도 다른 물에 잠긴 무한한 목초지에서도 소똥구리들은 프로방스 지방에서 사는 그들의 동료들의 방법을 큰 변화 없이 따른다. 환경의 대단한 변화도 이들의 솜씨를 조금도 변하게 하지 못한다. 마음대로 쓸 수 있는 풍부한 식량도 소똥구리의 솜씨를 변하게 하지 못한다. (…) 이와 같이 소똥구리의 솜씨는 어디에서 무슨 재료들로 마련하거나 변하지 않는다. 실제로 이것은 변함없는 본능이고, 우리의 이론이 흔들 수 없는 바윗덩이다."[56]

모든 소똥구리는 컴퍼스도 없이 공 모양의 형태를 잘 만듭니다. 이것은 애벌레의 안전에 유리한 기하학적 구조입니다. 우주의 태양이든 소똥구리의 요람이든 에너지를 보존하는 데 가장 적합한 형태인 구형 말입니다. 우주의 거대한 천체와 곤충의 보잘것없는 경단이 같은 원리를 가진 것입니다. 고대 이집트 사람들도 동일한 생각을 했어요. 그들은 최고의 찬란함이 극도의 비천에서 발견된다고 생각했지요. 그들의 생각이 틀렸을까요? 그렇지 않아요. 우주의 장엄함이 미천한 생명 속에서도 그대로 발견됩니다. 이로써 소똥구리의 작품은 우리에게 생각할 점을 던져 줍니다. 파브르는 중대한 질문을 던짐으로써 우리에게 둘 중 하나의 입장을 택할 것을 권해요. "납작한 뇌를

---

56 파브르, "팜파스의 쇠똥구리", 《파브르 곤충기》, (이근배·안응렬 옮김, 올재, 6권, 제5장, 2022), 393-394.

가진 소똥구리에게 기하학적 문제를 그 자신이 풀었다는 영광을 돌려주든지, 아니면 모든 것을 알고 모든 것을 준비한 어떤 지성이 지켜보는 아래서 사물 전체를 조절하는 조화에 의지하든지 두 가지 중의 하나를 택해야 하는 것이다."[57] 어떤 지성은 누구일까요? 그리고 여러분의 선택은 어느 쪽인가요?

파브르가 살았던 지역에는 똥을 먹고 사는 곤충들이 12종류쯤 있었어요. 파브르는 이 하찮고 조그마한 곤충들에게서 많은 것을 배웠다고 말해요. 이 녀석들은 활기차게 지나가는 노새가 떨어뜨린 배설물을 이용하려고 재빨리 달려옵니다. 이들은 무리를 지어 와서 그 자리에 오랫동안 머무르며 일해요. 덩어리를 발로 뒤집어 보면 이들이 우글거려요. 가장 큰 녀석은 완두콩만 해요. 하루 빨리 깨끗하게 치워지기를 요구하는 배설물을 열심히 부스러뜨려요. 이들은 땅에서 더러운 것을 이내 치워 버려요. 이렇게 작은 녀석들이 먹고 나서 작은 부스러기로 분해한 것을 해가 소독하고, 바람이 한 번 휙 불어서 날려 버려요. 이들은 이렇게 자연을 깨끗이 청소하고 비옥하게 만듭니다. 파브르는 이들 각각의 모양과 색깔이 저마다 아름답다고 말해요. 이들의 이마 장식 또한 얼마나 신기한지 모른다는 말도 덧붙이지요. 어찌 보면 자연에서 가장 천한 일을 하는 이 곤충들을 파브르는 가장 소중히 여겨요. 40여 년이라는 시간 동

57   앞의 책, 395.

안 이 소똥구리를 관찰할 정도였으니까요. 그리고 하나님의 가
장 아름다운 곤충으로 그 위상을 높여 줍니다. 사실 우리 시대
에도 이런 하찮은 생명들의 활동이 자연을 아름답고 건강하게
회복해 줄 것입니다. 한국 땅에도 이렇게 소중한 자연의 청소
부 소똥구리가 다시 살 수 있을까요?

316

덤. 우리나라 멸종 위기종[2024년 7월 현재 (국립생태원)]

환경부 멸종 위기 야생동물 282종, 해양수산부 해양보호생물 91종,
산림청 희귀식물/특산식물 931종

· 멸종 위기종 1급, 2급으로 구분
　　곤충류 29종, 포유류 20종, 조류 69종, 양서, 파충류 8종, 어류 29종,
　　무척추동물 32종, 육상식물 92종, 해조류 2종, 고등균류 1종

· 곤충류
　　1급(6종): 비단벌레, 수염풍뎅이, 산굴뚝나비, 상제나비,
　　붉은점모시나비, 장수하늘소
　　2급(23종): 대모잠자리, 한국꼬마잠자리, 소똥구리, 애기풀소똥구리,
　　멋조롱박딱정벌레, 큰자색호랑꽃무지, 창언조롱박딱정벌레,
　　닻무늬길앞잡이, 노란잔산잠자리, 두점박이사슴벌레,
　　물방개, 쌍꼬리부전나비, 깊은산부전나비, 왕은점표범나비,
　　큰홍띠점박이푸른부전나비, 은줄팔랑나비, 여름어리표범나비,
　　참호박뒤영벌, 뚱보주름메뚜기, 물장군, 윤조롱박딱정벌레,
　　홍줄나비, 불나방

16. 사체 처리반

굳은일을 하는 생명들이 많다

☞ 우리가 사는 이 땅에는 매 순간 수많은 생명이 죽고 또
새로 태어납니다. 몸을 구성하는 물질의 측면에서 보면
죽은 생명체의 몸이 분해되어 새로 태어나는 생명체의
몸을 구성하는 양분으로 사용됩니다. 이렇게 하나님이
만드신 세상은 태초부터 지금까지 물질의 낭비 없이
그대로 다시 사용되면서 계속 새로운 생명이 태어나고
그렇게 생명들의 활동이 이어집니다. 더 자세히 말하자면
생명체의 죽음은 죽은 사체를 남기는데 이 사체는 사체
청소부들에 의해 분해되어 다시 새로운 생명을 위한 재료로
사용된다는 말입니다. 바로 이 과정에서 파리나 송장벌레
등 곤충이 사체 청소부로 큰 역할을 합니다. 이런 곤충들이
적절하게 사체를 분해해 놓으면 최종적으로 미생물에 의해
완전히 분해되어 흙으로 돌아가게 됩니다. 우리의 몸도
이런 과정을 거쳐 흙으로 돌아갑니다(창 3:19). 이런 사체
청소부 곤충들이 없다면 이 땅은 금방 사체로 뒤덮이고 말
것입니다. 이들의 생명 활동을 살펴볼까요?

파리는 파리목(쌍시목)에 속하는 곤충으로 비슷하게 생긴 곤충들이 너무 많아 정확히 구분하여 파리라고 정의하기는 어려워요. 전 세계적으로 15만 종 정도의 파리가 있는 것으로 알려져 있어요. 우리나라에는 2,300여 종의 파리가 살고 있고요. 굉장하지요? 파리는 모기, 바퀴벌레 등과 함께 대표적인 해충입니다. 그러나 파리는 벌이나 다른 곤충보다 몇 배에 달하는 분량으로 식물의 수분(꽃가루받이)을 돕습니다. 벌보다 5배 정도 더 많은 수분을 해요. 그러니 파리가 없어진다면 식물의 번식은 기대하기 어렵고, 식물을 먹고 사는 인간도 더 이상 살아가기 어려울 것입니다. 또한 파리는 사체나 배설물 처리와 같은 궂은일을 도맡아 하는 곤충입니다. 사체 처리 과정에서 각종 질병을 옮기는 탓에 해충으로 낙인찍히기도 했지만요. 파브르는 《곤충기》에서 이런저런 파리의 관찰 기록을 소개해요.

송장벌레는 딱정벌레의 일종입니다. 송장은 죽은 사람의 몸을 말해요. 송장벌레 역시 사체를 처리하는 곤충인데, 이 곤충이 없다면 우리가 아름다운 산과 들을 다닐 때 동물 사체를 밟고 다녀야 할지도 모릅니다. 서양에서는 이 송장벌레를 일컬어 '시체를 묻는 딱정벌레'(burying beetle)라 부릅니다. 한자어로는 '매장충'이라 부르고요. 사체를 매장하는 곤충이라는 말이지요. 파브르는 이 송장벌레도 자세히 관찰했어요. 파브르를 따라 이 사체 청소부 곤충들을 따라 가볼까요?

청소부 파리

파브르는 농부들이 혹시 밭에서 두더지나 구렁이를 농기구로 죽이게 되면 안타까워했어요. 이 동물들은 밭에 있는 해충을 잡아 농부를 도와주는 동물이었거든요. 파브르는 이렇게 죽은 두더지나 구렁이를 그냥 지나치지 않고 그 사체를 살며시 들어 그 아래를 관찰했어요. 그리고 그 밑에 새로운 세계가 열려 있는 것을 보았지요. 수많은 생물이 죽은 사체를 격렬하게 먹고 있었거든요. 그곳은 생명을 다한 사체가 다른 생명을 이루는 물질로 돌아가는 작업 현장이었던 거죠. 호기심이 발동한 파브르는 이 동물 사체들로 관찰 실험을 해요. 그가 관찰하고자 한 사실은 사체가 어떤 방법으로 분해되는가와 분해된 그 물질이 생명을 낳기 위해서 어떤 방법으로 결합되는가 하는 거였어요.

동물 사체를 화분에 넣어 고양이가 방해하지 않도록 나무 기둥에 매달아 두었어요. 몇 시간 만에 개미들이 기둥을 타고 올라가 시체를 분해하기 시작했어요. 그리고 수시렁이, 풍뎅이, 송장벌레 등은 시체가 썩은 뒤 몰려들기 시작했어요. 파브르는 여러 종류의 파리 떼들이야말로 시체 분해 전문가 중의 최고 전문가라 말해요. 어떻게 그렇게 날쌔게 일하는지 모르겠다고 칭찬하면서요. 특히 가장 멋지게 일하는 금파리와 쉬파리를 이야기해요. 파브르는 이 파리의 외모와 색깔의 아름다움을 극찬해요. 썩은 동물이나 다루기 좋아하는 이 곤충들이 이렇게 훌륭한 몸맵시를 하고 있는 것이 놀랍다고 하죠. 암컷 파리들이 두더지 사체 뱃가죽 아래 어두운 곳에 알을 낳아요. 이들은 햇빛이 강한 곳에는 알을 낳지 않아요. 알이 상할 수 있으니까요. 파브르는 그 알들을 채집하여 개수까지 다 세어 봅니다. 두더지 사체를 살며시 들춰 보면 파리가 알을 낳고 있는 그 현장에 개미가 득실거리다가 알을 낳으면 물고 가 버리는 것이었어요. 이런 약탈꾼들이 알을 훔쳐 가도 파리는 끊임없이 알을 낳았어요. 그렇게 많이 약탈을 당해도 며칠 뒤 두더지 잔해인 털을 들어 올리자 그 아래 파리의 애벌레인 구더기들이 득실대고 있었어요. 관찰 전문가 파브르도 이 장면을 보고 오싹할 만큼 무서웠다고 말해요. 그러면서 곤충의 세계에는 더 심한 것도 많으니 익숙해져야 한다고 스스로를 다독입니다. 성경 곳곳에도 구더기가 언급되어 있어요(욥 21:26 등).

파리의 알들은 24시간이 지나면 부화해요. 구더기는 작은 두 개의 갈색 점을 통해 숨을 쉬며, 두 개의 집게 갈고리를 가지고 있어요. 파브르가 자세히 관찰한 결과 이 갈고리는 먹이 활동을 위한 것이 아니라 보행용 걸음걸이 도구라는 게 밝혀졌어요. 구더기는 사체를 뜯어먹는 대신 몸에서 화학물질을 분비해 사체를 녹여서 그 액체를 빨아먹는다는 것을 알아냈어요. 파브르는 우리가 흔히 생각하듯 '징그럽다'라는 시각으로 구더기를 보지 않았어요. 그는 다음과 같이 평해요. "파리의 구더기는 이 세상의 하나의 힘이다. 가장 짧은 기간에 죽은 것의 시체를 생명에게 되돌려주기 위해서 이놈은 시체를 증류한다. 이놈은 시체를 가지고 진액(엑기스)을 만드는데, 그것이 땅에 흡수되어 땅을 기름지게 하고 식물을 성장시키는 것이다."[58]

　우리 자연은 사체를 생명의 보고로 돌려보내는 데 수많은 청소부를 필요로 해요. 검정쉬파리도 그중 하나입니다. 집 안에 들어와 붕붕거리는 파리이지요. 그 소리가 싫어 어떻게든 우리는 이 파리를 잡아 죽이려 해요. 우리의 음식물을 거침없이 더럽히는 구더기 알은 어떻게 낳는 것일까요? 파브르는 어떻게 구더기 알로부터 음식물을 보호할 수 있을까를 연구합니다. 사실 파리는 나이가 들어 야외 관찰을 힘들어 하는 파브르에게 아주 좋은 곤충이었어요. 집 안에까지 들어와 관찰 대상이 되어 주었기 때문입니다.

　파브르는 파리가 죽은 새의 사체에 알을 낳은 것을 관찰하고는 다른 새의 사체를 종이로 잘 막아 파리가 알을 낳지 못하게 두었어요. 그러자 막아 놓은 새의 사체는 1년이 지나도 썩지 않고 말라서 미라가 되어 있었어요. 이를 보고 파브르는 파리가 부패를 취급하는 화학자 중의 화학자라고 말해요. 파리는 자신의 새끼 애벌레인 구더기가 먹이를 향해 방해 없이 잘 기어갈 수 있는 곳에 알을 낳아요. 많은 실험을 통해 파브르는 이를 증명했어요. 파리는 어디나 침입할 수 있어요. 파브르는 이 세상에서 단 하나의 평등이 있다면 구더기 앞에서의 평등이라고 말해요. 구더기가 침투하면 어느 생명체라도 다 썩어 버리

58　파브르, "금파리", 《파브르 곤충기》, (이근배·안응렬 옮김, 올재, 8권, 제14장, 2022), 545.

니까요. 그러면서 고깃덩어리나 사냥한 새나 짐승을 판매할 때 종이로 잘 싸서 파리가 알을 낳는 것을 막을 것을 권해요. 사람의 시신의 경우 땅속 10센티미터보다 더 깊게 묻으면 적어도 파리의 침범은 막을 수 있다고 해요. 파브르는 인간의 몸도 죽은 생명을 물질로 되돌려 다른 생명을 위한 재료로 사용한다는 점에서 예외가 아니라고 보았어요. 썩어 흙으로 돌아가는 데는 사람의 몸도 다른 생명체와 다르지 않다는 뜻이지요.

생태계의 중간고리인 파리

파리는 곤충의 생태계에서 먹이로서도 중요해요. 파리 구더기를 먹는 곤충이 있어요. 생명이란 결국 서로가 먹고 먹히며 살아가는 공장입니다. 오늘 잡아먹은 녀석이 내일은 잡아먹힙니다. 그래서 죽은 자를 분해하는 파리는 자신이 당할 차례를 피하지 못해요. 풍뎅이붙이는 이 파리의 구더기(애벌레)를 잡아먹어요. 쉬파리의 알에서 파리 구더기가 부화하는 것이 아니고 수중다리좀벌류 애벌레가 부화하기도 해요. 기생충 곤충이지요. 이들이 파리 구더기에 독소를 주사해 죽여 자신의 애벌레의 먹이로 사용합니다.

파브르는 파리를 먹는 막시류 코벌의 땅속 집을 관찰해요. 코벌은 애벌레를 위해 매일 신선한 파리를 제공해요. 애벌레들이 자라는 2주 정도의 기간 동안 어미는 애벌레가 배고프지 않게 쉬지 않고 정신없이 사냥을 해요. 애벌레 한 마리당 60마리는 먹어야 했어요. 파브르가 코벌 애벌레를 직접 키워 봤더니 8일 동안 82마리의 파리를 먹었지요. 우리에게는 파리가 불결한 해충이지만 코벌에게는 이렇게 자기 종족의 번성을 위해 꼭 필요한 곤충입니다.

코벌은 다른 땅벌들처럼 먹이를 미리 저장해 두고 입구를 막으면 쉬울 텐데 왜 15일 이상을 쉴 새 없이 들락거리면서 먹이를 제공할까요? 파브르는 코벌의 음식물 저장법을 살펴봅니다. 당연히 먹이는 신선해야 해요. 애벌레는 조금이라도 썩기 시작한 음식은 절대 먹지 않고 신선한 고기만 먹거든요. 다른 땅벌인 노래기벌, 조롱박벌, 나나니 들은 음식을 독침으로 마비시켜 몇 주 동안 아주 신선한 상태로 유지시켜 애벌레에게 공급해요. 이때 먹이의 신경 구조에 따라 어떤 경우는 단 한 번, 어떤 경우는 여러 번 찔러 생명은 유지하면서도 운동력은 잃게 만듭니다.

그런데 코벌은 사냥할 때 파리를 마취시키지 않고 죽이는 방식으로 잡습니다. 왜 이럴까요? 마비 기술이 미흡해서일까요? 아니면 독침법을 몰라서일까요? 파브르는 직접 실험해 봅니다. 암모니아를 가는 침에 묻혀 파리를 마비시켜 보려고 해요. 그런데 모두 실패해요. 다 죽어 버립니다. 다른 비단벌레, 바구미, 풍뎅이는 마비가 되었어요. 그러나 파리는 마비가 되지 않았지요. 파브르는 코벌이 파리를 마비시키는 대신 죽이고, 그러면서 매일 신선한 먹이를 새로이 공급하는 이유에 대해 파리를 오래 보관할 수 없기 때문일 것이라고 추정해요. 파리가 마비가 되고 안 되고의 문제와는 별개로요. 코벌의 땅 아래 집 입구는 작기 때문에 큰 먹이를 가지고 갈 수는 없어요. 그래도 코벌은 침입자 방어를 위해 늘 막아 둔 입구를 열고 들어 갔어요. 파브르는 파리가 다른 곤충과 달리 움직임이 빠르다는 점을 근거로 한 가지 이유를 더 제시해요. 재빨리 달아나는 파리를 신속히 제압하려면 침으로 마비시키기가 어렵기 때문에 죽인 것이라고 이해하는 것이지요.

이 생태계의 고리에서 하나 더 나아가 볼까요? 먹고 먹히는 관계는 생각보다 더 복잡해요. 파리를 먹이로 먹는 코벌이 무서워하는 적은 다름 아닌 다른 작은 파리 종류인 쌍시류 각다귀입니다. 기생파리이지요. 가장 작은 쌍시류 파리입니다. 파리를 먹고 자라는 코벌이 더 작은 파리의 먹이가 되는 것입니다. 코벌은 이 파리를 잡아서 먹이를 삼는 대신에 도망갑니다. 왜일까요?

기생파리는 코벌집 속의 기생충으로 자랍니다. 코벌 고치 당 열 마리 이상 보입니다. 코벌이 파리 먹이를 잡아 오면 그 먹이를 자기 새끼 애벌레에게 주지요. 이 코벌의 애벌레에 이 작은 기생파리의 애벌레 6~10마리 정도가 붙어요. 여차하면 코벌 애벌레가 자라지 못하고 죽어 버릴 거예요. 그래서 코벌은 기생파리를 무서워합니다. 식량이 풍부할 때는 문제가 없지만 식량이 공급 안 되면 기생파리 애벌레들이 코벌 애벌레를 먹어 버리거든요. 코벌뿐 아니라 구멍을 파는 벌들은 다 이렇게 당해요. 코벌은 이 침입자들을 쫓아내지 않고 꾹 참고만 있어요. 아니 자기 새끼처럼 키우는 셈이지요. 마치 탁란을 하는 뻐꾸기 알처럼 말입니다. 기생파리는 미리 굴에 들어가지 않고 코벌이 파리 먹이를 물고 들어갈 때 재빨리 먹이 위에 알을 낳는 전술을 취해요. 왜 코벌은 이 기생파리를 없애지 않고 달아날까요? 코벌에게는 누워서 떡 먹기일 텐데 그렇게 하지 않아요. 파브르는 모든 생물을 유지시키는 자연 조화의 법칙이 그렇게 하는 것(없애버리는 것)을 막는다고 주장해요. 조화의 법칙은 곧 하나님의 섭리를 의미하겠지요.

청소부 송장벌레

자연에서 동물들이 죽으면 사체 때문에 크게 문제가 되지는 않아요. 야생에는 위생 담당자가 많이 있기 때문입니다. 이른바 사체 청소부들이지요. 개미나 파리 그리고 어디서 오는지 모를 납작한 송장벌레, 종종걸음을 치며 반짝거리는 풍뎅이붙이, 수시렁이가 떼를 지어 달려와서 모두가 열심히 악취를 풍기는 사체에 구멍을 뚫고 파헤쳐 다 분해해 버립니다.

파브르는 송장벌레를 뛰어난 연금술사라 부릅니다. 그들이 썩은 것으로 생명이 있고 해가 없는 생성물을 만드니까요. 송장벌레는 시체를 땅에 파묻어 두어요. 그것이 땅속에서 알맞게 익으면 자기 애벌레들의 먹이가 될 것입니다. 송장벌레는

326

제 후손을 위해서 시체를 파묻는 것입니다. 몇 시간의 작업으로 비교적 엄청나게 큰 시체, 가령 두더지 한 마리가 땅속으로 사라집니다. 이 녀석은 통째로 작업을 해서 자리를 깨끗하게 해 놓아요. 일을 빨리 해치우는 데 있어서라면 송장벌레는 들의 작은 위생 처리자들 가운데 으뜸입니다. 그런데 이 장의사 일꾼은 파브르의 정확한 관찰 이전에 이성에 가까운 지능을 가지고 있는 곤충으로 찬양받았어요. 파브르는 송장벌레가 찬양받게 된 두 가지 일화를 소개해요.

곤충학자 라코르데르(Jean Théodore Lacordaire, 1801~1870)의 《곤충학개론》에는 장의사 송장벌레가 죽은 쥐를 파묻으려다가 시체가 놓인 땅이 너무 단단한 것을 알고는 조금 떨어진 곳에 가서 파기 쉬운 땅에 구덩이를 파는 것을 목격한 내용이 나와요. 혼자서 쥐를 파묻지 못한 송장벌레는 날아가 동료 네 마리를 데리고 와서 이들의 도움으로 쥐를 옮겨다가 파묻었지요. 한편 라코르데르의 친구 중 한 사람이 두꺼비를 말릴 때 송장벌레가 두꺼비를 훔치러 오지 못하도록 땅에 막대기를 박아 막대기 위쪽 끝에 두꺼비를 걸어 놓았습니다. 그러나 이 치밀한 행동은 아무 소용이 없었어요. 송장벌레가 두꺼비 있는 데까지 올라갈 수가 없자, 막대기 밑을 파서 막대기를 쓰러뜨린 다음 두꺼비 시체를 땅에 파묻었기 때문이지요.

파브르는 이 두 이야기가 정말 사실인지 의문을 품어요. 그리고 송장벌레의 습성을 자세히 관찰하지요. 첫 사례에 대해 파브르가 관찰한 결과, 시체에 송장벌레 세 마리가 달려왔어요. 암컷 한 마리와 수컷 두 마리였어요. 수컷들이 조수 노릇을 했지만 그들은 일꾼들을 부르러 가지 않았어요. 그들은 우연히 온 송장벌레들이었어요. 라코르데르의 이야기는 사실이 아니었지요. 파브르는 이 주장이 곤충들도 이성이 있다고 추측한 상상력의 산물이라 말해요. 두 번째 사례도 사실이 아니었어요. 송장벌레는 우둔해요. 전설적인 명성에도 불구하고 송장벌레도 다른 곤충들과 같이 본능의 무의식적인 충동만을 좇아 살아갈 뿐이었어요. 곤충을 인간의 시각으로 미화할 것이 아니라 하나님이 만드신 그대로 정확히 보는 것이 중요함을 가르쳐 줍니다.

곤충 청소부, 생태계의 중요한 직업

신기하게도 가장 더럽다는 똥을 먹고 사는 곤충들이 성충의 형태로 오래 살아요. 보통 다른 곤충은 한 세대만 존재하는데, 이 곤충들은 아비, 어미와 새끼들이 동시에 같이 살아요. 그들이 하는 궂은 봉사를 생각하면 그럴 만한 자격이 충분하다고도 볼 수 있어요. 생태계의 위생을 생각하면 썩은 사체는 가능한 한 빨리 치워져야 하는데 청소부 곤충들이 많으면 많을수록 그 일이 빨리 해결될 테니까요. 이 일을 부모와 자식 세대가 함께 수행하는 것은 꽤 보기 좋아요.

자연은 들을 위해 두 종류의 위생 처리자를 만들어 놓았어요. 이들은 아무 일에도 싫증 내지 않고, 아무 일도 싫어하지 않아요. 한 종류는 파리, 넓적꽃등에, 수시렁이, 송장을 먹고 사는 송장벌레, 풍뎅이붙이인데, 이들은 시체를 해부하는 일을 맡아요. 죽은 사체를 마구 자르고, 잘게 썰고, 자신의 위 속에 넣어 분해하여 다시 생명의 물질이 되게 해요. 24시간도 안 되어 깨끗이 처리하지요. 만일 이렇게 처리되지 않을 경우 우리의 생태계는 중병에 걸리고 말 거예요.

둘째 종류의 위생 처리자들도 똑같은 열의를 가지고 일해요. 배설물인 똥들이 사라지고 그곳은 깨끗해져요. 똥 먹고 사는 곤충들이 그리로 지나간 것입니다. 그들 덕분에 생태계는 깨끗한 위생 환경을 회복해요. 전염병이 돌 때 배설물에 우글거리는 무서운 미생물은 수십억 마리에 이릅니다. 그것들은 공기와 물을 오염시키고, 우리의 옷과 식량에도 달라붙어서 전염병을 퍼뜨립니다. 그럴 때는 세균에 오염된 모든 것을 소독하고 심지어 폐기하고 불로 태우고 땅에 파묻어야 해요. 오물이 땅 위에 남아 있지 않도록 모조리 치워 버리는 게 전염병 전파를 막는 최적의 방법입니다.

매장하는 곤충들이 하는 봉사는 자연의 위생에 대단히 중요합니다. 그런데 이 끊임없는 정화 작업에 주된 관계자인 우리 인간은 이 고마운 녀석들을 무시하는 눈으로만 바라봅니다. 인간에게 이로운 궂은일을 하면서도 무시당하는 것이지요. 인간 사회에서도 마찬가지입니다. 궂은일을 하는 사람들이 무시당하기 쉽습니다. 매장하는 사체나 배설물 청소부들 덕택에 땅은 영양분이 풍부해집니다. 이를 통해 많은 생물이 이익을 얻어요. 우선 식물이 그렇고, 그다음에는 식물을 이용하는 동물들이 그래요. 이렇게 하여 생태계 전체가 유지됩니다. 생명이 활발히 활동하며 살 수 있게 되는 것입니다.

오늘날 우리 대부분은 자연에서 떨어진 도시에서 살고 있어 이 사체 청소부의 중요성을 잘 모르고 지냅니다. 사람의 시신도 대부분 화장을 하기에 자연의 청소부를 필요로 하지 않아요. 그렇지만 자연 생태계는 이 세상의 자원을 그대로 재활용하여 생명이 계속 이어지게 하고 있어요. 우리 몸을 이루는 가장 중요한 원소인 탄소가 대표적입니다. 식물이나 동물의 몸을 이루었던 탄소는 다시 분해되어 흙이나 공기 중으로 가서 다시 새로운 생명을 위한 재료로 사용됩니다. 이런 사체 청소부들은 하나같이 불결하게 생각하는 곤충이나 미물입니다. 사실 우리가 혐오하는 파리만 봐도, 파리 자체는 깨끗한 곤충입니다. 자신을 얼마나 깨끗하게 하는지 열심히 발을 비벼 자신의 몸을 깨끗이 하죠. 우리는 앉아 있는 파리가 열심히 발을 비비는 모습을 봅니다. 파리는 몸을 닦고 비비면서 더러운 것을 털어 냅니다. 다만 더러운 곳에서 일하기 때문에 나쁜 균을 옮길 가능성이 높아요. 오늘날 사실 파리가 좋아하는 더러운 환경을 우리 인간이 만들었다 해도 과언이 아닙니다. 파리는 그렇게 더럽힌 곳을 청소하는 청소부입니다. 그러니 먼저 우리 탓을 해야 할 것입니다. 파브르는 금파리나 쉬파리 등 파리에 대해 무척 많이 관찰했습니다. 특히 집 밖을 나가기 어려운 노년에는 집 안까지 찾아와 주는 파리가 관찰하기 좋은 곤충이었지요. 그래서 《곤충기》 마지막 권인 10권 끝부분에 과거를 회상하는 장들의 앞, 몇 장을 파리에게 할당해요.

오늘날 인간은 엄청난 쓰레기를 만들어 내요. 그 쓰레기로 땅과 물과 공기를 다 오염시킵니다. 이 쓰레기 처리를 위해 순환 경제를 이야기해요. 생태계를 모방하여 쓰레기를 원재료로 되돌려 다시 사용하자는 것입니다. 사실 생태계의 생명도 엄청난 쓰레기를 만들어 냅니다. 식물의 낙엽이나 동식물의 사체가 어찌 보면 다 쓰레기입니다. 그러나 자연의 청소부들에 의해 깨끗이 분해되어 하나도 낭비되지 않고 생명의 재료로 재사용됩니다. 그래서 쓰레기라 부르지 않지요. 생명은 쓰레기를 남기지 않아요. 자신의 몸을 고스란히 넘겨주어 다른 생명의 탄생을 돕는 데 씁니다.

4부

파브르의
생명 사랑

17. 파브르의 소명

생명의 창조 위상 찾아 주기

☞ 파브르는 일생 곤충과 식물을 관찰했어요. 당시 곤충과
식물을 관찰하고 연구하는 일은 주목을 받거나 인기 있는
일이 아니었어요. 게다가 근대과학이 끝나고 현대과학이
막 시작되면서 새로운 발견과 이론이 쏟아지던 시기였지요.
생물학에서도 얼마든지 인기 있는 주제들을 선택할 수
있었는데도 파브르는 하찮은 곤충들과 식물들 연구에
생애를 바쳤어요. 그리고 그 일을 하면서 평생 가난하게
살았지요. 왜 그랬을까요? 파브르는 왜 곤충을 관찰하며
가난하게 사는 삶을 택했을까요?

생명의 창조 위상

일생 가난하게 살았던 파브르는 자신이 거주하던 프랑스 남부 지방의 곤충을 관찰했어요. 어디 다른 곳으로 여행을 가서 관찰한 적도 없어요. 교사를 그만둔 뒤에는 대부분 자신의 집 안과 주변에 사는 곤충을 관찰했어요. 실험은 나무 상자나 유리 대롱 등 따로 돈이 들지 않는 도구로 간단하고 소박하게 연구를 했습니다. 연구 대상인 곤충이나 식물은 온 천지에 널려 있어 따로 비용이 들지 않았으니까요. 그렇지만 그는 탁월한 연구 결과를 내었지요. 그렇게 하여 1879년 《곤충기》 제1권이 세상에 나오게 되었어요. 그 후 30여 년 뒤인 1910년, 마지막 권인 제10권이 출간되었고요. 그는 나이가 많아 기력이 쇠약해진 데다 거동이 불편해지고 눈도 잘 보이지 않아 더는 연구를 이어가기 힘든 인생의 마지막 순간까지 곤충을 관찰하다가 세상을 떠났습니다.

《곤충기》를 10권까지 마무리한 후 펴낸 최종 도해판의 머리말에서 파브르는 곤충 연구 분야의 개척자 중 한 사람이 된 것을 자부해요. 곤충의 본능을 연구한 것은 자신이 처음이라고 말하면서요. 그는 평생 곤충의 외모가 아닌 그들의 삶을 관찰했어요. 외모로 생명을 판단하지 않으려는 태도라 할까요? 곤충의 세계가 얼마나 무궁무진하고 다양한지 다시 태어나서 계속 관찰한다 해도 다 퍼내지 못할 샘물이라고 말합니다. 말하자면 파브르는 곤충이라는 생명의 넓이와 깊이를 파헤친 셈이었습니다. 이것이 파브르가 일생 곤충을 관찰한 이유에 대한 간결한 답이 될 수 있겠네요.

파브르는 당시에 가장 무시당하고 천시받던 곤충을 연구했어요. 물론 파브르가 곤충을 처음으로 연구한 사람은 아닙니다. 그러나 파브르 이전의 곤충 연구는 주로 채집한 곤충을 구조에 따라 분류하는 식으로 이루어졌습니다. 죽은 곤충과 곤충의 외모를 연구하는 것이었지요. 그중 소수는 살아 있는 곤충을 연구했습니다. 그 이유는 두 가지 중 하나였습니다. 하나는 곤충을 농작물에 해나 끼치는 쓸모없는 존재로 여겨 어떻게 박멸할지 방법을 찾는 실용적 목적의 연구였어요. 오늘날 작물에 해를 끼치는 해충을 없애기 위해 파리나 모기 같은 곤충을 연구하는 것과 같았죠. 다른 하나는 곤충 연구를 통해 동물과 인간과의 연결 고리를 찾기 위해서였어요. 곤충의 협력, 모성애, 암수의 역할 같은 연구를 통해 인간과 유사한 점을 찾으려는 시도였지요. 곤충이 이성이나 지능을 가지고 있다는 주장도 그 당시 나온 연구 내용이었어요. 파브르는 당시 이런 연구 결과에 오류가 많음을 보고 곤충의 습성을 연구하기로 마음을 먹었던 거예요.

파브르는 곤충을 하나님의 피조물로서 창조된 그 모습 그 자체를 정직히 관찰하고자 했어요. 인간적 시각이나 어떤 이론의 선입견이 개입하지 않도록 관찰에 관찰을 더했어요. 그렇게 하여 곤충의 원래의 위상을 찾아 주고자 했지요. 파브르는 관찰이 어렵거나 정확하지 않을 경우 '그럴 것 같다' 혹은 '잘 모르겠

336

다'라고 정직하게 말했어요. 그러면서 '그렇다'로 고치는 것은 장래 관찰자에게 맡긴다고 언급하기까지 했지요. 이것이 바른 과학자, 바른 관찰자의 태도입니다.

그는 이렇게 정직한 관찰을 통해 인간의 시각이 아닌 있는 그대로의 곤충의 모습을 보여 주고 싶어 했습니다. 파브르가 보여 준 곤충의 세계는 생명에 대한 우리의 시야를 훨씬 넓혀 줍니다. 인간의 도덕성이나 지식으로 이해되지 않는 곤충의 많은 습성으로부터 하나님의 창조의 넓이와 깊이를 더 이해하게 되지요. 그것은 결국 크고 크신 하나님에 대한 이해로 이어져요. 하나님이 이 세상의 모든 존재를 각기 특색 있게 창조하였다는 데서 우리는 하나님과 그가 만드신 세상에 대해 더 넓은 시각을 갖게 되지요. 곤충은 다른 동물과는 구별되는 독특한 본능들을 가지고 있어요. 같은 곤충이라도 너무나 다양한 습성을 보여 줍니다. 파브르는 이 다양한 본능을 한 이론으로 다 설명할 수 없다고 말해요. 과학이 해야 할 중요한 역할을 파브르는 잘 보여 준 것이지요.

파브르는 곤충의 습성이나 본능은 우리 인간의 것과는 아주 다르다고 주장해요. 동물은 동물이라는 점을 보여 줘요. 곤충이 보여 주는 습성은 제한적이에요. 흔히 곤충의 지혜를 배우자고들 하지만 사실 곤충이 보여 주는 지혜는 지혜라기보다 본능이라고 보아야 해요. 파브르는 본능 이면에 동물의 우둔함이 그대로 있음도 보여 줘요. 하나님이 곤충에게는 그만큼만 주셨다는 것이지요. 그것이 곤충의 한계입니다. 그리고 인간에게 곤충까지도 돌보라 명령하셨으니 곤충도 우리가 돌보아 주어야 할 피조물입니다. 곤충의 본능을 통해 우리는 인간도 하나님 앞에 이런 우둔한 존재라는 점을 깨닫게 됩니다. 모든 피조물은 피조된 존재 자체로 그대로 받고 그 자체로 존중해야 합니다. 동물을 인간같이 높이거나 인간을 동물처럼 낮출 이유가 없어요. 곤충도 예외는 아닙니다.

생명 사랑, 인내

《곤충기》에는 곤충을 관찰하는 파브르의 태도가 잘 나타나 있습니다. 그것은 단순히 연구 결과를 얻기 위한 과학적 태도가 아니라 생명에 대한 사랑의 태도입니다. 파브르는 곤충에 대한 가장 큰 사랑은 그들의 삶을 있는 그대로 정직하게 보는 것이라 믿었어요. 하나님과 그 창조물에 대한 사랑이지요. 그리고 그 사랑은 인내로 나타났어요. 이를 통해 파브르는 하나님이 만든 곤충을 정확하고 정직하게 보고 싶어 했어요.

파브르는 행동하는 생명의 비밀을 밝히는 연구가 얼마나 힘든지를 말합니다. 무엇보다 시간을 자기 마음대로 통제할 수 없는 어려움을 호소해요. 계절, 날씨, 시간, 그리고 순간의 종이 되어야 한다는 것이지요. 때에 따라서는 며칠이고 참으면서 기다려야 하고요. 파브르는 곤충을 대하는 자신의 모습을 에덴동산의 아담과 비교합니다. 아담은 동물을 잘 알고 그에 맞는 이

338

름을 짓고 또 다스리기 위해 눈을 크게 부릅뜨고 잘 관찰해야 했을 거예요. 파브르가 곤충을 알기 위해 그렇게 종일 땅에 엎드려 있으면 지나가는 사람들이 옆에 다가와서 귀가 따갑게 질문을 해댔다고 해요. 그러면서 요술 막대기로 지하수를 찾아다니는 점쟁이라든지 마술을 써서 땅에 숨겨 놓은 항아리를 찾으러 다니는 수상한 사람이라고들 수군거렸대요. 산림 감시 경찰의 계속적인 감시도 있었어요. 땅속을 관찰하려고 땅을 파면 지나가는 사람이 의심하여 신고를 했어요. 집 없는 떠돌이 보헤미안, 주소 불명자, 방랑자, 농장 약탈자, 미친놈이라는 오해도 받았어요. 곤충 채집통 때문에 밀수업자라는 오해를 받기도 했고, 사냥법과 지주의 권리를 무시하고 토끼굴을 파헤치는 자라는 고발도 있었어요. 옆에 와서 지켜보다가 "저 나이에 파리나 보면서 세월을 보내고 있는가"라며 비웃는 사람도 있었지요. 어느 날 땅에 배를 깔고 엎드려서 벌의 집 안을 관찰하고 있을 때 "경찰이다. 나를 따라오시오"라며 난폭하게 끌고 가기도 했어요. 자신이 하고 있는 일을 아무리 설명해도 "농담하지 말라"고 무시당할 뿐이었지요. "이렇게 찌는 날씨에 파리가 나는 것을 보려고 뙤약볕 아래에 서 있다니 누가 믿겠소?" 하루는 아침 일찍부터 저녁때까지 꼼짝 않고 홍배조롱박벌을 관찰하고 있었지요. 아침에 포도를 따러 가던 여자 셋이 파브르에게 "안녕하세요?" 인사를 건네고 지나갔어요. 저녁때 여자들은 포도가 가득 든 광주리를 이고 오면서 여전히 그 자리에 있는 파브르를 보고 "가엾어라. 저 바보, 불쌍해!" 그러면서 로마

가톨릭의 성호를 그은 적도 있었답니다.[59]

파브르는 46세(1869) 때 여학생들에게 꽃의 암술과 수술의 수정을 가르친 것이 문제가 되어 학교에서 쫓겨나고 말아요. 그 일로 교단에 서지 못하게 된 그는 《곤충기》1권 원고가 완성된 56세(1879년 3월) 때 세리냥(Serignan)이라는 시골로 이사를 가서 죽을 때까지 그곳에서 살았습니다. 잡초가 우거지고 곤충들만 오가는 황량한 곳이었어요. 그래서 그는 자기 집 정원을 '아르마스'(Harmas, '황폐한 땅'이라는 뜻)라 불렀어요. 아르마스는 곤충의 습성을 관찰하는 장소이면서 파브르의 살아 있는 연구실이었습니다. 평생 이런 곳을 얼마나 가지고 싶었는지 그는 이 아르마스에 대해 《곤충기》에 이렇게 기록했어요.

"내가 오랫동안 갈망하던 곳이 바로 여기다. 한 귀퉁이의 작은 땅. 그리 넓지도 않고 흙담으로 둘러싸여 한길에서 멀찌감치 떨어져 있는, 엉겅퀴와 곤충들한테만 좋은 땅, 햇볕이 따가운 잊힌 곳이다. 여기 같으면 지나가는 사람들에게 방해받을 염려도 없겠고 나나니와 조롱박벌에게 물어보기도 하고, 또 실험을 통해서 그들과 까다로운 대화도 마음 놓고 할 것 같다. 여기서는 멀리 외출할 필요도 없으니 시간을 빼앗기지도 않겠고, 다른 곳에 가서 뛰어 돌아다니면서 신경 쓸 필요도 없이 여러 공격 방법을 써서 벌레를 함정에 빠뜨리기도 하며 매일매

---

59 파브르, "홍매조롱박벌", 《파브르 곤충기》, (이근배·안응렬 옮김, 올재, 1권, 제10장, 2022), 131-133.

일 실험 결과를 알아볼 수도 있겠다. 이것이 내 간절한 소망이며 또 내가 오랫동안 어루만지던 꿈, 언제나 미래의 구름 속으로 자취를 감추던 꿈이다. 그날그날의 빵 걱정으로 시달리고 있던 처지에서 야외 실험장을 가진다는 것은 쉬운 일이 아니었다. 그러나 40년 동안 나는 인생의 쓰라린 고생에 대해서 흔들리지 않는 용기를 가지고 싸워 왔다. 그리하여 그렇게도 원하던 연구실을 마침내 손에 넣었다. 그러기 위해서 얼마나 참을성 있게, 또 얼마나 열심히 일해야 했던가."[60]

직장도 잃고 셋집에서도 쫓겨나서 더 시골로 올 수밖에 없었음에도 용기를 잃지 않고 오히려 곤충을 더 가까이서 관찰할 기회를 얻게 된 것을 감사하고 있다니 놀랍지 않은가요?

파브르의 기록 여기저기에 곤충에 대한 직접적인 사랑의 표현들이 나옵니다. 그의 관찰이나 연구는 그 사랑에 근거하고 있음을 알 수 있습니다. 파브르는 그가 사랑하는 곤충들의 위상을 높여 주려고 애를 써요. 그리고 그 일은 살아 있는 곤충들이 영위하는 그 삶을 있는 그대로 알려 주는 방식으로 할 수 있다고 생각했어요. "내 사랑하는 곤충들아. 너희들이 권위가 없다고 해서 학자들을 설득시키지 못한다면, 이번에는 내가 대신 나서서 이렇게 이야기할게. '당신들은 곤충의 배를 가릅니다. 그러나 나는 살아 있는 곤충을 연구합니다. 당신들은 곤충

---

60 파브르, "아르마스", 《파브르 곤충기》, (이근배·안응렬 옮김, 올재, 2권, 제1장, 2022), 310.

을 잔인하게 불쌍한 처지로 몰아넣습니다. 나는 곤충이 나를 좋아하도록 합니다. 당신은 실험실에서 곤충을 고문도 하고 잘게 베기도 하면서 연구합니다. 나는 매미 소리에 둘러싸여 푸른 하늘 아래서 관찰합니다. 당신은 세포와 원형질을 약품과 반응시키는 실험을 합니다. 나는 가장 훌륭하게 나타나는 그들의 본능에 대해 조사합니다. 당신은 시체를 샅샅이 검사합니다. 나는 살아 있는 곤충을 조사합니다'라고 말할게."[61]

그리고 그는 곤충에 대한 그의 관찰 기록을 학자나 전문가뿐 아니라 일반인까지 누구나 읽고 곤충을 친근하게 여기고 사랑하게 되기를 바라며 되도록 쉬운 말로 글을 쓰려고 했어요.

"어떤 친구들은 내 문장을 무게가 없다고 한다. 좀 더 정확히 말하면 학자, 즉 지적인 사람이 쓰듯 엄숙하게 꾸며서 무미건조한 데가 없다고 비난한다. 그들은 어렵지 않게 읽히는 책은 진리를 표현하지 못한 책이라고 생각하고 있다. 그들의 말은 이해하기 힘든 책이 아니면 심오한 것을 담지 못하고 있다는 것이다. 너희(곤충들) 모두 여기로 가까이 오너라. 와서 나를 보호하고 내 편이 되어서 증언해 주렴. 내가 너희들과 얼마나 친숙한가를, 얼마나 참고 견디면서 너희를 관찰하고 있는지를, 얼마나 양심적으로 너희들의 행동을 기록하고 있는지를 이야기해 주렴. 너희들의 증언은 만장일치일 것이다. 내 책은 학자인 체하면서 횡설수설로 메워 버린 글이 아니고, 관찰한 사실

61   앞의 책, 312.

의 정확한 이야기일 뿐이며, 그 이상도 그 이하도 아니다."[62]

파브르는 똥(배설물)을 먹고 사는 곤충들의 기록에 대해 두 번이나 관찰 사실을 수정해요. "나는 내 잘못에 대해서 크게 얼굴을 붉히지 않고 그 전에 한 이야기를 수정했다. 단번에 바늘로 진짜 광맥을 찌른다는 것은 이렇게도 힘들다."[63] 그는 여기에서 곤충의 삶을 있는 사실 그대로 기록하는 것이 얼마나 어려운 일인지를 말하고 있어요. 사람의 삶만큼은 아니겠지만 곤충의 삶도 나름대로 복잡하고 변화무쌍해요. 그러니 그들을 관찰한 내용도 틀릴 수 있어요. 파브르는 관찰 결과가 잘못되었으면 서슴지 않고 오류를 인정하고 수정했어요. 또 비록 이미 관찰한 사실일지라도 시간이 오래 지난 뒤 다시 확인해 보는 태도를 취했어요. 끊임없이 사실과 직접 접촉하기 위해 인내를 가지고 반복적으로 관찰을 했어요. 이렇게 오랫동안 인내를 가지고 관찰한다면 특정 이론의 틀로 세상을 보는 경향을 막을 수 있을 것입니다.

파브르는 곤충을 연구하기 위해 많은 실험을 하는 것에 대해 곤충에게 미안한 마음을 가졌던 것 같아요. 지금의 표현으로는 동물 윤리라 할 수 있을 것입니다. 무엇보다 그는 애틋한 마음을 표현해요. "아이들의 나이에는 잘 알지 못하기 때문에 무자비하다. 곤충을 함부로 잡고 죽인다. 그리고 무지만큼 잔

---

62   앞의 책, 312.
63   파브르, "쇠똥풍뎅이의 골방", 《파브르 곤충기》, (이근배·안응렬 옮김, 올재, 10권, 제7장, 2022), 410.

인한 것은 아무것도 없다. 아이들은 재미로 곤충을 괴롭히고, 나는 배우기 위해 괴롭힌다. 따지고 보면 이것은 서로 같은 것이 아닌가? 지식의 실험과 어린아이의 유치한 행동들 사이에 어떤 경계가 있는가? 내게는 그런 것이 보이지 않는다. 피고에게 말을 하게 하려고 미개한 인간이 옛날에는 고문의 형벌을 사용했다. 내가 어떤 비밀을 알아내기 위해서 내 곤충들을 조사하고 그에게 고문을 가할 때 내가 바로 그 고문하는 형리가 아니고 무엇인가?"[64]

하나님의 돌보심과 인간의 돌봄

곤충은 생태계에서 가장 큰 비중을 차지하는 만큼 그 수도 엄청나게 많아요. 이 곤충의 세계도 다른 생물들과 마찬가지로 생존경쟁이 치열합니다. 곤충들은 그 경쟁을 적나라하게 보여주고 있지요. 서로 잡아먹고 먹히는 잔인한 과정에는 고통이 가득해요. 심지어 앞에서 보았듯이 암컷이 짝짓기하는 수컷을 잡아먹기도 합니다. 파브르도 곤충 세계의 이런 잔인함에 몸서리쳐요. 곤충의 고통이 안쓰러운 나머지 곤충이 고통을 알까 의문을 품어요. 차라리 모르기를 바라는 마음에서요. 그러면서

---

64   파브르, "잔꽃무지", 《파브르 곤충기》, (이근배·안응렬 옮김, 올재, 8권, 제1
        장, 2022), 350.

곤충에게 죽음은 무엇일까를 생각하죠.

파브르는 매미가 400여 개의 알을 낳는 즉시 파리나 꼬마 벌이 달려들어 매미의 알 위에 자신의 알을 낳는 장면을 목격하게 돼요. 이들의 알들이 매미의 알보다 먼저 부화하여 매미의 알들을 초토화시키는 것을 지켜보지요. 파브르는 이런 잔인한 장면 앞에서 안타까워해요. "오, 가련한 알 낳는 어미야, 그래 너는 수백 수천 년의 경험으로 아무것도 배우지 못했단 말이냐? 네 훌륭한 눈으로 너는 저 무서운 강도들이 못된 짓을 준비하면서 네 주위로 날아다닐 때 틀림없이 그들을 보았을 것이다. 너는 그들을 보고, 그들이 네 발뒤꿈치에 있다는 것을 안다. 그러면서도 너는 태연하게 그대로 내버려 둔다. 마음이 약한 덩치 큰 녀석아, 돌아서서 그 난쟁이를 밟아 으스러트리란 말이다!"[65] 파브르는 어미로서 이런 불행을 그대로 바라볼 수밖에 없는 매미의 본능, 그러나 그 본능을 바꿀 수 없는 그 처지를 안타까워합니다.

흔히들 자연을 약육강식의 세계라 부릅니다. 약한 자는 죽고 강한 자만 살아남는다는 것이지요. 그러나 파브르는 관찰을 통해 약한 곤충이 오히려 더 번성하는 수많은 사례를 찾아냅니다. 또 곤충의 잔인한 습성 뒤에 따뜻한 모성애와 암수 사이의 협력이 있는 예들도 보았어요. 언제 잡아먹힐지 모르는 짧은

---

65   파브르, "매미, 산란-부화", 《파브르 곤충기》, (이근배·안응렬 옮김, 올재, 5권, 제17장, 2022), 244.

생을 사는 하찮은 곤충이 아름다운 옷을 입고 아름다운 목소리로 생을 찬양하는 모습도 목격하고요. 길게 살지도 않을 곤충들이 수학자를 능가하는 기하학적으로 아름다운 집을 짓는 것도 봐요. 파브르는 이런 관찰들을 통해 곤충의 세계에도 하나님의 돌보심이 있음을 보게 됩니다. 이에 그는 치열하고 잔인해 보이는 생존 경쟁 속에 어떤 초월적 존재의 돌보심이 있음을 계속 암시해요. 파브르는 그런 습성과 본능은 우연히 주어진 것이라는 주장을 극도로 싫어해요. 파브르에게 이 초월적 존재는 하나님입니다. 하나님의 돌보심이 이 치열한 생존 경쟁 뒤에 있다는 것이지요. 하나님의 섭리요 따뜻한 자비입니다. 파브르는 곤충들이 생육하고 번성하라는 하나님의 명령을 지킬 수 있도록 많은 곤충 각각에게 주어진 능력(본능)을 찾아 소개해요. 파브르는 곤충에게 주어진 이 본능을 찾는 일에 있어, 정확한 관찰을 위해 때로는 자기 자신을 실험 대상으로 삼기도 했어요.

파브르가 소나무행렬모충 애벌레를 확대경으로 자세히 관찰하자 눈이 퉁퉁 붓고 벌겋게 되고 따끔따끔했어요. 또 둥지를 열어 보았을 때 손가락 끝이 곪기 시작했어요. 파브르는 아픈 것은 둘째 치고 이 증상이 애벌레의 털 때문인지, 아니면 다른 원인 때문인지 궁금했어요. 그래서 다른 털 있는 애벌레를 손으로 만져 봅니다. 그 경우에는 아무 문제가 없음을 보고 털이 아니라 다른 것이 원인이라는 사실을 확인하게 돼요. 그러고는 애벌레 몸속의 바이러스 때문인지 확인하기 위해 용해

346

제인 물, 알코올, 에테르로 애벌레 추출물을 녹여 내어 그 용액이 든 천을 팔에 붙이고 붕대로 감았어요. 스스로 실험 대상이 된 것이지요. 10시간이 지나자 피부가 오돌토돌해지고 심한 통증이 느껴졌어요. 그리고 농포가 생기고 진물이 나왔지요. 이틀 뒤 통증이 가라앉았지만 3주가 지나도 그 흔적은 남았어요. 이렇게 하여 파브르는 소나무행렬모충 애벌레로 인한 통증의 원인을 확인해요. "나는 약간 불안한 마음으로 실험의 결과를 기다린다. 밤이 이슥해서 아파서 잠을 깬다. 이번에는 정신적인 즐거움인 고통이다. 내 예측이 맞았다. 과연 애벌레의 핏속에 독 성분의 물질이 들어 있다. 쓰린 물질의 근원에까지 간 것이다."[66] 이런 식으로 파브르는 곤충을 관찰했어요.

이것이 끝이 아니에요. 파브르의 의문은 계속됩니다. 이번에는 소나무행렬모충 애벌레의 배설물(똥) 속에도 그 독이 있는지 확인하기 위해 자신의 몸으로 또 실험해 봐요. 에테르로 똥을 녹여 같은 실험을 반복하지요. 밤새 몹시 가렵고, 화끈거리고 쑤시는 통증이 왔어요. 닷새 동안 그 부위가 흉하게 헐었고요. 이런 실험 후에 파브르는 이 바이러스가 행렬모충 자신에게는 어떤 이익을 주는지를 의문을 던져요. 대답은 물론 명백할 거예요. 그 바이러스는 애벌레를 보호하고 방어하는 수단일 테니까요. 바이러스가 들어 있는 애벌레를 적이 싫어할 것이

66 파브르, "곤충들의 바이러스", 《파브르 곤충기》, (이근배·안응렬 옮김, 올재, 6권, 제25장, 2022), 654-655.

기 때문이지요. 그런데도 이 애벌레를 잡아먹는 녀석들이 많아요. 뻐꾸기, 딱정벌레, 수시렁이 등이 이 애벌레를 잡아먹어요. 그러면 파브르는 모든 애벌레에게 바이러스가 들어 있는 것은 아닐까 물어요. 그래서 이번에 파브르는 누에의 똥을 에테르로 우려내어 같은 실험을 해봐요. 그 결과 송충이로 실험했을 때와 같은 반응이 나타났어요. 심한 부스럼이 생긴 것이지요. 그러므로 바이러스는 특정 애벌레들에게만 있는 것이 아니고 모든 애벌레에게 있다고 결론을 내려요. 애벌레의 바이러스는 애벌레의 천적에게는 별 영향이 없지만, 다른 동물들이 이 애벌레를 공격하면 방어용 무기가 되는 것이지요. 사람도 마찬가지겠지요. 이런 방식으로 약한 곤충들은 적절하게 생존을 유지하도록 보호를 받고 있어요.

파브르가 자신에게 직접 행한 이 실험은 이웃들에게도 유익을 주었어요. 마을에 누에를 키우는 부인들이 괴로운 증상을 호소했어요. 눈이 벌겋게 되고 부어오른 눈꺼풀이 몹시 가려웠던 거예요. 누에 바이러스 때문이었어요. 사람들은 누에를 만져서 그런 것으로 알았어요. 그런데 파브르의 관찰 결과 누에와의 접촉 때문이 아닌 것으로 밝혀졌어요. 누에 자체는 조금도 무서워할 것이 없었어요. 소나무행렬모충 애벌레의 털이 문제가 아니듯이 말이에요. 경계해야 할 것은 누에의 똥이 묻은 짚이었어요. 누에의 똥이 무더기로 쌓여 있는 짚에는 파브르의 피부에 염증을 일으킨 물질이 배어 있었어요. 오직 거기에만 바이러스가 들어 있었지요. 그 누에 똥으로 오염된 짚을 만진 손으로 눈을 비벼 눈에 염증이 생긴 것이었어요. 해결책은 간단하지요? 짚을 자주 갈아 주고, 짚을 만진 손을 깨끗이 씻는 것이지요. 파브르가 이미 스스로 실험 대상이 되어 원인을 찾아보았기 때문에 쉽게 해결책을 찾을 수 있었던 거였어요. 이렇게 곤충을 잘 알게 되면 곤충과 인간이 함께 살아갈 길을 찾을 수 있게 됩니다. 곤충을 공연히 미워하거나 무서워하지 않게 될 것이고요.

파브르는 계속해서 여러 가지 애벌레의 작은 똥 덩어리들을 가지고 자기 몸에다 실험을 했어요. 하나도 빠짐없이 다 따끔거렸지요. 이로써 따끔따끔 찌르는 물질의 분비 작용은 모든 애벌레의 공통점이라는 결론을 내릴 수 있었어요. 이 고생스러운 실험을 하는 동안 파브르의 친구들은 쥐 같은 동물을 이용하지 않고 자기 몸을 써서 실험을 한다고 파브르를 나무랐어요. 하지만 파브르는 그들의 비난을 개의치 않았어요. 왜냐하면 쥐 같은 짐승은 얼얼하다, 가렵다, 쑤신다고 호소하지 않고 그저 아파하는 몸짓만 보여 줄 것이기 때문이었어요. 파브르는 그들이 느낀 감각을 자세히 알고 싶었기 때문에 가장 좋은 도구가 되는 자신의 몸을 사용한 것이었어요. 지금 보면 다소 우습고 위험한 실험 같지만 파브르는 곤충이나 동물의 고통을 직접 체험해 보고 싶은 마음이 컸던 것 같아요. 관찰 대상과 자신을 가능한 한 분리하지 않고 그들의 입장에서 이해해 보려 한 것이지요. 파브르는 그들이 겪는 고통도 직접 겪어 보고 싶었던 거예요. 파브르의 이런 태도에는 하나님이 인간에게 창조물을 잘 돌보라고 말씀하신 그 명령에 순종하는 모습이 들어 있어요. 그렇게 보이지 않나요?

파브르는 하나님이 만드신 생명을 사랑했어요. 하찮고 보잘것없는 곤충 같은 생명에 더 마음을 썼지요. 다소 잔인해 보이는 생명일지라도 그 안에 들어 있는 하나님의 보살핌과 창조의 아름다움을 찾으려 했어요. 천한 생명일지라도 하나님이 창조하신 위상을 찾아 주려고 꾸준히 인내하면서 살폈어요. 인내는 사랑의 한 면이지요. 파브르는 곤충 관찰에서 사랑의 다른 면인 희생도 보여 주었어요. 이런 태도들은 생명을 잘 돌보라는 하나님의 명령에 충실한 것이라 할 수 있어요. 돌본다는 말을 달리 표현하면 섬긴다는 것이니까요.

곤충의 습성을 잘 알기 위해 이런저런 실험을 하는 과정에서 곤충이 죽을 경우 파브르는 아주 마음 아파했어요. 그는 하나님의 큰 도시 안에서 어떤 동물을 괴롭히고 죽이는 것이 꺼림칙하다는 말로 감정을 표현합니다. 파브르가 말한 하나님의 큰 도시는 생태계 혹은 자연을 이르는 것이겠지요. 파브르는 가장 하찮은 것의 생명도 존중해야 할 것이라고 말해요. 우리는 그의 생명을 빼앗을 수는 있어도 줄 수는 없다고 하면서요.[67]

67   파브르, "곤충들의 바이러스", 《파브르 곤충기》, (이근배·안응렬 옮김, 올
      재, 6권, 제25장, 2022), 665.

18. 모든 생명을 위한 생명 이론

파브르가 던진 질문들

☞ 생명을 사랑한 파브르는 모든 생명을 위한 생명 이론이 나오기를 바랐어요. 하찮은 곤충들의 생명까지도 제 위상을 갖게 하는 그런 이론을 원했어요. 그런 파브르에게 당시 유행한 진화론은 부족해 보였어요. 파브르의 《곤충기》에는 이 진화론에 대한 비판이 많이 나와요. 그는 진화론의 명쾌함은 인정하면서도 모든 생명을 다 포함하고 설명하는 이론으로는 보지 않았어요. 그래서 그에 대한 의문을 많이 제기해요. 흔히 우리가 생각하는 신앙과 과학 논쟁이 아닙니다. 더 나은 과학 이론을 위해 과학자로서 반증을 제시한 것이지요. 이론에 대한 검증과 반증 작업은 정상적인 과학 활동입니다. 자신이 관찰한 무수한 예외적인 사례들을 다 포함하는 그런 이론이 나오기를 바랐던 과학자의 태도였지요. 파브르의 태도가 생명 이론으로 첨예하게 대립하는 오늘날 우리에게 주는 교훈은 무엇일까요? 그리고 파브르가 당시 생명 이론에 던진 의문들이 오늘날에는 다 해결된 걸까요? 오늘날 생명 이론은 충분히 검증된 완전한 이론일까요?

앞 장에서 언급한 대로 파브르는 1910년 죽기 몇 년 전 펴낸 《곤충기》 최종 도해판의 머리말에서 지능이라는 것을 내세워 곤충의 행동을 진화론적 견지에서 설명하려고 하는 시도는 성공하지 못했다고 적습니다. 그러면서 곤충의 본능은 우리가 알고 있는 지능이나 이성과 같은 것으로는 설명이 안 되는 어떤 미지의 법칙의 지배를 받는다고 말하죠. 적어도 파브르가 《곤충기》를 시작할 때부터 끝낼 그때까지 파브르가 관찰한 곤충의 그 다양함을 진화론이라는 생명 이론이 다 담아내지 못했다고 말한 것입니다. 파브르는 사는 내내 진화론과의 과학 이론 논쟁을 계속했어요. 진화론으로 설명이 안 되는 반증을 제시한 것이지요. 자신의 과학적 관찰 결과를 근거로요. 이제 그가 과학적으로 진화론에 던진 반증 혹은 의문들을 살펴볼게요. 그 내용을 보면 파브르는 오직 자신이 사랑한 모든 생명을 설명하는 좋은 생명 이론이 나오는 것을 원했다는 사실을 알 수 있어요. 파브르가 던진 질문들을 통해 과연 오늘날의 생명 이론인 진화론은 충분히 검증된 것일까를 묻게 됩니다.

파브르가 진화론을 비판한 것을 진화론 대 창조론(혹은 창조과학)의 논쟁으로 끌어와서 그를 창조론자로 이야기하는 경우가 있어요. 그러나 파브르는 그렇게 대립하는 논쟁의 한 편에 서는 인물로 보기는 어려워요. 무엇보다 파브르 자신이 신앙으로 진화론을 비판한 건 아니었거든요. 아마 그는 이런 대립 구조 자체를 인정하지 않을 것입니다. 물론 그가 생명의 아름다움과 다양함을 보고 하나님을 찬양한 건 사실입니다. 하지만 신앙을 끌어와 진화론을 비판하지는 않았어요. 진화론을 불완전한 하나의 과학 이론으로 보고, 더 나은 과학 이론을 바라는 과학자의 태도로 임했어요. 반증의 과학 활동을 통해 당시 주류의 생명 이론인 진화론에 이의를 제기한 것이지요. 오늘날 과학계도 계속해서 그런 활동을 해요. 더 나은 이론을 위해 현재의 이론에 반증을 제시하는 실험 결과들을 계속 발표하는 것이지요. 필자도 그런 과학 활동을 매일 하고 있어요. 이론을 검증하거나 또 반증하는 일 말이에요. 과학 이론은 불확실함에 대해 언제나 열린 태도를 가져요. 그러지 않으면 그 과학은 유사 과학이나 사이비 과학일 것입니다. 파브르의 진화론 비판은 그런 정상적인 일상의 과학 활동으로 보아야 마땅합니다. 그리고 그런 파브르를 통해 우리는 진화론과 같은 과학 이론을 어떤 태도로 대할 것인지를 배울 수 있어요. 더 크게는 신앙인이 과학을 어떻게 보고 또 어떤 태도를 취할 것인가를 생각하게 해줍니다.

생명의 기원에 대한 파브르의 생각

파브르는 식물과 곤충, 그리고 화석을 관찰하고 나서 하나님의 창조는 오랜 시간에 걸쳐 서서히 진행되었다고 생각하게 되었어요. 소위 오래된 지구창조론의 입장에 가까워요. 하나님이 오랜 시간에 걸쳐 세상을 만드셨다는 것이지요. 오늘날 창조론

(혹은 창조과학)에서 주로 주장하듯 하나님이 24시간의 6일간 세상을 창조했다는 젊은 지구창조론과는 거리가 있어요. 파브르는 이 세상이 아주 오래전에 생겼다고 보았어요. 그리고 오랜 시간 동안 점진적으로 생명체가 변한다는 것도 받아들였지요. 파브르는 이를 '창조의 느긋한 발걸음'이라 불렀어요.[68] 창조가 서서히 진행됐다는 것이지요. "하나님의 영원한 뜻을 허락받은 신비의 힘은 여러 세기를 단위로 하여 느린 속도로 생물을 더 완전한 생명체로 이끌어 간다." 파브르가 종의 변이(혹은 진화)를 어느 정도까지 인정했는지는 분명치 않아요. 종이 바뀌는 것을 인정하는 표현과 처음부터 그렇게 다양하게 만들어졌다는 표현이 같이 보이니까요.

파브르는 창조된 식물 중에서 지구상에 최초로 나타난 태고의 식물은 인류보다 훨씬 이전에 지상을 뒤덮고 있었으나 지금은 땅속 깊이 매몰되어 석탄으로 바뀌어 있다고 말해요. 그리고 침엽수, 그다음 외떡잎식물, 마지막에 고등식물인 쌍떡잎식물이 등장했다고 보지요. 그렇다면 오래전 그 시절 인간은 어디에 있었는가에 대해서는 천지 만물이 끊임없는 흐름이 되어 분출하는 창조의 사고 속에 있었다고 주장해요. 창조의 마지막에 더 잘 조직되어 나타난 것이 지금의 동식물이며 그 최종이 인간이라고 말하지요.

---

68   파브르, "줄기의 구조", 《식물기》, (정석형 옮김, 두레, 제11장, 2011), 158.
      아래 인용문도 같은 곳에서 인용.

파브르가 이런 기원론을 받아들인 이유는 관찰 결과에 더 일치했기 때문이에요. 지질학이나 화석 등이 오랜 지구를 잘 설명한다고 보았어요. 그리고 지금은 볼 수 없는 동식물들이 화석 속에 있었기에 고대는 지금과 다른 생물들이 살았다는 사실을 인정해요. 파브르는 자신이 받아들인 소위 오래된 지구창조론으로 진화론을 비판하지 않아요. 오히려 그것으로 진화론을 이해해 보려 하지요. 진화론이 논리적으로 명쾌했기 때문이었어요. 진화론에 대한 유연한 태도이지요. 그렇지만 자신의 곤충관찰 결과로는 진화론을 인정할 수 없었어요. 진화론이라는 생명 이론으로 설명하기에는 예외가 너무 많았거든요. 그래서 자신의 관찰 결과를 가지고 진화론에 반증을 제시해요. 파브르가 곤충을 관찰하면서 진화론에 제기한 질문들은 다음과 같아요.

생명이 없는 화석이 생명 활동을 말해 줄 수 있는가?

화석은 생명의 기원을 설명하는 진화론의 중요한 과학적 증거 자료입니다. 지금은 사라져 없는 오래전 생물들의 존재를 알려주기 때문이지요. 또 화석은 진화론을 반대할 때도 많이 사용해요. 종에서 종으로 진화한다면 중간 단계의 화석이 있어야 할 텐데 그런 화석들이 없다는 비판이지요. 그러나 파브르가 화석으로 진화론에 의문을 제기한 것은 다른 이유 때문이었어요.

파브르는 화석이 동물의 습성 혹은 본능을 정확히 말해 줄 수 없다는 점을 지적합니다. 죽은 동물이 말해 주는 생명 현상은 한계가 있다는 것이지요. 진화론에서는 화석을 통해 종들을 분류하고 그 계통을 연결하여 진화의 흐름을 주장합니다. 소위 공통 조상으로부터의 생물이 어떻게 변화해 왔는지 생명의 나무를 그리는 것이지요. ㉑ 그러나 파브르는 곤충들이 서로 모양은 비슷해도 습성이 다른 경우가 많다는 것을 관찰을 통해 알았어요. 그래서 파브르는 화석으로 동물을 분류하는 것에 의문을 제기해요. 화석이 틀렸다거나 화석의 연대가 틀렸다는 지적이 아닙니다. 파브르는 화석의 존재나 화석의 오랜 연대를 인정했어요. 오랜 시간 동안 종의 변이가 일어날 가능성을 부정하지도 않아요. 앞에서 본 대로 파브르는 몇 년에 걸쳐 야생 당근의 품종을 개량한 사례를 소개해요. 소위 다윈이 말한 '인공 선택'을 인정하지요. 파브르가 제기한 문제는 지금도 비슷하게 생겼으면서 전혀 다른 습성을 보이는 곤충들이 이렇게 많은데 어떻게 죽은 화석으로 습성을 말하고 그들을 분류하느냐는 것이었어요.

파브르 시대 프랑스 남부에는 화석이 많았어요. 파브르는 어릴 때 이미 고대 생물인 암모나이트 화석을 줍곤 했지요. 판자처럼 뜯어지는 돌판에 물고기의 가시, 지느러미, 척추, 머리의 잔뼈들, 눈의 수정체 등 화석들이 자연적인 배치 그대로 남아 있었습니다. 나뭇잎들도 그 모양 그대로 있었고요. 돌판의 식물군은 파브르 당시의 프로방스 지방에 서식하는 식물군과 같지 않았어요. 파브르가 관심을 기울인 곤충 화석도 있었어

요. 보잘것없는 몸집을 가진 쌍시목 곤충이 가장 흔했지요. 그
중에도 각다귀들(모기) 화석이 가장 많았어요. 손가락으로 잡기
만 해도 부서질 정도로 허약한 이 곤충이 모양도 일그러지지
않고 그 모양 그대로 화석이 되어 있었어요. 그다음으로는 바
구미 화석이 많았어요. 작은 바구미도 있고, 중간치도 있고, 오
늘날처럼 큰 바구미도 있었어요. 석회질 돌판에 새겨진 이들은
모기의 자세처럼 단정하지는 않았어요. 비틀리고, 다리들이 아
무렇게나 섞여 있었지요. 파브르는 모기는 호숫가에서 살다 묻
혔고, 바구미는 숲에 살다가 빗물에 휩쓸려 온 것으로 추측해
요. 이들 외의 다른 곤충들 화석은 보이지 않았어요. 현재 번성
하고 있는 종족들의 흔적은 조금도 없었지요. 이에 파브르는
화석 속 바구미가 초시류의 가장 맏이일 것이라 추론해요. 과
학적으로 가능한 추론이지요?

파브르는 이 바구미 화석을 예로 들어 이야기합니다. 현대
의 바구미를 조사하면 이 곤충의 조상들에 대해서 '매우 대략
적인' 설명은 가능할 것이라고 말하지요. 오늘날 바구미를 연
구하면 옛날 것들을 '조금은' 알 수 있을 것이라는 거예요. 파브
르는 화석의 가치를 여기까지는 인정해요. 그러나 화석은 살이
없다는 문제를 지적해요. 살아 있는 존재가 아니라는 것이지
요. 지금 살아 있는 곤충 가운데 같은 모양과 구조를 가진 비슷
한 종들도 서로 전혀 다른 본능을 가지고 있는데 하물며 죽은
화석으로 어떻게 생명을 정확히 알겠느냐는 거예요. 화석으로
는 그 생명의 삶을 결코 정확히 알 수 없다는 것이지요. 화석을

해석할 때도 생명의 다양성에 대한 이해가 필요하다는 지적입니다.

"그렇다면 공동 조상(공통 조상)은 알려지지 않은 곤충으로 어쩌면 처음에 우리가 그 매우 오래된 고문서(화석)를 참조한 편암의 얇은 판에 박혀 있을지도 모르겠다. 거기에 있다 하더라도 그 녀석은 우리에게 아무것도 알려 주지 못할 것이다. 돌로 된 도서관은 형태는 보관하고 있지만 본능은 간직하고 있지 않다. 돌의 도서관은 솜씨에 대해서는 아무 말도 없다. 곤충의 연장은 직업에 대해서는 아무것도 알려 주지 않기 때문이다."[69]

오늘날 기후 변화 등으로 인해 지진, 홍수 등 기상 이변이 심해요. 그리고 인간은 도시를 개발하고 지하자원을 찾기 위해 계속 산과 계곡을 파헤치고 있어요. 그로 인해 그 어느 때보다 더 많은 화석이 발굴되고 있습니다. 학술지들에 새로운 화석에 대한 보고가 계속 이어지고 있고요. 여기에 컴퓨터 기술 등의 발달로 화석을 더욱 정교하게 분석할 수 있게 되었어요. 이로써 진화의 연결 고리인 중간 화석이나 진화의 계통도인 생명의 나무가 더 분명해졌다고 주장해요.[70] 이제는 화석이 부족하다는 이유를 들어 진화론을 비판하는 일은 다소 설득력이 떨어질지도 모르겠어요. 그러나 파브르가 제기한 이 의문이 풀렸는

---

69   파브르, "야생자두나무의 참바구미", 《파브르 곤충기》, (이근배·안응렬 옮김, 올재, 7권, 제13장, 2022), 165.

70   도널드 R. 프로세로, 《화석은 말한다-화석이 말하는 진화와 창조론의 진실》, (류운 옮김, 바다출판사, 2019).

지, 또 풀릴 수 있을지는 확실치 않아요. 아무리 화석이 많이 발굴되고 AI 등 컴퓨터 기술이 발달한다 해도 화석을 통해 고대 생물의 습성과 본능까지 다 규명할 수 있을까 하는 의문이 들기 때문이죠.

퇴화 구조의 원인을 설명할 수 있는가?

다윈이 진화론으로 설명하고 싶었던 것 중 하나는 퇴화 구조(혹은 흔적 구조)나 미발달 구조였어요. 포유류 수컷들은 왜 젖꼭지를 가지고 있고, 날지 못하는 새들이 왜 날개를 가지고 있는가와 같은 것입니다. 불필요해 보이는 구조들인데 말이죠. 다윈 이전에 페일리(William Paley, 1743~1805)의 '신의 창조론'이나 라마르크(Jean Baptiste Lamarck, 1744~1829)의 '용불용설'로는 이 구조들에 대해서 만족스러운 설명을 할 수 없었어요. 다윈은 불필요한 구조, 즉 흔적 구조나 미발달 구조가 진화의 중요한 증거라 설명해요. 그러나 파브르는 이런 동물의 구조로 진화를 설명하는 데 대해 의문을 제기해요. 그리고 반증을 제시하지요. 그러면서 생존에 적합하도록 진화하는 과정의 구조들이라는 설명에 해당하지 않는 예외들이 많음을 보여 줍니다.

　파브르는 곤충들에게서 이런 불필요한 기관이나 통상적인 구조에서 벗어난 기관들을 많이 발견해요. 예를 들어 금풍뎅이의 애벌레는 애초부터 불편한 구조를 지니고 태어납니다.

다리가 바깥으로 구부러져서 등에 붙어 있어요. 다리라고 말할 수도 없어요. 땅에도 닿지 않고 몸을 지탱할 발판도 되지 않거든요. 게다가 앞다리는 모양새를 갖추었으나 아주 작아요. 가운데 다리 한 쌍만 통상적인 구조입니다. 이 애벌레는 열심히 먹이를 찾으러 왔다 갔다 해요. 파브르는 왜 금풍뎅이 애벌레의 몸은 이런 괴상한 모양으로 만들어졌는지에 대해 의문을 품어요. 앞뒤 두 다리가 튼튼하다면 오르내리는 데 큰 도움이 될 텐데 말이지요. 다른 애벌레와 비교해 보니 더 이해할 수 없었어요. 왕소풍뎅이 애벌레는 좁은 구멍 속에 갇혀 지내기에 걸어 다닐 필요가 없어요. 먹이도 바로 근처에 있고요. 그런데 이 애벌레는 훌륭한 여섯 개의 다리를 갖고 있어요. 다리가 비틀어져 불편한 금풍뎅이 애벌레는 늘 돌아다녀야 하건만, 다리가 통상적인 구조를 가진 왕소풍뎅이 애벌레는 움직이지 않아요. 이런 모순을 어떻게 설명해야 할까요?

이 질문에 대해서 진화론은 생존에 더 적합한 환경에 순응하도록 진화한 결과라고 설명해요. 금풍뎅이 애벌레는 실제로 쓰지 않는 걸음걸이를 잃어버린 대신 땅속 굴에서는 더욱 편리하게 등으로 기어가도록 천천히 적응했다는 것이지요. 이에 파브르는 또 다른 의문을 제기해요. 그렇다면 금풍뎅이 애벌레와 같은 환경에 사는 장수풍뎅이나 왕풍뎅이의 애벌레는 어째서 등으로 이동하는 능력을 갖게 되지 못했는지에 대해서요. 파브르는 이처럼 두 가지 비슷한 예를 아울러 설명할 수 없는 이론은 바른 이론이라 하기 어렵다고 주장해요.

성충 왕소풍뎅이, 반점박이소똥구리, 긴목왕소풍뎅이, 천연두왕소풍뎅이 등도 애초부터 불편한 구조를 가지고 태어나요. 이들은 미발달 혹은 퇴화 구조를 가지고 있어요. 모두 앞다리의 제일 끝마디(부절)가 없지요. 진화론은 다음과 같이 설명해요. 열심히 똥 덩어리를 굴리는 이 곤충들은 머리를 아래로 하고 엉덩이를 위로 추켜올린 채 뒷걸음으로 짐을 밀고 가요. 앞다리 끝으로 몸과 똥 덩어리를 지탱하기 때문에 무거운 무게로 인해 앞 다리의 발가락이 뒤틀어지기 쉬워요. 차라리 없는 편이 나은 것이지요. 그런데 옛날에 우연히 앞다리가 절단된 녀석이 더 유리하게 살아남아 진화를 통해 오늘날의 구조를 갖게 되었다는 거예요. 그러나 파브르는 이것으로 설명이 안 되는 예외가 많다고 주장해요. 이들과 같이 똥 덩어리를 굴리는 소똥풍뎅이는 앞다리에 발가락 한 개와 다섯 개의 부절이 있는데도 잘 생존하고 있기 때문이죠. 유럽소똥구리와 꼬마소똥구리도 머리를 숙이고 뒷걸음질로 똥 덩어리를 밀고 가는데, 이들도 앞다리에 부절을 가지고 있어요. 이에 파브르는 진화론이 비슷한 곤충들을 놓고 일관성 없는 설명을 하고 있다고 지적해요. 그러면서 어떻게 동물의 특정 구조가 없어져야 할 물건으로 취급되어 사라져야 하는 것인지 의문이 든다고 말하죠. 파브르는 왕소풍뎅이가 지금 가지고 있지 않은 부절을 옛날에도 가지고 있지 않았다고 보는 것이 더 쉬운 설명일 거라고 말해요. 이 곤충이 똥 덩어리를 굴리고 갈 때 자세를 거꾸로 해서 밀고 가기 때문에 부절이 없어진 것이 아니라는 것이지요. 파브르는 설명이 가능한 것들로만 이론을 만들고 나머지를 예외로 삼는 과학 이론에 대해 문제를 제기합니다.

진화론에 따르면 퇴화 기관은 그것을 쓰지 않음으로 오랜 시간이 지나 잃어버렸거나 흔적 기관으로 남게 된 것으로 볼 수 있어요. 기생벌이 스스로 먹이를 구하지 않고 남의 수고를 이용하면서 먹이를 얻는 기관을 점점 사용하지 않게 되자 쓸모없는 기관으로 퇴화해서 없어지고 말았다는 논리예요. 고생스럽게 노동을 하는 것보다 기생하는 것이 생존에 더 유리하다는 것이지요. 그리고 시간이 오래 지나 종족이 변해서 기생하면서 살아가는 곤충이 되었다는 거예요. 그렇지만 파브르는 노동을 덜 하는 것이 곤충의 생존에 유리하다는 주장에 동의하지 않아요. 그는 곤충이든 인간이든 노동은 생명의 신성한 법칙이라 말해요. 자신이 관찰한 기생 곤충들 중에 게으른 종은 단 하나도 없었다고 말하면서요. 파브르는 기생 곤충들도 고되고 힘겨운 생활을 하는 것을 관찰해 왔거든요. 파브르에게는 오히려 그들의 삶이 더 힘들고 고되게 보였어요. 그들의 고달픈 삶에 대해서는 6장에서 살펴보았어요.

파브르는 변이가 과거에 일어났다면 지금도 변이가 일어나고 있는 것을 관찰할 수 있어야 한다고 보았어요. 과거에서의 진실이 현재에서도 진실이어야 한다는 것이지요. 소위 퇴화 기관이라 불리는 구조를 가진 곤충도 자신의 일을 부지런히 하면서 살아가요. 물론 정상 기관을 가진 곤충도 그렇고요. 따라서 파브르가 보기에 불필요하다는 구조를 진화론으로 설명하기에는 너무나 다양하고 예외가 많아 보였던 거예요. 파브르는 각 곤충들은 처음부터 그런 구조를 가지고 있었고, 그런 구조를 가지고 부지런히 일하면서 살아간다고 설명하는 것이 더 타당하다고 주장해요. 이 질문은 오늘날 더 이상 유효하지 않은 것일까요?

동물의 구조가 본능을 결정하는가?

진화론은 비슷한 구조를 가진 곤충 종들은 공통 조상에서 유래해서 지금의 다양한 종이 되었다고 설명합니다. 그런데 파브르는 이 주장에 대해서도 반증을 제시합니다. 파브르는 비슷한 형태나 구조를 가진 곤충들이 전혀 다르게 행동하는 많은 사례를 소개해요. 그러면서 곤충의 형태나 구조나 기관이 본능을 결정하는 건 아니라고 말하지요. 같은 구조를 가지고 능력을 풍부하게 발휘하는 곤충이 있는가 하면 그렇지 못한 곤충들도 있었거든요. 이에 파브르는 공통 조상에서 진화하여 이렇게 다양한 본능을 가지게 되었다는 이 이론에 의문을 제기해요. 그는 정체가 없는 공통 조상은 이 다양한 본능들 중에 과연 어떤 본능을 가졌는지 질문하지요.

　파브르는 같은 형태를 가지는 세 종류의 긴목가슴잎벌레를 관찰합니다. 첫 번째, 백합 속에서 발견되는 긴목가슴잎벌레의 애벌레는 온몸을 푸르스름한 자기 배설물로 뒤덮은 채 지내요. 두 번째로 아스파라거스에서 발견되는 긴목가슴잎벌레의 애벌레는 오물을 뒤집어쓰지 않고 깨끗하게 살아가요. 대신 기생파리들이 애벌레에 붙어 있어요. 세 번째로 들판에서 발견되는 열두점박이 긴목가슴잎벌레의 애벌레는 열매 속을 파고들어 가 먹고 살아요. 열매가 땅에 떨어져 더 파먹을 열매가 남아 있지 않으면 땅속으로 들어가요. 이 애벌레에게는 기생파리들이 해를 끼치지 못해요. 이렇게 세 종류의 벌레가 형태는 같지만 서로 전혀 다른 습성과 본능을 가지고 있어요.

파브르는 다른 예로 진흙벌을 소개해요. 모든 진흙벌들은 사냥벌입니다. 이들은 먹이에 침을 놓아 마비시켜 새끼들에게 제공해요. 그러나 먹이가 들어 있는 애벌레의 둥지는 종에 따라 서로 달라요. 서로 다른 건축물들을 짓는 것이지요. 파브르는 그중 세 종의 진흙벌을 관찰했어요. 이 진흙벌들은 톱니 모양의 큰 턱 구조를 공통적으로 가지고 있어요. 신형 진흙벌은 땅굴을 파고 파낸 흙으로 비스듬히 줄무늬 모양의 굴뚝을 만들어요. 고령 진흙벌은 집을 만들지 않고 달팽이 등의 빈 껍질을 둥지로 사용해요. 그리고 그 안에 천연수지를 이용해 방을 만들지요. 유럽 진흙벌은 자연적인 땅굴이나 다른 곤충들이 사용했던 땅굴을 둥지로 사용해요. 이 땅굴에 칸막이를 만들어 독방으로 나누고 미장이 일을 해요. 이렇게 같은 도구을 가진 사냥벌들이 땅굴 파는 곤충, 수지 다루는 곤충, 미장이 곤충으로 각기 다른 집 짓는 본능을 나타내요. 파브르가 이 세 종류를 돋보기로 자세히 관찰해도 도구의 모양이 서로 구분이 안 되었어요.

364

바구미들도 그래요. 파브르가 관찰한 서로 다른 네 종류의 바구미들은 똑같이 긴 주둥이를 가지고 있지만 두 종류는 동그랗게 만 잎에, 한 종류는 열매의 씨에, 또 한 종류는 썩은 열매에 자기 새끼를 살게 해요. 모습이 같은 이 곤충들 사이에 친족 관계가 있을까요? 친족이라 한다면 어느 종류가 혈통의 조상일까요? 이들의 습성으로는 추정하기 어려울 것입니다. 유전자 조사로 가능할지는 모르겠어요. 파브르는 바구미의 조상이 무엇을 했는지는 우리가 알기 어렵고, 또 언젠가는 알게 되리라는 희망도 없다고 말해요. 그러면서 상상의 바구미가 아니라 지금 살아가는 실제의 바구미를 보자고 제안하지요. "이토록 반대되는 내(곤충) 솜씨는 하나에서 다른 것이 유래할 수가 없다. 우리의 재간은 공동 조상(공통 조상)의 유산이 아니다."[71]

13장에서 비슷한 형태를 가지는 다양한 종의 하늘소들이 각기 서로 다른 나무를 먹는다고 말한 바 있지요. 이 하늘소들에 대해 진화론은 최초의 조상 하늘소에서 이리저리 나뭇가지처럼 갈라져 나와 지금에 이르렀다고 설명해요. 파브르는 그렇다면 그 선조들은 모두 같은 종의 음식을 먹었을 것이라고 하면서 질문을 던져요. 만일 혈연관계가 있다면 어째서 하늘소 중 하나는 떡갈나무를, 또 하나는 서양산사나무와 협죽도를 택했을까요? 세 백두산하늘소 중 하나는 검은 포플러를, 또 하나

---

71   파브르, "야생자두나무의 참바구미", 《파브르 곤충기》, (이근배·안응렬 옮김, 올재, 7권, 제13장, 2022), 166.

는 떡갈나무를, 셋째 것은 마른 벚나무를 택한 것은 또 무슨 이유에서인가요? 파브르는 이것을 이해하기란 불가능하다 말해요. 다양한 먹이를 취하면 생존 확률이 높았을 텐데 왜 특정 먹이만 고집할까요? 파브르는 먹는 본능의 기원에 관해서 형태가 알려 주는 것은 아무것도 없다고 말하죠. 오히려 먹는 것이 각기 다르다는 사실이 각 하늘소의 독립적 기원을 더 뒷받침해 준다고 주장해요.

곤충의 솜씨는 기관의 구조로 결정되는 것일까요? 이와 반대로 기관과는 관계가 없을까요? 기관의 구조가 본능을 지배할까요? 그렇지 않으면 본능은 설명할 수 없는 기원에까지 거슬러 올라갈까요? 이런 의문으로부터 파브르는 형태나 기관을 가지고 동물을 분류하여 종의 계통과 변이를 설명하는 진화론에 문제를 제기한 것이지요.

- -

본능은 선천적인가 후천적인가?

본능이란 태어날 때부터 가지고 있는 행동입니다. 곤충의 습성은 어미가 자식에게 가르친 것이 아닌 본능입니다. 그래서 파브르는 《곤충기》의 부제를 '본능과 습성에 관한 연구'라 붙였어요. 파브르는 다양한 곤충의 본능을 관찰하고 본능에 대한 진화론적 주장에 의문을 제기해요. 진화론에서는 본능을 후천적인 습성으로 봐요. 생존에 유리한 어느 우연한 사건으로 획득된 습성이 유전으로 전해져 시간이 지나면서 종족 특성이 되었다고 보거든요.

본능이 후천적인 획득 습성이라는 이론에 따라 하나의 사례를 살펴보지요. 어느 날 벌이 나무의 수지가 스며 나오는 것을 우연히 발견하고는, 그것이 말랑말랑하여 원하는 모양을 마음대로 만들 수 있어 집을 짓는 재료로 적당할 거라고 가정해요. 그것은 또 쉽게 굳어서 튼튼한 천장을 만들어 주었지요. 이 수지를 사용해 보고 만족스럽게 여긴 벌은 이 수지를 다루는 본능을 지니게 되고, 또 그 본능을 후손에 전수했다는 거예요. 파브르는 만일 벌이 수지로 된 집의 우연한 발명을 그토록 성실하게 전해 주었다면, 부화 방법이나 새끼의 여러 위험을 피하는 방법 등도 충실히 전해 주었어야 했을 것이라고 주장해요. 종족의 번영에는 후자가 훨씬 중요한데 왜 덜 중요한 것만 선택적으로 본능이 되었느냐고 지적한 거죠. 그러면서 본능이 이런 방식으로 우연히 생겼다는 주장에 반대해요.

파브르는 또 곤충의 재주나 솜씨의 변화가 종의 진화를 가져온다는 주장에도 의문을 제기해요. "곤충의 솜씨에서 아무리 작은 것이라도 변화를 인정하라. 그러면 이 변화가 점점 더 강화되어서 새로운 종을 가져올 것이고, 끝내는 고정된 종을 가져올 것이다."[72] 파브르는 이 말에 이의를 제기해요. 가위벌과

---

72 파브르, "힘의 절약", 《파브르 곤충기》, (이근배·안응렬 옮김, 올재, 4권, 제6장, 2022), 448.

같이 잎을 잘라 집을 짓는 곤충들은 집 짓는 나뭇잎 자재는 다양하게 사용하지만 집 짓는 방식은 과거에나 미래에나 늘 동일했고 또 동일할 것이라고 해요. 옛날 방식 그대로를 사용한다는 것이지요. 집을 짓는 재료를 선택하는 데는 수습 기간도 없고 습관에 의한 교육도 없기 때문이에요. 대대로 선천적으로 가지고 있는 본능대로 늘 동일하게 행한다는 것이지요.

파브르는 본능의 기원이 우연한 행위라 해도 동물이 그것에 대해서 선천적 소질을 갖고 있지 못하면 어떻게 그것이 유전으로 전해질 만한 습성의 기원이 될 수 있는지 생각해 볼 필요가 있다고 말하죠. 오히려 벌이 뛰어난 솜씨를 갖는 것은 벌이 그 기술을 행하도록 만들어져 있기 때문이라는 것이지요. 이런 타고난 재질은 본래 있던 것이며 최초부터 완전했다는 것입니다. 우리는 9장에서 나나니벌과 배벌이 적절한 먹이를 선택하고 신경계를 정확히 겨냥해 침으로 마비시킴으로써 먹이가 썩지 않으면서 애벌레에게 위험이 안 되게 준비하는 것을 살펴보았어요. 이 본능은 너무나 정교하여 조금의 시행착오만 있어도 후손이 결코 살아남을 수 없어요. 그러니 파브르는 이리저리 침을 찌르다 획득한 습성이 진화를 통해 본능이 되었다는 주장은 타당하지 않다고 본 거예요. "충분한 다양성과 확실성의 기초 위에 서 있지 못하는 일반론은 삼가야 한다."[73]

---

73   파브르, "배벌의 문제",《파브르 곤충기》, (이근배·안응렬 옮김, 올재, 3권, 제4장, 2022), 56-59.

파브르는 동물의 모양과 구조보다 본능이 더 중요하다고 보았어요. 본능은 털의 빛깔, 꼬리의 길이, 귀를 우뚝 세우는 것 같이 간단한 것이 아니라는 겁니다. 본능은 후천적으로 획득한 습성일까요? 아니면 파브르의 말처럼 원래부터 있는 선천적인 습성일까요? 본능에 대한 논쟁은 오늘날도 여전히 치열합니다. 생득론과 비생득론의 논쟁입니다.[74] 선천적으로 타고난다는 생득론과 후천적으로 획득된 것이라는 비생득론 사이의 논쟁 말입니다. 파브르 때와 같은 논쟁이지요. 그러고 보면 오늘날도 이 문제는 여전히 해결되지 않은 거네요.

동물에게 이성이 있는가?

진화론은 동물도 그 정도는 다 다르지만 인간처럼 이성이 있다고 보았어요. 지적 능력이 있다는 것이지요. 그러나 파브르는 동물이 인간과 같은 이성을 공유하는 것으로 보는 것에 의문을 제기해요. 동물을 인간처럼 높이거나 인간을 동물처럼 낮추는 것에 대한 의문을 제기한 거예요. 파브르가 동물을 무시하거나 하찮게 보아서 그런 것이 아닙니다. 그는 일생 가장 하찮게 여기는 곤충을 연구하여 곤충의 위상을 높여 주었어요. 그는 하찮은 생명까지 사랑한 사람입니다. 모든 생명을 사랑하고 존중

---

74   마크 S. 브룸버그, 《본능》, (신순호 옮김, 루덴스, 2010).

하자는 것이 그의 사상이지요. 이처럼 동물을 가장 사랑한 사람이라 여겨지는 그가 동물에게 인간과 같은 이성이 있다는 주장에는 의문을 제기해요.

파브르는 동물에게 인간과 같은 이성이 있는지 곤충에게 물어보자고 제안해요. 곤충은 추리하는 힘을 가지고 있을까요? 곤충은 우발적인 사건 앞에서 그 행동을 변경할 수 있을까요?《곤충기》1권에는 찰스 다윈의 할아버지 이래즈머스 다윈(Erasmus Darwin, 1731~1802)이 소개한 이야기가 나와요. 이래즈머스 다윈은 장수말벌이 파리를 죽인 후 가져가기 좋게 날개를 떼 버리는 모습을 보며 이것이 곤충의 지혜, 즉 이성이라고 주장했어요. 그러나 파브르는 관찰을 통해 장수말벌은 단지 본성에 따라 파리의 날개는 떼 버리고 가장 영양이 많은 가슴만 남긴다는 것을 증명해요. 파브르는 동물이 인간의 이성과 비슷하게 행동하는 모습을 우연히 관찰했다 해도 너무 큰 기대를 해서는 안 되며 관찰을 반복하여 진실을 밝히는 것이 옳다고 말해요. 그러면서 곤충의 행동은 본능에 의한 것이지 이성으로 하는 행동이 아니라고 주장하지요. "영국의 관찰자(이래즈머스 다윈)는 사물을 높은 곳에서만 내려다보면서 조그만 사실을 엄밀히 조사하는 것은 부질없다고 판단한다. 그것이 그로 하여금 선험적 학설을 강화시키고, 곤충에까지 이성을 인정시킨 것인데 (…) 있을 수 없는 잘못을 범한 것은 아닐까? 나는 정말 그렇다고 단언한다."[75]

3장에서 본 금풍뎅이와 같이 대단한 열성을 가지고 가족

370

을 돌보는 곤충들이 있어요. 만일 이런 일이 금풍뎅이가 아니라 인간 세계에서 행해진다면 그야말로 훌륭한 도덕적 행위라고 말할 것입니다. 부부의 사랑과 부모의 사랑이지요. 그러나 곤충의 세계에서 그렇게 말할 수 있을까요? 파브르는 금풍뎅이에게 그런 표현이 걸맞지 않다고 하면서 곤충의 세계에는 도덕성이 없다고 말합니다. 오직 인간만이 도덕을 알고, 양심의 빛이 가르쳐 주는 대로 행하고 도덕성을 향상시킨다고 보았어요.

우리는 앞에서 벌, 소똥구리, 거미 등의 모성애를 보았어요. 이들은 둥지를 만들고 알을 낳고 새끼를 돌보는 자신의 본분에서 벗어나지 않는 한 목적에 합치되는 행동을 해요. 그럴 때 보이는 모성애는 인간의 모성애와 비슷해 보여요. 그러나 그들에게 예기치 않은 사고가 일어나면 그들은 상황에 맞게 대처하지 못해요. 그냥 자기가 늘 하는 일을 계속할 뿐이지요. 순서를 바꾸어 일하지도 못해요. 그러나 거기에 추리력이 조금이라도 가미되어 있다고는 생각할 수 없지요. 이에 파브르는 곤충이 그저 본능에 의한 행동을 할 뿐이라고 말해요. 오직 본능에 따라 정해진 순서대로 일할 뿐이지 추리나 판단을 하면서 일을 하는 건 아니라고 본 거죠.

파브르는 곤충은 집을 짓고, 옷감을 짜고, 사냥을 하고, 먹

---

75   파브르, "수준 높은 학설", 《파브르 곤충기》, (이근배·안응렬 옮김, 올재, 1
      권, 제19장, 2022), 149.

이를 침으로 찔러 마비시키는 모든 일에서 그 목적을 조금도 알아차리지 못한다고 보았어요. 이들은 갑자기 어떤 상황이 생겨서 일을 진행하는 데 변화가 요구되어도 이전에 하던 그대로 해요. 이들은 경험을 통해서 배우지 못해요. 자신의 전문 분야에서는 완전하지만 아주 작은 변화나 조그마한 어려움만 생겨도 무능하게 돼 버린다고요. 그들의 재간은 그렇게 변함없이 전해져요. 곤충이 제 솜씨를 바꾸기를 기대하는 것은 불가능해요. 자신들이 무엇을 하는지 모른 채로 종족의 보존을 위해서 해야 할 일을 해나가지요. 이것이 곤충의 본능입니다.

어미 곤충은 의식을 가지고 가족을 위해서 집을 짓고, 사냥을 하고, 사냥한 것을 저장하지 않아요. 나나니벌은 독방에 거미를 잔뜩 집어넣으면 만족을 느낍니다. 그래서 그가 만든 독방에서 알을 꺼내 버려도 계속해서 사냥을 해요. 사냥이 쓸데없는데도 말이지요. 그 일이 끝나면 방을 진흙으로 메워요. 자신의 알이 방 안에 있는가 없는가는 신경 쓰지 않는 것이지요. 다른 곤충들도 마찬가지예요. "그들에게 판단의 빗나감을 비난하려면 다윈이 주장하던 것과 같이 그들에게 조그마한 이성의 빛이 있다고 가정해야 할 것이다. 그들이 이성의 작은 빛을 가지고 있지 못하면 비난은 힘이 없어지고, 그들의 비정상적인 행위는 (…) 무의식자들의 피할 수 없는 필연적인 결과들이다."[76]

---

76   파브르, "본능의 착오", 《파브르 곤충기》, (이근배·안응렬 옮김, 올재, 4권, 제3장, 2022), 391.

동물에게 이성이 있다는 주장은 파브르에게 인간이 하향 평준화가 되는 것처럼 여겨졌어요. 동물의 세계를 편평한 들판으로 만들기 위해, 즉 인간이란 봉우리를 허물어서 동물이라는 골짜기를 메우려는 것처럼 보인 것이지요. 파브르는 이 평준화가 맞는지 확인하고 싶었어요. 모든 생명을 사랑했기 때문에 진실을 알고 싶었거든요. 그래서 곤충을 관찰했고 또 실험했어요. 40년 동안 파브르는 곤충과 씨름하면서 동물에게 이성이 있다는 근거를 찾지는 못했다고 말해요.

그래서 파브르는 이성을 인정하지 않아요. 본능과 더불어 약간의 식별 능력을 인정할 뿐이지요. 물론 파브르의 관찰은 곤충에 국한됩니다. 다윈은 대단히 하등한 지위에 있는 동물들조차 때로는 판단력이나 이성을 약간은 사용할 줄 안다고 주장했어요.[77] 또 오늘날 과학은 동물에게 이성이 있다는 주장을 하고 있어요. 동물의 지적 능력을 인정하자고 말하지요. 정말 동물에게도 이성이 있을까요? 파브르의 주장은 이제 폐기되어야 할까요?

---

[77] 찰스 다윈, "본능", 《종의 기원》, (장대익 옮김, 사이언스북스, 제7장, 2019), 302.

왜 생존 경쟁 혹은 적자 생존에 예외가 많은가?

파브르는 적자 생존에 대해서도 의문을 제기합니다. 동물의 세계를 보면 잘 적응하지 못하고 약해 보이는 생물들이 더 번성하는 경우가 많기 때문입니다. 파브르는 진화론대로 생존에 적합한 생물이 살아남는 것이 사실이라면, 그리고 미래가 더욱 강하고 뛰어난 생명의 것이라면 나무딸기 속에 사는 약자는 소멸하고 그 대신 힘센 벌이 살아남아야 하는 것이 아닌지 의문을 제기해요. 하지만 현실적으로는 강한 생명이 약한 생명의 일족을 전멸시킬 수가 없습니다. 오히려 강자는 수적으로 열세입니다. 대신 약자는 그 수가 압도적으로 많아요. 파브르는 자신이 관찰한 사실을 적자 생존이나 약육강식에 대입해 보려고 할 때마다 잘 맞지 않았다고 말해요. 생존 경쟁도 마찬가지였지요. 생존에 적합하지 않은 종들도 번성하고 있으니까요. 그는 심지어 그런 주장이 법칙으로서는 장대하지만 현실에서 그 근거를 찾기가 힘들다고 말하면서 사실로 되돌아가자고 제안합니다.

파브르는 진화론이 말하는 대로 동물을 달라지게 하는 데 환경의 영향만큼 편리한 것은 없다고 말해요. 그는 이 환경의 영향이란 것이 사람들이 말하는 것처럼 강력한 것인지 의문을 품었어요. 파브르는 환경의 영향으로 인해서 크기와 털 빛깔과 외형이 조금 변한다는 것은 인정해요. 하지만 만일 환경이 많은 변화를 요구하면 동물은 생존 경쟁이나 적자 생존을 위해

374

변하기보다는 차라리 쓰러져 버릴 것이라고 보았어요. 반면에 만일 환경의 영향이 미미하면 변화를 거절할 것이라 말해요. 그러니 파브르는 생명은 제가 태어난 그대로 살거나 죽을 뿐 그 밖의 다른 방법은 없다고 본 것이지요.

과학 이론으로서 진화론의 현재

위의 몇 가지가 파브르가 곤충을 관찰하고 나서 진화론에 제기한 반증들입니다. 크리스천들은 모두 생명의 기원은 하나님이라 믿고 창조에 관한 하나님의 말씀도 믿지요. 그렇지만 창조의 세부적인 내용에 대해서는 의견이 다양합니다. 이런 다양한 의견의 가장 큰 원인 중 하나가 현대과학의 생명 이론입니다. 바로 진화론이지요. 반대로 하나님의 창조를 창세기의 문자 그대로 이해하려는 입장이 있어요. 이런 배경에서 창조론(혹은 창조과학), 그리고 젊은 지구창조론 같은 주장이 나왔어요. 다른 한편에서는 창세기의 창조를 현대과학으로 재해석해 보려는 시도가 있습니다. 유신진화론(혹은 진화창조론)이 여기에 속해요. 유신진화론은 진화론의 수용 정도에 따라 그 스펙트럼이 굉장히 넓어요. 지적설계론 같은 중도의 입장들도 있어요. 이 주장들은 모두 하나님의 창조를 인정해요. 그런데도 서로 나뉘어 있어요. 대립이 심하지요. 같은 신앙인임에도 다른 주장을 한다는 이유로 심지어 서로 미워하기까지 합니다. 어떻게 해야 할까요? 서로를 어떻게 대해야 할까요? 이런 주장들을 어떻게 봐야 할까요?

이런 의견 차이에는 진화론을 어떻게 볼 것인가에 대한 논쟁이 숨어 있어요. 한쪽에서는 진화론이 틀렸다 하고 한쪽에서는 진화론을 인정하지요. 그러면 현대과학은 이 진화론을 어떻게 볼까요? 현대과학은 진화론을 과학적 생명 이론으로 받아들입니다. 화석, 동물행동학, 해부학적 구조, 생물 지리학, DNA 유전학 등으로 검증했지요. 반증 가능성에 대해 10만 편 이상의 진화론(신다원주의) 논문들로 대답한 거예요. 과학 이론으로서 이론과 검증, 또 반증에 대한 개방된 태도 등을 갖추었지요. 이제 진화론은 과학 이론에서 멈추지 않고 인문학, 사회과학 등 학문의 전 분야로 그 영역을 넓혀 나가고 있어요. 우리 시대의 과학과 과학적 상식이 된 것이지요. 일반인들도 이제 이 진화론을 사실로 받아들이는 추세예요.

그러나 한 가지, 과학에 대해 알아야 할 것이 있어요. 현대과학이 인정하는 진화론은 과학 이론입니다. 과학 이론은 절대적 진리가 아니에요. 과학 이론은 상대적이라 늘 변해요. 그것이 과학의 특징입니다. 진화론 또한 절대적이지 않고 변하는 과학 이론에 불과해요. 다음 장에서 자연발생설이나 생물속생설 같은 생명 이론이 시대에 따라 바뀌는 것을 볼 것입니다. 지금의 진화론도 새로운 주장이 계속 더해지고 또 변하고 있어요. 모든 과학 이론은 그런 운명을 지니고 있어요. 반증이 쌓이면 과학 이론은 어떻게 될지 몰라요. 진화론도 예외가 아

376

니지요. 여기에 더해 진화론은 생명의 기원을 설명하는 과학 이론입니다. 기원론은 아무도 본 적 없는 과거의 일회적 일이라 검증이 어려워요. 그래서 탐정이 범죄 현장을 수사하듯 추리력을 발휘하거나 문학적 상상력을 동원해야 해요. 그런 점에서 실험으로 엄밀히 검증하는 실험 과학과는 차이가 많은 과학이죠.

그러면 지금의 진화론에서 파브르가 제기한 의문들은 다 해결되었을까요? 파브르가 관찰한 생물의 다양한 본성과 습성을 진화론이 다 설명할 수 있을까요? 진화론이 과학 이론으로서 명료하고 명쾌한 점이 있지만 여전히 다양한 생명 현상을 다 설명하지는 못하고 있다고 봐요. 과학의 모든 이론은 예외가 있고 엄밀하게 정확하지 않아요. 필자가 보기에 진화론은 다른 많은 과학 이론 중에서 여전히 가장 예외가 많고 정확하지 않은 이론인 듯해요. 기원을 다루는 이론인 데다 또 생명 현상 자체가 여전히 미스테리이고 너무나 다양하기 때문이지요. 필자도 파브르가 바랐던 더 좋은 생명 이론이 나오기를 학수고대하고 있어요. 이 점에서 우리 크리스천 과학자들이 좀 더 분발하면 좋겠어요. 무엇보다 하나님이 만드신 생명에 대해 우리는 다 알 수 없다는 겸손함을 가지고요. 생명의 기원에 대해서 성경도 명확히 말하지 않는다는 점도 인정하면 좋겠어요. 파브르의 말입니다. "사물을 근본적으로 파헤쳐야 한다면 우리는 실제로 아무것도 모른다는 것을 인식하자. 과학적으로 자연은 인간의 호기심에게 결정적인 해결책이 없는 수수께끼이다. 가설에 가설이 잇따르고 이론의 벽돌들이 쌓이고 쌓여도 진리는 항상 도망친다. 지혜의 마지막은 무지를 깨닫는 것인지 모른다."[78]

---

78   파브르, "성(性)에 따르는 음식의 양의 변화", 《파브르 곤충기》, (이근배·안응렬 옮김, 올재, 3권, 제16장, 2022), 261.

378

19. 파브르의
다윈과의 교류
주장은 달라도 사람은 존중한다

☞ 파브르는 일생 다윈의 이론에 의문을 제기하고 비판했어요.
다윈과 서신으로 교류를 했던 파브르는 다윈에게 보내는
편지에도 자신의 견해를 분명히 밝혔어요. 그러나 파브르는
다윈과 그의 과학적 태도에 대해서는 존경을 표했어요.
다윈이 세상을 떠났을 때는 그와 더 이상 교류할 수 없는
것에 대한 안타까움을 표하기도 했고요. 《곤충기》에는
다윈과의 과학적 교류 내용이 소개되어 있어요. 다윈도
파브르가 진화론을 받아들이지 않는 사실에 대해
유감스럽게 생각했어요. 그러나 파브르와 마찬가지로 다윈
역시 파브르와 그의 과학에 대해서는 높이 평가하고 그의
《종의 기원》에 파브르의 곤충 관찰을 소개했지요. 당대에
두 사람은 서로 신뢰하며 과학을 논하고 실험과 관찰
결과를 토론해요. 두 학자의 이런 태도에서 우리는 무엇을
배울 수 있을까요?

파브르의 《곤충기》가 세상에 나왔을 때 학자들과 전문가들은 무시하거나 비웃었어요. 글에 학문적 무게가 없고 너무 가볍다고 비난했죠. 또 정식 교육도 제대로 받지 않은 보잘것없는 시골의 교사가 주류 이론이 된 진화론에 이의를 제기하는 것이 마땅치 않아 보였을 거예요. 그러나 정작 비판받은 이론의 당사자 다윈은 《곤충기》를 읽고 높이 평가했어요. 내용 중 인용한 부분의 오류를 지적하면서 영어로도 번역되면 좋겠다는 의견을 표하기도 했지요. 파브르의 과학하는 태도를 신뢰하여 새로운 실험을 제안하고, 또 파브르의 관찰 결과를 자신의 《종의 기원》에 인용하는 등 다른 사람들과는 아주 다른 태도를 보여요. [22] [23] 여러분은 다윈을 어떤 사람으로 알고 있나요? 이 글이 파브르를 다루고는 있지만 학문을 하는 태도에 있어서는 다윈에 대해서도 다시 생각해 보는 기회가 되면 좋겠어요. 한편 파브르는 당시 프랑스 최고 학자인 루이 파스퇴르(Louis Pasteur, 1822~1895)와도 만난 적이 있었어요. [24] [25] 파스퇴르는 가난한 파브르를 무시하는 태도를 취했지만 파브르는 파스퇴르의 과학적 통찰력을 높이 샀어요. 그리고 자신도 평생 그런 과학적 통찰력을 배우려고 노력했지요.

파브르 시대의 생명 이론, 생물속생설과 진화론

파브르(1823~1915)가 살았던 19세기는 현대 생물학이 태동하기

380

시작하는 시점이었어요. 근대과학에서 현대과학으로 넘어가는 시기라 할 수 있지요. 근대까지 가장 대표적인 생명 이론은 자연발생설이었어요. 고대 그리스 때부터 시작하여 2천 년 이상 권위를 누렸던 이론이었죠. 자연발생설은 생물은 자연에서 저절로 생긴다는 가설을 내세웁니다. 봄에 땅속이나 물에서 생명체들이 저절로 생기고, 하수구에서 쥐가 자연적으로 발생한다는 식이지요. 그러나 현미경이 발명되어 미세한 생명체들과 난자와 정자가 확인되면서 이 이론은 서서히 그 명성을 잃게 돼요. 그 대신 이제 생물속생설이 힘을 얻기 시작하지요. 생물속생설은 생명은 생명에서만 나온다는 이론입니다. 이 생물속생설은 자연발생설과 두어 세기에 걸쳐 치열한 논쟁을 벌여요.

그러다가 자연발생설은 1860년경 프랑스의 화학자이면서 세균학자인 파스퇴르의 미생물 실험으로 마침내 그 힘을 잃게 됩니다. 파스퇴르는 끓는 물로 소독하고 외부의 접촉을 막은 구부러진 플라스크에서는 미생물이 생겨나지 않는 것을 밝혀냈어요. 유리 용기 속에 나타나는 미생물은 시간이 지나면 자연적으로 생기는 것이 아니라 외부 오염에 의해 생기는 것임을 파스퇴르가 증명한 것이지요. 이를 통해 생물은 자연적으로 발생하는 것이 아니라 생물은 오직 생물에서 나온다는 생물속생설이 입증돼요. 이 생물속생설은 당시 새롭게 등장한 진화론에 큰 영향을 미쳐요. 진화론은 생명이 부모에게서 자식으로, 생명에서 생명으로 이어질 때만 설명이 가능한 이론이었으니까요. 이 생물속생설이 진화론과 합쳐지면서 생명 이론은 진화론이라는 이름으로 더욱 활기를 띠게 돼요. 생물이 생물에서 이어지는 이 생물속생설과, 생물이 이어지는 그 과정에서 종이 변한다는 진화론의 결합이지요. 진화론도 크게 보면 이 생물속 생설의 한 이론으로 볼 수 있어요. 그러나 지금은 생명 이론 하면 곧 진화론으로 알고 사용하는 사람들이 많습니다.

　　진화론이 나온 과정을 한번 살펴볼까요? 근대 초기에 나온 태양중심설(지동설)이 점차 퍼져 우리가 사는 지구가 우주의 중심이 아니라는 사실이 보편화되었어요. 또 지질학은 우리가 사는 지구가 이전에 생각했던 것보다 훨씬 오래되었다고 주장하죠. 이에 더해 공룡 화석 등이 발굴되면서 오래전에 살았던 생물은 지금과 다르고 또 멸종된 생명체들도 많다는 주장이 설득력을 얻게 되었어요. 오래된 지구와 낯선 화석들은 자연스럽게 생명체의 형태가 시간이 지나면서 변해 왔다는 추론을 가능하게 한 거예요. 이런 배경에서 진화론이 등장해요. 파브르가 《곤충기》에도 언급한 찰스 다윈의 할아버지 이래즈머스 다윈이나 프랑스의 생물학자 라마르크가 주도적인 인물입니다. 찰스 다윈의 《종의 기원》(1859) 이전에도 이미 '진화'는 많이 받아들여졌고 이에 관한 여러 이론이 등장했었어요. 생물의 변이 개념이지요. 따라서 진화론은 다윈 한 개인의 발명품이 아니라 생명 이론을 새롭게 설명해 보려는 시대적 산물로 보아야 할 것입니다. 다윈이 진화론을 처음 주장한 사람은 아니니까요.

　　다윈은 개체들 사이에서 변이가 생겨나고 환경에 더 적합하게 변이한 개체들이 '자연 선택'에 의해 생존하고 번식하며 시간이 흐르면서 이런 변이들이 축적되어 결국 새로운 종을 형성한다고 주장했어요. 다윈 당시에는 개나 비둘기의 품종 개량을 위해 '인공 선택'이 유행했어요. 이는 인공적으로 변이를 시키는 것을 말합니다. 다윈은 인간이 몇 세대에 걸쳐 인공적으로 종을 변화시킬 수 있다면, 자연 속에서도 오랜 시간에 걸쳐 그와 비슷한 변이가 일어나는 것이 가능하다고 생각한 것이지요. 그래서 이를 '자연 선택'이라 불렀어요. 인공적(artificial) 선택이 아닌 자연적(natural) 선택을 이르는 말이지요. 흔히 오해하듯 '자연'이 선택한다는 의미에서 '자연의 선택'(selection of nature)은 아닙니다. 자연이 1인칭 주인공이 될 수는 없으니까요. 다윈은 1859년 《종의 기원》 초판을 낸 후 1872년까지 이 책을 여섯 번 개정했어요. 우리가 아는 종교적 비판 때문이기도 했지만 그보다는 주로 과학적 반대와 비판 때문이었어요. 다윈은 내용을 수정하고 새로운 자료를 추가함으로써 그 비판에 대응했어요. 가장 큰 반대는 변이가 어떻게 후대로 전달되는가에 관한 것이었어요. 아직 유전의 원리를 잘 모를 때라 그 내용을 받아들이기가 가장 어려웠던 것이지요. 이런 과학적인 비판들은 후대에 와서 유전학의 도움으로 자세히 설명되었어요. 그렇게 후대에 유전학과 통합된 다윈의 이론을 '신다윈주의'라 불러요.

이런 시대를 산 파브르는 과학적으로 타당한 생물속생설과 지질학과 고생물들의 존재는 인정하면서도 진화론은 받지 않았어요. 앞 장에서 살펴본 대로 신앙적인 이유라기보다 곤충의 관찰에서 진화론으로 설명되지 않는 예외가 너무 많았기 때문이었어요. 즉, 그가 진화론을 받아들이지 않은 건 과학적 이유에서였습니다. 그리고 그는 자신의 과학적 비판을 통해 생명에 대한 더 좋은 과학 이론이 나오기를 바라고 있었기 때문에 다윈의 이론을 과학적으로 비판은 하되 다윈을 개인적으로 미워하거나 비난하지는 않았어요.

파브르의 생명 이론

파브르는 동물과 식물의 생명을 관찰한 사람입니다. 당연히 찰스 다윈의 《종의 기원》을 통해 유명해진 생명 이론인 '진화론'에 대해 잘 알았어요. 그러나 파브르는 평생 진화론에 대해 비판적 태도를 견지했어요. 그의 10권의 《곤충기》 속에는 진화론에 대해 비판하는 내용이 무척 많이 나옵니다. 필자는 이 책의 각 장 안에는 비판의 내용을 거의 언급하지 않았어요. 자칫 파브르의 의도와 달리 파브르를 진화론을 반대하는 신앙인 투사로 단순화하여 오해할 소지가 있기 때문입니다. 반대로 진화론을 철저히 신봉하는 사람들도 역시 이 《곤충기》를 읽기가 쉽지 않을 것 같아요.

파브르는 과학 이론으로 진화론을 대하고 또 비판했어요. 그럴지라도 우리 시대에 파브르를 말하는 것은 쉽지 않은 일이에요. 파브르의 저서들 속에 나타나는 신앙적 표현이 종교적 중립을 표명하는 우리 시대에 맞지 않은 점이 그 하나일 거고요. 그보다 진화론이 대세가 된 우리 시대에 진화론을 비판한 파브르를 소개하면 다분히 종교적 의도가 있는 것으로 오해받을 수 있기 때문이지요. 그래서 지금까지는 종교적인 내용과 진화론 비판을 다 뺀 채 곤충을 관찰한 사실적 내용으로만 파브르를 소개하는 것이 일반적이었어요. 파브르를 활용하는 가장 좋은 방법은 어린이 독자를 대상으로 책을 출판하는 것이었죠. 그래서 파브르의《곤충기》는 주로 어린이 책으로 편집되어 어릴 때 읽는 책으로 알려져 있어요. 그러나 사실 파브르는《곤충기》를 어린이들뿐 아니라 어른들이 읽는 책으로 썼어요. 그렇게 해서 생명의 다양함을 알리고 이 다양한 생명들을 모두 아우르는 더 좋은 과학 이론이 나오기를 바란 것이지요.

우리 시대 과학계에서는 곤충의 본능이나 습성에 대해 파브르가 관찰한 사실적 내용만 인용하거나 언급하는 정도로 그를 다루고 있어요. 그것도 지금의 과학 이론에 맞는 사례에 한해서입니다. 그가 관찰한 많은 예외적인 사실들은 무시된 채로 말이지요. 당연하게도 앞 장에서 살펴본 내용 중 그가 진화론에 던진 의문들은 거의 다루지 않아요. 파브르는 신앙으로 진화론을 비판한 사람이 아닙니다. 그의 과학으로 진화론에 반증을 제시하고 의문을 던졌어요. 학문적 논쟁이지요. 과학적 활동으로 한 것입니다. 그는 자신의 과학으로 진화론이라는 과학 이론이 설명하지 못하는 점들을 지적했어요.

파브르는 수많은 곤충을 관찰하고 실험함으로써 곤충의

생김새와 본능(혹은 습성)과의 관계, 암수의 역할, 모성애, 곤충의 협력, 의식주, 곤충의 생태계에서의 위치, 고통과 죽음의 문제, 노동 등 생명에 관한 자기의 이론을 제안해요. 그의 이론은 생명의 다양성과 통일성이라 할 수 있을 것입니다. 그러나 그가 생각하는 생명의 통일성은 진화론은 아니었어요. 진화론보다 더 나은 이론을 원했지만 막상 자신은 그것이 무엇인지 모르겠다면서 후대에 맡기겠다고 말해요. 그 이면에는 생명의 다양성을 하나의 이론으로 설명하기 어렵다는 파브르 자신의 생각이 들어 있어요. 그런 점에서 파브르의 과학적 생명 이론은 당시에 확립된 생물속생설을 받아들이는 정도일 것입니다. 그리고 굳이 말한다면 다양한 생명이겠지요. 그의 본능에 대한 관찰과 설명도 이론이 될 수 있겠어요.

우리는 그를 어떻게 보아야 할까요? 지금 우리 기독교는 진화론을 보는 시각에서 첨예하게 대립하고 있어요. 진화론 반대와 진화론 수용으로 말이지요. 한편에서는 진화론을 반대한 파브르를 높이고 싶을 것입니다. 다른 한편에서는 진화론을 반대한 그를 무시하고 싶을 것입니다. 그러나 파브르는 양쪽 진영이 생각하는 것처럼 무조건적인 진화론 반대자가 아닙니다. 오히려 그의 태도는 오늘날 이 문제에서 대립하고 있는 우리 신앙인들 모두에게 다른 길을 제시하고 있어요.

파브르와 다윈의 관계를 보기 전에 다윈이 어떤 사람인지 먼저 살펴볼까요?

오늘날 세상 사람들은 다윈이 진화론이라는 과학적 진리로 기독교의 종교적 진리와 싸운 인물로만 생각해요. 다윈이 하나님과 하나님의 창조는 없다는 것을 주장한 무신론자라 하거나 혹은 무신론자의 역할을 했다고 말해요. 마치 근대 초기 지동설이라는 과학적 진리로 기독교와 투쟁한 갈릴레오처럼 말이지요. 그러나 갈릴레오는 기독교를 부정하지 않았어요. 지동설이라는 새로운 과학으로 천동설의 중세 '과학'이 틀렸음을 주장했을 뿐이지요. 다윈도 그렇게 보는 것이 더 정당해요. 과학으로 종교와 투쟁을 한 사람이라기보다 새로운 과학적 이론을 주장한 사람이라는 것이지요. 그리고 다윈이 살았던 당시는 무신론이 주류를 이루던 시대가 아니었어요. 필자는 우리 시대 과학적 무신론을 가장 강하게 주장했던 스티븐 호킹에 대해서 과학과 그의 종교적 신념을 구분하자는 글을 쓴 적이 있어요. 그래야 사람은 미워하지 않으면서 과학 이론을 정당하게 비판하고 평가할 수 있기 때문입니다.[79] 다윈의 경우도 마찬가지입니다. 다윈이라는 사람과 그의 과학인 진화론을 구분하는 것이 정당한 태도라고 생각해요. 그것이 파브르가 취한 태도이기도

---

79   졸저, 《내 신앙에 과학이 대답할 줄이야》, (홍성사, 2022).

합니다.

다윈은 본래 정통 기독교 신앙을 가지고 있었어요. 하지만 《종의 기원》을 쓸 무렵에는 하나님의 존재는 인정하면서도 지금도 세상을 통치하고 있다는 것은 믿지 않는다는 이신론적 태도를 보이지요. 그러다가 말년에는 잘 모르겠다는 불가지론적 입장을 내세우고요. 비록 정통 기독교 신앙에서 멀어졌다 해도 무신론의 태도를 보이거나 자신이 무신론자로 여겨지는 것은 거부했어요. 다윈은 죽기 3년 전에 직접 쓴 편지에서 자신의 신앙에 대해 다음과 같이 밝혀요. "하나님의 존재를 부인한다는 의미에서 무신론자였던 적은 한 번도 없다 (…) 나의 마음 상태를 정확히 묘사하는 말은 불가지론자"[80] 라고요. 다윈은 《종의 기원》 초판본의 결론 부분에 '생명의 진화는 불변의 중력의 법칙에 의한 것'이라 썼는데, 최종판에서는 '조물주에 의해 이루어졌다'고 수정했어요. 기독교인들의 비판을 불식시키기 위해 할 수 없이 수정했다는 주장이 많지만, 굳이 일부러 그렇게 받아들일 필요는 없어 보여요. 다윈 자신이 스스로 자신의 책에 직접 쓴 내용이니까요.

---

80   "John Fordyce 목사에게 보낸 다윈의 편지, 1879년 5월 7일" (Darwin Correspondence Project, "Letter no. 12041"). 이 편지는 인터넷에서 볼 수 있어요. 알리스터 맥그래스, 《우주, 하나님이 지으신 모든 세계》, (홍종락 옮김, 복있는사람, 주19, 2017), 158에서 재인용. 다윈의 종교에 대한 태도는 니컬러스 스펜스, 《마지스테리아》, (전경훈 옮김, 책과함께, 2024), 찰스 다윈, 《자서전 - 나의 삶은 서서히 진화해왔다》, (이한중 옮김, 갈라파고스, 2018)에도 나와 있어요.

불가지론으로 변해 간 다윈의 기독교에 대한 태도는 그의 과학, 즉 진화론 이론과는 크게 관련이 없어 보여요. 오히려 세 자녀의 죽음, 특히 열 살에 죽은 가장 사랑했던 큰딸 애니로 인한 엄청난 고통이나, 비글호 여행 중 목격한 원주민들의 끔찍한 폭력과 고통, 자연계의 먹이 사슬 안에서 일어나는 잔인한 생존 경쟁 등이 하나님의 존재나 섭리에 대한 그의 믿음에 회의를 가져다주었어요. 사실 파브르도 곤충들 사이의 잔인한 살생과 고통의 현장을 보고 많은 질문과 의문을 쏟아 내거든요. 이것들을 파브르가 하나님께 묻는 질문이라 보는 게 더 맞을 것 같아요. 오늘날도 마찬가지입니다. 고통의 문제로 하나님의 존재를 의심하는 것은 누구나 경험하는 일이지요. 다윈도 예외가 아니었어요.

다윈은 오늘날 무신론자들이 생각하듯이 《종의 기원》을 반유신론적이라 보지 않았어요. 다윈은 기독교적 신앙과 자신의 이론이 대립하지 않는다는 입장을 표명하고 살았어요. "사람이 열렬한 유신론자 겸 진화론자가 될 수 있음을 의심하는 것은 터무니없는 일 같다."[81] 다윈은 《종의 기원》 1판에서 최종판까지 책의 서두에 자신의 이런 생각을 담은 인용문들을 넣었어요. 첫 번째 인용문은 케임브리지의 과학 철학자 윌리엄 휴얼(William Whewell, 1794~1866)의 글입니다. "사건들은 각 개별 사례에 가해지는 신적 능력의 독립적 개입을 통해서가 아니라,

---

81 앞의 1879년과 같은 편지.

확립된 일반 법칙에 따라 발생한다는 것이다."[82] 이 말은 곧 하나님은 자신이 창조한 자연법칙을 통해 자연을 다스린다는 말입니다. 다윈은 자연 선택의 '자연'에 대해 "내가 말하는 자연의 뜻은 우주를 다스리도록 하나님이 정하신 법칙들이다"라고 말하면서 이 인용문과 같은 입장을 보이고 있어요.[83]

두 번째 인용문은 프랜시스 베이컨(Francis Bacon, 1561~1626)의 《학문의 진보》에서 인용한 것으로 "성경 말씀에 대한 연구나 신의 작품인 자연에 대한 탐구 (…) 우리는 이 두 영역에서 끝없는 진보나 능숙함을 얻기 위해 노력해야 한다"입니다. 18세기 성공회 신학 서적에서 가져온 인용문은 "초자연적인 현상이나 기적이 한 번 일어나려면 지적 행위자가 필요하거나 전제되어야 하듯, 자연적인 현상도 그 일이 끊임없이 이루어지거나 정해진 시간에 이루어지게 만드는 지적 행위자가 필요하거나 전제되어야 한다"입니다. 이 마지막 인용문은 2판부터 추가되었지요. 다윈은 자신이 《종의 기원》에서 무신론이 아닌 하나님이 자연에 새긴 법칙을 찾으려 한 것이라고 주장하고 있습니다. 당시 영국 성공회의 다수의 성직자들은 다윈이 주장한 이론을 창조의 과정으로 보고 지지했고, 그가 죽을 때 웨스트민스터 사원에 매장하기로 정했어요.

다윈에 대한 이런 설명은 우리 중 어떤 사람들에게는 곤혹

82 　 찰스 다윈, 《종의 기원》, (장대익 옮김, 사이언스 북스, 2019).
83 　 다음 책에서 재인용. 알리스터 맥그래스, 《우주, 하나님이 지으신 모든 세계》, (홍종락 옮김, 복있는사람, 주21, 2017), 159.

감을 줄지도 모르겠어요. 그동안 다윈에 대해 듣던 내용과 다를 테니까요. 반대로 과학적 무신론을 주장하는 비기독교인들도 별로 동의하고 싶지 않을 것입니다. 그러나 현재의 진화론에 대한 생각 때문에 과거나 인간 다윈을 현재의 시각으로 볼 필요는 없어요. 다윈이 말하지도 않은 사실을 다윈의 진짜 속마음이라면서 지레짐작해서 말할 필요도 없고요. 다윈이 글로는 그렇게 적었는지 모르지만 실제로는 하나님을 부정한 사람이라는 식으로 말입니다. 판단은 사람의 마음을 보시는 하나님께 맡기고 우리는 다윈이 말한 것으로만 평가하는 것이 정당한 태도입니다. 물론 당시 성공회 성직자 중에 다윈을 비판하고 그의 이론에 반대한 사람들도 있었어요. 그런 점에서 찬반 양쪽을 균형 있게 보는 것이 바른 태도이겠지요. 그동안 너무 한쪽 시각으로만 봤을 수 있기 때문입니다. 그래야 우리가 신앙을 부정하는 내용은 거부하면서 사람은 미워하지 않을 수 있게될 것입니다. 우리 시대의 반기독교적인 태도 못지않게 기독교내의 반과학적 태도 또한 경계해야 할 일입니다.

파브르에게서 우리가 취할 자세를 잘 배울 수 있어요. 현재 기독교 내에서 소위 창조론(혹은 창조과학)과 진화론 논쟁이 치열합니다. 유신진화론이 같은 기독교 내에서 큰 이슈가 되었어요. 과학적 혹은 신앙적 토론은 하되 서로에 대한 미움이나비난은 삼가야 할 것입니다. 신앙은 과학적 입장이 다른 우리를 한 형제로 서로 사랑하게 만듭니다. 그리고 이 세상에 사는사람 누구나 복음을 들어야 하는 대상으로서 그 예외는 없습니다. 종교개혁 당시 케플러가 지동설을 주장했지만, 당시 그 자신이 속했던 루터교회나 튀빙겐 신학교는 천동설을 믿고 있었어요. 당시의 상식이 천동설이었으니까요. 종교개혁자들도 예외가 아니었어요. 그러나 천동설과 지동설이라는 과학 이론이 종교개혁 신앙을 가진 신자들을 분열시키지는 못했어요. 우리 시대에도 꼭 필요한 태도입니다.

다윈과 파브르의 교류, 서로 존중하는 태도

파브르는 그의 《곤충기》와 《식물기》 등 저서에 직접적 혹은 간접적으로 자신의 하나님에 대한 신앙을 드러내고 있어요.[84] 그러나 신앙을 표현하되 신앙으로 그의 과학적 결론을 내리지 않는 신중함을 보입니다. 관찰과 실험한 사실로만 결론을 내리고 명확하지 않은 것은 잘 모르겠다는 태도를 견지합니다.

이제 다윈과 파브르가 서로 교류한 내용을 살펴볼까요? 《곤충기》가 출간되기 전까지 파브르는 거의 알려지지 않은 인물이었어요. 과학을 전공으로 공부한 사람도 아니었고, 게다가 전문적으로 연구를 하는 학자도 아니었어요. 심지어 당시 사람들이 관심을 기울이지 않는 곤충이라는 분야를 다루고 있었지

---

84 파브르는 자신이 믿는 로마 가톨릭 교리로 과학 문제를 다루고 있지 않기에 이 책에 로마 가톨릭과 개신교의 관계를 끌어들일 필요는 없을 것입니다.

392

요. 파브르와 다윈의 교류는 어찌 보면 다윈에게서 시작되었다고 볼 수 있어요. 다윈은 1859년에 낸 《종의 기원》에 주장한 '후천적 획득'이라는 본능을 증명하기 위해 파브르의 곤충 관찰결과를 인용해요.[85] 파브르가 곤충 관찰을 결심하고 행한 첫 결과였지요. 1855년 한 학술지에 실린 기생 곤충의 습성을 관찰한 내용을 다윈이 인용한 거예요. 그러니 그때 다윈은 파브르를 이미 알고 있었어요.

《곤충기》 1권이 1879년에 출간되고 나서 1880년 1월 3일 파브르는 다윈에게 자기의 저서와 함께 편지를 보내요. 그리고 한 달도 안 된 1월 31일 다윈은 《곤충기》를 흥미 있게 읽었다고 파브르에게 답신을 보내면서 곤충 실험 하나를 제안하지요. 그 이후 두 차례 더 서신 교류를 하는데 주 내용은 과학적 연구에 관한 것이었어요.[86] 다윈은 1882년 4월에 죽어요. 그러니 두 사람이 교류할 수 있는 시간은 그리 길지 않았어요. 그래서 파브르는 1881년에 다윈이 편지로 제안한 실험 결과도 서신 대신 다윈의 죽음에 대한 애도와 함께 《곤충기》 2권에 실어요. 다윈은 일생 2,000여 명과 1만 5,000통의 서신을 주고받으면서 교류를 했어요. 그런 점에서 파브르와의 교류는 다윈에게는 대수

---

85 찰스 다윈, "본능", 《종의 기원》, (장대익 옮김, 사이언스북스, 제7장, 2019), 315.
86 1880년 2월 18일 파브르가 다윈에게 편지하고, 2월 20일 다윈이 답신을 보내요. 그리고 1881년 1월 21일 다윈의 답신이 있는데, 그 이전 파브르가 보낸 편지는 찾을 수가 없답니다. 이 서신들은 Darwin Correspondence Project에 의해 인터넷에서 다 볼 수 있어요.

롭지 않은 일이었을지도 몰라요. 그러나 파브르에게는 큰일이었겠지요. 당대의 대학자와의 교류였으니까요. 파브르는 다윈의 편지를 받고 다윈과 서신 교환을 하기 위해 영어를 배울 정도였어요.

그러나 파브르는 당대의 대학자와의 교류에서조차 자신의 과학적 태도를 굽히지 않아요. 개인적으로는 다윈의 학문적 성과와 학문하는 태도에 대한 존경을 표하지만 다윈의 과학 이론에는 동의하지 않지요. 파브르는 다윈에게 보낸 첫 서신에서 다윈과 견해의 차이가 있음을 언급해요.[87] 다윈도 파브르가 자기 이론을 비판하는 것에 유감을 표시하면서도 자신의 글에 파브르의 관찰 결과들은 인용하고 싶다고 말해요.[88] 그러면서 과학적 사실로 확인하자는 태도로 곤충 실험을 제안해요. 그리고 같은 서신에서 다윈은 《곤충기》 1권 끝에 파브르가 아들 쥘(Jules)의 죽음을 슬퍼하여 헌정한 내용을 읽었다며 아들 잃은 슬픔에 깊이 공감한다는 말을 해요. 파브르가 진화론에 동의하지 않는 것에 유감을 표하는 다윈의 이 편지에 대해 파브르는 이것은 관찰 결과로부터 얻은 결론으로 자신은 어떤 선입견도 없이 실험을 통해 얻은 진리를 받아들인다고 답하죠.[89] 둘은 학

---

87   "다윈에게 보낸 파브르의 편지, 1880년 1월 3일", (Darwin Correspondence Project, "Letter no. 12398".)

88   "파브르에게 보낸 다윈의 편지, 1880년 1월 31일", (Darwin Correspondence Project, "Letter no. 12443".)

89   "다윈에게 보낸 파브르의 편지, 1880년 2월 18일", (Darwin Correspondence Project, "Letter no. 12493".)

문적으로 토론하고 논쟁하되 인격적으로는 서로 존중하는 태도를 취했어요. 그리고 파브르는 다윈이 요청하는 실험을 진행했어요.

파브르는 《곤충기》 1권에 곤충학자 라코르데르가 《곤충학 서설》에서 이야기한 내용을 인용해요. 이레즈머스 다윈이 그의 저서 《주노미아(Zoonomia, 동물 생리학)》에 조롱박벌이 먹이인 파리를 옮기다가 먹이의 날개가 바람에 부딪혀 가져가기 어렵게 되자 날개를 잘라 내고 옮긴다는 부분 말이지요. 앞에서도 언급한 이레즈머스 다윈은 찰스 다윈의 할아버지입니다. 파브르는 이레즈머스 다윈이 장수말벌을 조롱박벌로 잘못 알았다고 적습니다. 나머지 내용은 앞 장에서 이야기했지요? 《곤충기》 1권을 읽은 찰스 다윈은 1880년 1월 31일 파브르에게 편지를 보내 자기 할아버지 저서에는 조롱박벌이 아니라 '장수말벌'이라고 바르게 기록하고 있다고 파브르에게 말해 줘요. 이에 파브르는 서신으로 또 《곤충기》 2권을 통해 자신이 이레즈머스 다윈의 원전까지 확인하지는 못하고 라코르데르의 책에서 재인용했다면서 사실 자체의 잘못에 대해서 사과를 합니다.

파브르는 《곤충기》 2권에 얼마 전 죽은 찰스 다윈에게 편지로 보내려고 했던 글을 싣습니다. "이 장과 다음 장은, 지금은 웨스트민스터 사원에서 뉴턴과 마주 누워 잠든 저명한 영국의 박물학자 찰스 다윈에게 편지로 썼던 글이다. 우리 사이에 오고 가는 편지 속에 그가 내게 암시한 몇몇 실험의 결과를 나는 그에게 알리게 되어 있었다. 그것은 나에게는 즐거운 일이었다. 왜냐하면 내가 관찰하고 있는 사실은 나를 그의 이론으로부터 멀리하게 했지만, 나는 그의 성격이 훌륭하며 학자로서 정직한 면을 깊이 존경하고 있었다. 내가 이 보고서를 준비하고 있을 때 슬픈 통지가 왔다. 이 뛰어난 인물이 별세했다는 것이다 (…) 그래서 나는 편지 형식을 단념했다."[90]

파브르와 다윈의 학술 교류, 귀소 본능

파브르의 《곤충기》 1권은 다윈에게 강한 인상을 주었어요. 다윈은 파브르를 '비할 데 없이 탁월한 관찰자'로 평해요. 특히 다윈에게 인상을 준 것은 진흙꽃벌을 먼 곳에 데려다 놓아도 자기 집으로 되돌아오는 능력이 있다는 파브르의 관찰이었어요. 귀소 본능 혹은 회귀 본능이지요. 성경에도 동물의 이 귀소 본능을 이야기하는 구절이 있어요(렘 8:7). 그러면 무엇이 벌을 자기 집으로 돌아가도록 하는 걸까요? 다윈은 파브르에게 편지를 보내 자신은 언젠가는 비둘기를 가지고 같은 실험을 해보려고 생각하면서도 항상 다른 일에 쫓겨 시도해 보지 못했다고 털어놓으면서 실험을 제안해요. 그래서 파브르는 벌을 가지고 이 실험을 하고 난 뒤 《곤충기》 2권에 기재해요. 다윈은 동물의

90 파브르, "진흙꽃벌의 새로운 연구", 《파브르 곤충기》, (이근배·안응렬 옮김, 올재, 2권, 제7장, 2022), 388.

귀소 본능으로 자신의 이론을 증명하고 싶었어요. 즉, 본능은 몸 안에 유도장치와 같은 어떤 물질적 원인에 의해 일어나는 것으로서 후천적으로 획득된 습성이라는 것이지요. 그래서 이 후천적 습성은 유도 장치를 교란하거나 제거하면 없어질 것이라고 본 거였어요. 이 본능은 처음부터 선천적으로 지니고 있는 것이라는 파브르의 주장과 반대되는 이론이지요.

다윈의 편지 내용입니다. "곤충이 자기 집으로 되돌아가는 길을 찾는다는 당신의 훌륭한 실험에 관련하여 내 생각을 이야기하는 것을 허락해 주십시오. 나는 그 전부터 비둘기를 가지고 실험해 보고자 생각하고 있었습니다. 곤충을 종이 봉지에 넣고, 데려갈 장소와 반대 방향으로 100걸음쯤 걷고 되돌아오기 전에 곤충을 축이 붙은 둥근 상자 속에 넣고, 그 상자를 한 방향으로 다음 반대 방향으로 빠른 속도로 빙글빙글 돌려 한동안 곤충의 방향 감각을 잃게 만듭니다. 나는 동물이 맨 처음 옮겨지는 동안 그 방향을 감지하지나 않나 생각할 때가 있습니다."[91]

다윈은 곤충이 방향 감각을 잃도록 가려는 방향과 반대 방향으로 가서 상자를 빙글빙글 돌린 다음 놓아주는 실험을 파브르에게 제안한 것입니다. 파브르는 1월에 다윈으로부터 이 제안을 듣고 5월에 실험을 진행했어요. 그사이 실험에 사용할 진

91 다윈의 1880년 1월 31일자 편지. 다음에도 실려 있어요. 파브르, "진흙꽃벌의 새로운 연구",《파브르 곤충기》, (이근배·안응렬 옮김, 올재, 2권, 제7장, 2022), 389.

흙꽃벌과 집을 준비해야 했어요. 먼저 동네에 오랫동안 집을 짓고 살아온 진흙꽃벌은 실험에서 제외했어요. 유전적 습성에 이끌려 선조 대대로 살아온 곳으로 되돌아올지 모르기 때문이었어요. 그래서 타지의 낯선 진흙꽃벌과 그 집을 옮겨 왔어요. 실험 과정은 생각보다 복잡했어요. 파브르는 그 사실을 자세히 기록했지요. 벌에 표식 남기기, 벌을 종이 상자에 넣기, 서로 부딪히지 않고 빙글빙글 돌리기, 그리고 어느 정도 시간을 주고 집으로 돌아온 벌의 수를 셀 것인가 정하기 등입니다.

파브르의 관찰 기록 하나만 볼까요? 1880년 5월 2일 진흙꽃벌 14마리의 가슴에 표적을 붙여 밖이 보이지 않는 종이 봉지에 넣고 양철 상자에 넣었어요. 우선 데려가고자 하는 반대 방향으로 0.5킬로미터쯤 가서 길 끝의 십자가 표석이 있는 곳에 멈춰 섰지요. 그 자리에서 파브르는 몸을 회전하면서 방향을 원주와 팔자 곡선으로 그리며 곤충 상자를 빙글빙글 돌렸어요. 어떤 여자가 그 모습을 보고 이상한 눈초리로 파브르를 노려보았다고 해요. 십자가 아래에서 상자를 들고 빙글빙글 도는 일이 악마의 의식으로 보였나 봐요. 그리고 다시 원래 놓아두려는 곳의 반대 방향으로 30분쯤 걸어 약 3킬로미터를 갔어요. 그곳에서 다시 빙글빙글 돌린 후 벌을 풀어 주었지요. 진흙꽃벌 집은 파브르의 큰 딸 안토니아가 관찰하고 있었어요. 안토니아는 벌을 놓아준 15분 후 첫 벌이 돌아온 것을 확인했어요. 열 마리 중 세 마리가 그날 돌아왔어요. 총 네 번의 실험을 했는데 어떻게 해도 진흙꽃벌은 돌아왔어요. 그날 안으로 돌아오는 비율은 30~40퍼센트 정도였어요.

이듬해 1881년 방법을 바꿔서 실험해 봅니다. 이번에는 들판이 아닌 깊은 숲속에서 놓아주기로 했어요. 진흙꽃벌을 40마리쯤 잡아 4킬로미터 정도 숲속으로 들어가 벌에게 많이 찔려 가면서 표식을 남긴 다음 10시 20분에 놓아주었어요. 단체로 가지 못하게 한 마리씩 한 마리씩 놓아주었지요. 벌들은 처음에는 우물쭈물하더니 예외 없이 다 남쪽으로 갔어요. 무언가 자석이 모두 머리를 남쪽으로 돌리도록 지시하는 듯한 모습이었지요. 그날 실험에 참여한 44마리 중 아홉 마리, 22퍼센트가 자기 집으로 돌아왔어요. 9킬로미터쯤 더 멀리 갔다가 되돌아오면서 3킬로미터 거리쯤에서 놓아주는 실험에서도 역시 벌들은 자기 집으로 돌아왔어요.

첫해의 실험 결과는 아직 살아 있던 다윈에게 알렸어요. 다윈은 벌을 빙글빙글 돌리면 방향 감각을 잃고 집으로 돌아가지 못할 것이라 예상하고 있었기 때문에 이 결과를 받고 무척 놀라워했어요. 그래서 그는 다시 파브르에게 다음과 같은 제안을 했어요.[92] 벌을 감응 코일 중앙에 넣고 벌이 가지고 있을지 모르는 자성(자기력)의 어떤 감각을 방해해 보았으면 한다는 것이었어요. 파브르는 다윈을 존경하였기에 만일 그의 손에 적당한 도구가 있었으면 감응 코일을 사용해서 다시 실험했을 것입

---

92   "파브르에게 보낸 다윈의 편지, 1881년 1월 21일", (Darwin Correspon-
      dence Project, "Letter no. 13022".)

니다. 그러나 파브르가 사는 시골에는 그런 도구가 없었어요. 그저 자석이 하나 있을 뿐이었지요. 파브르는 "사실 이름 없는 나 같은 사람은 벌이 일종의 자석으로 자성의 방해를 받으면 집을 찾을 수 없을 것이라는 이런 대담한 이론을 가질 수 없다" 고 말해요.[93] 대신 작은 바늘을 자석에 문질러 자성을 가지게 한 다음 벌의 가슴에 붙였어요. 벌이 미친 듯 뒹굴었어요. 파브르는 벌의 가슴에 도구를 붙여 놓고 벌의 정상적 행동을 기대한다는 것은 안 될 일이라 여겨서 실험을 중단해요. 오늘날은 이런 실험을 많이 하지만, 당시 기술이 발달하지 않았을 시대, 그것도 파브르가 살았던 시골에서는 할 수 없었던 일이었어요.

현대과학은 여러 가지로 동물들에게 방향을 탐지하는 기능이 있다는 것을 밝혔어요. 오늘날은 개미가 집을 다시 찾아가는 것은 페르몬을 지면에 분비하면서 갔기 때문이라고 주장해요. 그리고 개미집이 파괴되면 경보 페르몬을 분비한다고 말하죠. 꿀벌은 동료들에게 꿀이 있는 위치를 춤으로 알려 줘요.[94] 비둘기는 태양의 위치와 지구의 자기에 의해 방향을 감지해 집으로 돌아가요. 비둘기가 태양을 나침반 대신 사용한다는 것은 실험으로 확인되었어요. 한편 비둘기에게 지구의 자기를 감지하는 감각 기관이 있다고 하지만 확실한 근거는 아직 없어요.

93 파브르, "진흙꽃벌의 새로운 연구", 《파브르 곤충기》, (이근배·안응렬 옮김, 올재, 2권, 제7장, 2022), 404.
94 최재천, "꿀벌 사회의 민주주의", 《생명이 있는 것은 다 아름답다》, (효형출판, 2022), 34-39.

파브르는 본능의 타고난 지식에 관해 밝혀진 것은 없다고 보았어요. 또 자신의 관찰은 생물 변이론(진화론)에 반대되는 증거라고 주장해요. 다만 다윈이 죽어 그와 본능의 문제를 좀 더 토론하지 못하는 것을 아주 아쉬워했어요.

"정말 정통한 사람인 다윈도 그것(본능)을 잘못 생각하지 않았다. 그는 본능의 문제를 매우 두려워했다. 특히 내가 얻은 첫 번째 결과들로 인해서 그는 몹시 불안스러웠다. 만일 그가 쇠털나나니, 사마귀 죽이는 구멍벌, 벌을 먹는 꿀노래기벌, 대모벌, 그 후 연구된 다른 포식 곤충들의 방법을 알았더라면 그의 불안이 본능을 그의 공식의 거푸집 속에 집어넣을 수는 없다는 솔직한 고백이 되었을 것으로 생각한다. 슬프게도 철학자 다윈은 실험을 (…) 겨우 시작하려고 할 때 우리를 떠났다 (…) 그가 보기에는 본능은 언제나 후천적 습관이다. 포식하는 막시류는 처음에는 먹이의 가장 연한 부분 여기저기를 무턱대고 찔러 죽였다. 차츰 그놈들은 침이 가장 효과적인 점을 찾아낸다. 그놈들이 들인 습관이 참다운 본능으로 변했다."[95]

1881년 4월 16일자 편지에서 다윈은 생리학자인 로마네스 (G. J. Romanes, 1848~1894)에게 파브르를 언급하며 본능 문제를 검토해 달라고 부탁해요.

"나는 선생이 동물들의 지능에 관한 선생의 책에서 가장

---

95   파브르, "나나니벌 속의 방법", 《파브르 곤충기》, (이근배·안응렬 옮김, 올재, 4권, 제12장, 2022), 536.

복잡하고 가장 놀라운 본능 중 어떤 것을 논하려고 하는지 모릅니다. 화석의 상태에서는 본능은 있을 수 없고, 유일한 길잡이는 같은 종의 다른 동물들에게 있는 본능의 상태이지만 단순한 개연성만 있어 만족스럽지 못한 작업입니다. 그러나 만일 선생이 이 본능 중의 몇 가지를 논하고자 한다면, 노래기벌들이 먹이를 마비시키는 본능보다 더 흥미 있는 사례를 찾을 수는 없을 것으로 생각합니다. 이것은 파브르가 〈자연과학 연보〉에 실은 그의 놀라운 연구 보고에 서술한 바인데, 그 연구 보고를 그는 이후 그의 찬탄할 만한 《곤충기》에서 상세히 설명했습니다."[96]

다윈은 파브르의 관찰 태도를 높이 샀어요. 화석이나 박제에서는 확인할 수 없는 본능의 문제를 파브르는 할 수 있을 것으로 생각한 것입니다. 이에 대해 파브르는 이미 죽고 없는 다윈에게 더 이상 편지를 쓸 수 없어 《곤충기》에 다윈에게 쓰는 편지 형식으로 답변을 남겨요. "저명한 선생님, 선생님이 본능에 관한 내 연구에 대해 강한 흥미를 느낀다는 칭찬에 대해 감사합니다. 본능에 관한 연구는 (…) 사실을 가지고 정면에서 공격해야지, 토론으로 간접적으로 공격해서는 안 되는 것입니다.

---

96 "다윈의 로마네스(G. J. Romanes)에게 보낸 편지, 1881년 4월 16일", (Darwin Correspondence Project, "Letter no. 13118".). 앞의 책, 537. 로마네스는 당시 《Animal Intelligence(동물의 지능)》(1882)와 《Mental Evolution in Animals(동물들의 정신 진화)》(1883)을 집필 중이었어요. 파브르의 1856년 〈자연과학 연보(Annales des sciences naturelles)〉에 실린 내용은 다윈이 1859년 《종의 기원》에 인용해요.

만일 우리가 명백함 가운데 있기를 바라면 여기서는 토론이 도무지 소용없습니다. 그뿐 아니라 토론은 우리를 어디로 인도할 것입니까? 화석에 보존되어 있지 않은 옛날 본능을 구실 삼아 할 것입니까? 선생님의 말대로 한 본능에서 다른 본능으로 단계적으로 이끌어 가는 본능의 변화를 (…) 어두운 과거를 이렇게 떠올리는 것은 매우 무익한 것입니다. 현재의 세상이 본능의 다양성을 우리에게 넉넉히 보여 주고 있습니다."[97]

이렇게 서로 다른 이론을 가졌으면서도 다윈과 파브르는 서로를 존중하면서 과학으로 교류했어요. 귀소 본능이나 곤충의 독침에 대해 서로 전혀 다른 이론을 가진 두 사람이 서로를 높이면서 교류한 것이지요. 생각이 다른 두 사람이 과학을 도구로 교제한 좋은 사례입니다.

파브르와 파스퇴르의 교류

파브르는 《곤충기》에 당시 프랑스의 최고 과학자인 파스퇴르가 자기 집을 방문한 이야기를 소개해요. 자연발생설을 무너뜨리고 생물속생설을 최종 입증한 파스퇴르가 어느 날 프랑스 남부의 파브르 집을 방문해요. 파스퇴르는 생물속생설을 입증한

97 　파브르, "나나니벌 속의 방법", 《파브르 곤충기》, (이근배·안응렬 옮김, 올재, 4권, 제12장, 2022), 537.

후 발효나 부패 현상이 미생물의 작용에 기인한다는 사실을 발표해요. 아울러 포도주가 부패하는 산패를 저온 살균법으로 해결하지요. 이 살균법은 오늘날에 다양하게 활용되고 있어요. 파브르가 파스퇴르와의 만남을 《곤충기》에 소개한 것은 저명한 파스퇴르도 곤충에 대해서는 무지했다면서, 무시당하고 있는 곤충에 더 많은 관심을 촉구하기 위함이었어요. 동시에 정규 과학 교육을 받지 못한 파브르가 파스퇴르로부터 과학적 통찰력을 얻었기 때문입니다.

"어느 날, 느닷없이 파스퇴르가 우리 집 벨을 눌렀다. (…) 나는 그의 이름을 알고 있었다. 시대마다 과학은 유행을 갖고 있다. 현재는 진화론이 유행하지만, 당시는 자연발생설이 유행했다. 파스퇴르는 소독한 시험관과 그렇지 않은 시험관을 갖고 단순하면서도 멋진 실험을 해 썩은 물질 속의 화학적 반응으로부터 생명이 발생한다는 주장을 무너뜨렸다. 그 논쟁이 있을 때 그는 정당하게 해명했으므로, 나는 이 저명한 방문객을 마음속 깊이 환영했다."[98]

파스퇴르는 몇 해 전부터 양잠 농가의 누에들이 정체를 알 수 없는 병으로 죽어 농가가 큰 피해를 입자 그 원인을 파악하기 위해 곤충을 연구하는 파브르를 찾아온 것입니다. 파스퇴르는 세균에 대해서는 알았지만 곤충에 대해서는 몰랐기 때문입

---

98 파브르, "랑그도크전갈, 가족", 《파브르 곤충기》, (이근배·안응렬 옮김, 올재, 9권, 제23장, 2022), 266-270. 이하 같은 부분에서 인용함.

4〇4

니다. 파스퇴르는 파브르에게 물어요. "누에고치를 좀 보여 줄 수 있습니까? 이름만 들었지 한 번도 본 적이 없습니다. 어떻게 하면 손에 넣을 수 있을까요." 파브르는 옆집에 가서 고치를 한 주머니 넣어 와 파스퇴르에게 건네줍니다. 파스퇴르는 고치 하나를 손에 들고 신기한 듯 손가락 사이에서 굴려 보고 귀에 가까이 가져다 대고 흔들어 봅니다. 그러고는 깜짝 놀라 파브르에게 물어요. "소리가 나는데요? 안에 뭐가 있습니까?" 파스퇴르는 누에라는 곤충을 전혀 모르면서 양잠병 원인을 밝히려 온 것이었어요. 누에나방의 애벌레가 번데기로 변하면서 고치를 만들고, 그 고치의 실로 비단을 만드는 양잠을 하고, 그 고치 속 번데기가 나방으로 탈바꿈한다는 사실을 몰랐던 것이지요. 파브르는 파스퇴르와의 만남을 통해 하찮은 곤충이라는 생명에 대해 사람들이 좀 알아주기를 바랐어요. 양잠과 같이 사람들의 삶에 유익을 주는 일을 더 잘하기 위해서도 곤충에 대한 이해가 필요하다는 것도 절실히 느꼈지요.

당시 파스퇴르는 또 하나의 업적인 포도주 부패 문제에 대해서도 파브르의 자문을 구하고 싶어 했어요. "포도주 창고를 좀 보여 주십시오." 파브르는 가난한 살림에 따로 포도주 창고를 두지 않았기에 화제를 딴 데로 돌리려 했지만 파스퇴르는 요청을 멈추지 않았어요. 결국 파브르는 부엌의 한구석에 있는 항아리 하나를 보여 주며 이렇게 말했습니다. "제 포도주 창고는 저것입니다. 저것밖에는 없습니다." 사과 조각들과 검은 설탕을 넣고 발효시키는 막포도주 항아리가 파브르가 가진 전부

였기 때문이었어요. 파스퇴르는 더 이상 아무 말도 하지 않았어요. 이 탁월한 과학자도 가난 앞에서는 어떤 말도 할 수 없었던 것입니다.

파브르는 곤충의 탈바꿈도 모르고, 고치도 난생 처음 본 파스퇴르가 누에 양잠실 위생의 혁명을 일으켰다고 말해요. 이후 의학과 일반 위생학에도 혁명을 일으켰고요. 파브르는 파스퇴르가 사소한 것에 구애받지 않고 전체적으로 내다보는 통찰력을 가지고 있었다고 이야기합니다. 파브르는 파스퇴르가 탈바꿈, 애벌레, 고치, 번데기 등 곤충학의 많은 비밀 따위는 오히려 몰랐던 것이 유리했을 거라고 보았어요. 이미 아는 것의 틀에서 해방되어 자유롭고 대담한 생각을 할 수 있었을 테니까요.

"고대 그리스와 로마 시대의 운동 선수들은 발가벗고 경기에 임했다. 파스퇴르는 벌거벗고 원형경기장으로 나가는 천재적인 투사와 같았다. 그는 자기가 구출해야 하는 곤충에 대해서 아는 바가 전혀 없었다. 나는 당혹스러웠다. 아니, 그 이상이었다. 그러나 나는 경탄했다. (…) 그 모든 것을 모르는 편이 오히려 그가 어려운 과제를 해결하는 데 더 유리했다. 그럴수록 그의 생각은 더욱 독창적이고 더욱 대담하게 비약할 수 있었다."[99]

---

99   파브르, "랑그도크전갈, 가족", 《파브르 곤충기》, (이근배·안응렬 옮김, 올재, 9권, 제23장, 2022), 268-269.

귀밑에서 나는 번데기 소리에 놀라워하던 파스퇴르의 모습에 고무된 그 이후부터 파브르는 본능에 대한 연구에서 무식주의를 규칙으로 삼았다고 해요. 사전에 아는 지식이 선입견으로 작용하거나 자유로운 생각을 방해하지 않도록 주의한 것이지요. 사실 파브르는 책을 거의 읽지 않았어요. 책을 살 돈이 없었던 것도 원인 중 하나였지요. 대신 파브르는 곤충과 얼굴을 맞대고 곤충이 말해 줄 때까지 기다렸어요. 아무것도 모르는 데서 시작한 것이지요. 그렇게 되면 질문은 그만큼 자유로워지겠지요. 어쩌다가 책을 펼치게 될 경우에는 책에 붙들리지 않도록 머릿속에 높은 울타리를 쳐 놓았어요. 그리고 그 이후부터 파스퇴르가 관심을 가진 세균이나 바이러스에도 관심을 기울였고, 곤충을 관찰할 때도 그 점을 생각했대요. 《곤충기》 여기저기에 세균이나 바이러스에 대한 이야기가 나온 이유입니다.

우리 시대에는 과학의 이름으로 기독교 신앙을 비판하는 경향이 있습니다. 다윈이 주장했던 진화론은 이제 우리 시대 주류의 과학 이론이 되었어요. 과학뿐 아니라 모든 학문의 주요 토대로 자리 잡은 것이지요. 우리는 이런 흐름에 대해 대체로 불편해 합니다. 그 불편함이 자칫 그 이론을 주장하는 사람들에 대한 미움으로 표현되기도 하고요. 대표적으로 이미 죽고 없는 다윈을 기독교의 적으로 삼아 그에 대한 부정적인 이야기를 쏟아 냅니다. 그러나 다윈도 우리 모두처럼 죄인에 불과한 사람이었어요. 고통 앞에서 하나님이 과연 이 세상을 통치하고 계신가, 정말 하나님은 계신가를 질문하며 씨름한 사람입니다. 그에 대한 최종 신앙적 판단은 하나님께 맡길 일입니다.

하나님은 지금도 많은 불신자를 통해 하나님의 창조의 일들을 밝히도록 하고 계십니다. 하나님은 왜 노벨상을 대부분 불신자들이 받도록 하실까요? 하나님의 사랑의 크기는 우리가 다 알기 어려워요. 우리는 창조의 아름다움을 밝히는 불신자 과학자들의 발견을 존중해야 합니다. 다윈의 진화론이 신앙의 입장에서 위험해 보이는 면이 있더라도 그의 모든 이론을 깡그리 무시해 버릴 것이 아니라 그 이론 안에 있는 옳고 그른 것을 과학적으로 잘 규명하려고 하는 것이 바른 태도일 것입니다.

우리 시대 진화론을 지지하면서 노골적으로 하나님을 부정하고 무신론을 주장하는 과학자들이 있습니다. 리처드 도킨스 같은 사람이 대표적이지요. 도킨스는 대표작 《이기적 유전자》에서 그의 화려한 글솜씨를 발휘하여 현대 생물학에서 눈부신 성공을 거두고 있는 유전자로 진화론을 주창하고 있어요.[100] 대중들이 이해하기 쉬운 언어로 쓰여 있어 전 세계 사람들, 특히 젊은이들이 열광하지요. 이것은 기독교인에게는 큰 유혹이면서 도전임에 틀림없습니다. 도킨스는 과학으로 종교를, 특히 기독교 신앙을 비판하고 있기 때문입니다. 어떻게 대응해야 할까요? 역시 그의 주장이 위험해 보일지라도 그의 과학과 그의 종교적 신념을 구분할 필요가 있어요. 그가 제시하

---

100   리처드 도킨스, 《이기적 유전자》, (홍영남 옮김, 을유문화사, 2018).

는 유전자는 신비합니다. 현대과학이 찾아낸 아름다움이에요. 그러나 그의 무신론은 그가 자신의 과학적 연구를 통해 내린 결론으로 보기 어려워요. 과학으로는 결코 하나님의 존재를 부정할 수 없어요. 과학은 신의 존재를 검증할 수 있는 그런 분야가 아닙니다. 그는 진화론으로 하나님이 없다는 것을 결코 증명하지 못해요. 그건 그의 종교적 신념일 뿐입니다.

이런 태도는 파브르가 일생 취했던 태도입니다. 아마 파브르가 우리 시대에 있다면 도킨스의 주장에 대해 그의 종교적 신념과는 별개로 묵묵히 과학적 주장에 의문을 제기하는 방식으로 접근했을 듯해요. 최초의 생명에서 유전자가 대를 이어 진화 과정에서 전달되어 오늘날에 이르렀다는 주장에 대해 그 논리가 곤충의 그 다양한 습성을 결코 다 설명하지는 못한다는 식으로요. 그는 인간 다윈은 존중하되, 그의 과학 이론에는 동의하지 않았어요. 이것이 우리 시대에도 꼭 필요한 태도입니다.

닫는 글

책을 어떻게 읽었는지 궁금해요. 그 많고 낯선 곤충들의 이름과 그들의 다양한 삶이 다소 혼란스럽지는 않았는지 모르겠어요. 우리는 하찮아 보이는 수많은 곤충들에게도 아름답고 즐거운 삶과 또 반대로 슬프고 고통스러운 삶이 뒤섞여 있음을 볼 수 있었어요. 생명은 아름답다든지 아니면 고통스러운 생존경쟁 속에 있다든지 하는 어느 하나의 시각으로 이해하기 어려워요. 우리 주변의 작은 생명 하나를 대할 때에도 그들 속의 아름다움을 찾고 동시에 어렵고 힘든 삶을 함께 살피는 태도가 필요하겠지요. 그것이 하나님이 만드신 생명을 대하는 바른 태도일 것입니다. 이 책을 통해 그 점을 조금이라도 발견했으면 했어요.

여기에 더해 저는 이 책을 통해 과학 이론의 특징을 보여주고 싶었어요. 과학 이론은 절대적 진리가 아니에요. 절대적인 진리도 아닌 과학을 우리가 어떻게 대해야 하는지는 아주 중요한 문제입니다. 파브르는 관찰과 실험을 통해 생명에 관한 과학 이론인 진화론의 불완전함을 지적하고 있어요. 진화론뿐 아니라 모든 과학 이론은 불완전해요. 이론의 틀에 맞는 증거들만 나열하면 일견 그 이론이 맞는 것 같아 보일 거예요. 그러나 그에 맞지 않는 예외들이 많이 있어요. 파브르는 다양한 생명을 하나의 이론으로 묶는 데 따른 한계를 지적했어요. 더 좋은 생명 이론을 위해 당연히 필요한 태도이면서 또 정당한 과학 활동이었지요. 과학 이론의 이런 특징을 알면 과학을 좀 더 자유롭게 생각하고 대할 수 있어요.

진화론이라는 과학 이론, 그리고 그에 대한 기독교적 반응인 창조론(혹은 창조과학)이나 유신 진화론(혹은 진화창조론) 그 어떤 이론도 하나님이 만드신 생명을 다 설명하지는 못해요. 그만큼 생명은 다양하고 신비롭죠. 진화론을 주장하는 사람들 중에는 기독교가 진화론에 대해 어떤 의견을 말하면 '왜 종교가 과학이 되려고 하느냐'면서 비판을 합니다. 반대로 그런 사람들의 주장 속에서 진화론이 과학을 넘어 종교가 되려는 모습을 보게 됩니다. 과학은 과학의 위치를 잘 지키고 우리 기독교도 과학 이론을 과학 이상으로 높이 대하거나 반대로 무시하는 태도를 보이지 않으면 좋겠어요. 파브르를 통해 크고 깊은 하나님과 하나님이 만드신 생명의 크고 넓은 세상을 보았으면 합니다. 생명 속의 아름다움을 보고 하나님을 찬양하며, 그 속에 있는 고통을 통해 우리의 죄를 아파하고, 예수 그리스도를 통한 회복의 복음으로 생명과 생태계 보호에도 앞장서면서 말이에요.

참고한 책과 글들

파브르 저서

· 《파브르 곤충기: 곤충의 본능과 습성에 관한 연구》,
　　(이근배·안응렬 옮김, 올재, 2022).
· 《곤충기》, (김진일 옮김, 현암사, 2006-2010).
· 《식물기》, (정석형 옮김, 두레, 2003, 11쇄, 2011).
· Fabre, 《The Wonder Book of Plant Life》, (Bernard Miall 영역,
　　Vivisphere, NY, 1994, 2001 ed.).
· 《파브르 식물 이야기》, (추둘란 풀어씀, 사계절, 2011).

파브르 전기 및 평전

· G. V. Legros, 《Fabre, Poet of Science》, (1913), (Blackmask
　　Online, 2001).
· Abbe Augustin Fabre, 《The life of Jean Henri Fabre, the
　　entomologist, 1823-1910》, (Bernard Miall 영역, New York,
　　Dodd, Mead and company, 1921).
· 마르틴 아우어, 《파브르 평전: 나는 살아 있는 것을 연구한다》,
　　(인성기 옮김, 청년사, 2003).

파브르 관련 문헌들

· Georges Pasteur, "Jean Henri Fabre", *Scientific American* 271
      (1994), 74-80.

기타 주요 참고문헌들

· 김태우, 《곤충이 좋아지는 곤충책》, (궁리, 2022).

· 니컬러스 스펜서, 《마지스테리아》, (전경훈 옮김, 책과함께, 2024).

· 도널드 R. 프로세로, 《화석은 말한다》, (류운 옮김, 바다출판사,
      2019).

· 루시 쿡, 《암컷들》, (조은영 옮김, 웅진지식하우스, 2023).

· 린 마굴리스·도리언 세이건, 《생명이란 무엇인가》, (황현숙 옮김,
      지호, 1999).

· 마르쿠스 베네만, 《동물들의 생존 게임》, (유영미 옮김,
      웅진지식하우스, 2010).

· 마크 S. 브룸버그, 《본능》, (신순호 옮김, 루덴스, 2010).

· 성영은, 《내 신앙에 과학이 대답할 줄이야》, (홍성사, 2022).

· 성영은·베른 S. 포이트레스·코넬리스 반 담, 《창세기 1장으로 본
      과학》, (성약, 2015).

· 손상봉, 《주머니 속 곤충도감》, (황소걸음, 2013).
· 알리스터 맥그래스, 《우주, 하나님이 지으신 모든 세계》, (홍종락 옮김, 복있는사람, 2017).
· 이솝, 《이솝우화집》, (유종호 옮김, 민음사, 2003).
· 장대익, 《진화론도 진화한다》, (김영사, 2006).
· 찰스 다윈, 《종의 기원》, (장대익 옮김, 사이언스북스, 2019).
· 찰스 다윈, 《나의 삶은 서서히 진화해왔다: 찰스 다윈 자서전》, (이한중 옮김, 갈라파고스, 2018).
· 최재천, 《최재천의 곤충사회》, (열림원, 2024).
· 최재천, 《생명이 있는 것은 다 아름답다》, (효형출판, 43쇄, 2021).
· 탬플 그랜딘·캐서린 존슨, 《동물과의 대화》, (권도승 옮김, 언제나북스, 2021).
· EBS 흙 제작팀, 《흙》, (낮은산, 2008).

파브르의 안경

Fabre and the Insect World

지은이 성영은
펴낸곳 주식회사 홍성사
펴낸이 정애주
국효숙 김의연 박혜란 송민규
오민택 임영주 차길환

2024. 11. 15. 초판 1쇄 인쇄   2024. 11. 25. 초판 1쇄 발행

등록번호 제1-499호 1977. 8. 1.
주소 (04084) 서울시 마포구 양화진4길 3   전화 02) 333-5161   팩스 02) 333-5165
홈페이지 hongsungsa.com   이메일 hsbooks@hongsungsa.com
페이스북 facebook.com/hongsungsa
양화진책방 02) 333-5161

ⓒ 성영은, 2024

• 잘못된 책은 바꿔 드립니다.   • 책값은 뒤표지에 있습니다.

ISBN 978-89-365-1592-8 (03230)